教育改进丛书
主编 储朝晖

向更好教育改进

储朝晖——著

时代出版传媒股份有限公司
安徽教育出版社

图书在版编目（CIP）数据

向更好教育改进/储朝晖著.—合肥:安徽教育出版社,2018
ISBN 978-7-5336-8785-4

Ⅰ.①向… Ⅱ.①储… Ⅲ.①教育改革-中国-文集
Ⅳ.①G521-53

中国版本图书馆 CIP 数据核字（2018）第 258203 号

向更好教育改进
XIANG GENGHAO JIAOYU GAIJIN

出 版 人:	郑　可
质量总监:	姚　莉
策划编辑:	徐宝妹
责任编辑:	徐宝妹
装帧设计:	许海波
责任印制:	王　琳

出版发行:时代出版传媒股份有限公司　安徽教育出版社
地　　址:合肥市经开区繁华大道西路398号　邮编:230601
网　　址:http://www.ahep.com.cn
营销电话:(0551)63683012,63683013
排　　版:安徽时代华印出版服务有限责任公司
印　　刷:合肥创新印务有限责任公司

开　本:710×1010　1/16
印　张:19.5
字　数:300千字
版　次:2018年12月第1版　2018年12月第1次印刷
定　价:62.00元

（如发现印装质量问题,影响阅读,请与本社营销部联系调换）

传承责任(代序)
——恢复重建中华教育改进社的缘起与设想 ………………… 1

第一篇　理念

为什么要开展教育改进 …………………………………… 5

我们如何开展教育改进 …………………………………… 9

充分运用想象和实证推动教育改进 ……………………… 14

坚守理想推动教育切实改进 ……………………………… 19

教育改进是专业的行动 …………………………………… 23

教育改进的关键在于内部人变革 ………………………… 28

第二篇　探索

怎样才能培养健全的人 …………………………………………… 39

人类教育怎样创新 ………………………………………………… 55

迟迟不就位的第三方教育评价 …………………………………… 78

论推动自主招生进入常态化 ……………………………………… 83

学生成长和发展的学校管理体制障碍分析 ……………………… 92

以人民为中心破解教育不均衡不充分难题 ……………………… 98

建立体制对创新的包容是当务之急 ……………………………… 103

教育家办学需要适宜的制度环境 ………………………………… 107

"互联网+教育"还是"教育+互联网" …………………………… 112

对中国教育"均值"与"方差"的观察可信吗 …………………… 119

行政手段能解决省域高教资源均衡问题吗 ……………………… 124

向非专业方式改进教育说"不" …………………………………… 129

教育改革要避免掉进"非教育陷阱" ……………………………… 135

从根子上消除大班额 ……………………………………………… 138

校园欺凌治理尚处于起步阶段 …………………………………… 143

校园欺凌的中国问题与求解 …………………………………… 148

校园欺凌综合治理迈上新台阶 …………………………………… 162

教育经费如何管好用好 …………………………………… 165

规范学校收费制度的调查与政策构想 …………………………… 170

陶行知与中华教育改进社 …………………………………… 181

从教育改进到乡村改造
——陶行知乡村改造初心与立意 …………………………… 192

东亚文化之根与教育再造 …………………………………… 200

亚洲教育的新定位 …………………………………… 212

第三篇 行动

2011年度中国教育改进报告 …………………………………… 221

2012年度中国教育改进报告 …………………………………… 229

2013年度中国教育改进报告 …………………………………… 238

2014年度中国教育改进报告 …………………………………… 250

2015年度中国教育改进报告 …………………………………… 261

2016年度中国教育改进报告 ………………………………… 273

2017年度中国教育改进报告 ………………………………… 286

高等学校招生工作建议方案 ………………………………… 298

后记 ……………………………………………………………… 306

传承责任*（代序）
——恢复重建中华教育改进社的缘起与设想

1921年12月23日，由新教育共进社、新教育编辑社、实际教育调查社三者在我们生活的这个城市合并成中华教育改进社。中华教育改进社以推进新教育为职志，以"教育的科学研究"与"科学教育的改善"为口号。改进社推举蔡元培、范源廉、郭秉文等9名学者为董事，孟禄、梁启超、严修等人为名誉理事，聘请陶行知为主任干事。中华教育改进社是当时中国最大的教育研究团体，有效地推进了新教育的研究与实践，促进了中国教育现代化进程。该社成立的宗旨是，"调查教育实况，研究教育学术，力谋教育改进"。后因战乱和多种原因，该社停止活动。

陶行知在宣布中华教育改进社诞生时的发言中说："此次（孟禄）博士来华，以科学的目光调查教育实况，以谋教育之改进，实为我国教育开一新纪元。我们当这新纪元开始的时候，要参与教育革新的运动，须具两种精神：一是开辟的精神，二是试验的精神。有开辟的精神，然后愿到那人不肯到的地方去服务，然后我们足迹所到之处，就是教育所到之处。有试验的精神，然后对于教育问题才有彻底的解决，对于教育原理，才有充量的发现，但开辟和试验两种精神，都非短时间所能奏效的。我们若想教育日新月进，就须继续不已地去开辟，继续不已地去试验。"

1951年，由于批判电影《武训传》，进而批判陶行知，中国教育舍弃了陶行知及其学说，新中国的教育虽然也为社会主义建设培养了不少人才，但始终方向不明。

1981年10月18日，全国政协隆重举行纪念陶行知诞辰90周年大会，为陶行知恢复了名誉。之后，在陶行知的家乡举办陶行知生平事迹巡

---

* 本文为作者2011年12月23日在发起恢复重建中华教育改进社的座谈会上的发言。有改动。

回展览,我看了展览,迷上了陶行知,也迷上了对教育问题的研究与探讨。由此,我知道了中华教育改进社,以及那些为中国教育改进而开辟和创造的先驱。

30多年的曲折经历,让我从众多具体教育问题中跳出来,我感到当下最为重要的是我们要担当起前辈传承下来的责任,而不是单单从他们那里学一点或更多的理论、知识、方法。

今天,中国教育发展成就巨大,问题也很多。中国教育发展现状与民众对教育的需求尚有较大差距。

重建中华教育改进社就是要继承教育先辈的遗志,以专业的力量推进教育完善,致力于把教育办得更好。重建的中华教育改进社仍将以"调查教育实况,研究教育学术,力谋教育改进"为宗旨,征集有此志向的志愿者,协力同心办人民满意的教育。

中华教育改进社放眼五湖四海,充分联络国内外教育学术资源,组成强大的学术团队,为地方教育行政管理部门、学校和师生成长发展服务,计划开展地方政府教育决策咨询、学校历史文化提炼和发展规划、教育评价、教师及教育人员培训、实验学校建设、教育改进奖评选等系列改进活动,为提升学校和区域教育品质服务。

中华教育改进社竭诚欢迎一切有志于完善中国教育的人士加盟,为中国教育办得更好而努力。

第一篇 理 念

为什么要开展教育改进*

教育改进是当下社会的强烈需求

教育改进者有一个共同的感觉：对眼下的教育还不满意，于是想寻求把教育办得更好的方法和路径。然而，我们要从理性上回答为何要教育改进。

1985年前后，教育改革的方向最为明确，简而言之就是"放权、给钱"。1990年后由于社会的变化，教育领域出现了只重视数量规模的发展，不重视改革质量，一些教育政策虚化为抽象的概念等现象，出现了"上学难，上学贵"、恶性择校等问题。

这样的事实就是我们提倡教育改进的动因。教育改进有一个明确的参照，就是每个人的教育现状和历史，这也是我下那么大的决心和力量编写"20世纪中国教育家画传"丛书、《中国教育六十年纪事与启思（1949—2009）》的原因。这两套书就是要为人们树一面进行教育改进的镜子，就是为了让当下的教育工作者少犯低级错误，少走不必要的弯路。与这个参照对比，不好的就要进行改进。由此，教育改进的方向也有了，就是要依据民众的意愿改得比过去更好。谁来做这样的判断呢？当然是教育当事人、受教育者和独立的专业社团，这样才能保证所进行的是教育改进而非教育"改退"。中华教育改进社的恢复重建就是适应这一需要的选择。

说教育改进是当下强烈的社会需求，最为根本性的理由在于当下的

---

* 本文为作者在2013年8月16日召开的中华教育改进社（2011年恢复重建）第一届社员代表大会开幕式上的发言稿，《中国科学报》2013年9月2日发表。有改动。

教育管理体制依然是计划的、行政化的管理模式,在经过市场经济体制变革后没有大的变化。同时,由于评价上长期使用行政性较强的过于单一的标准,所提供的教育是不专业的,包含着有害和错误的因素,甚至一些教育本身毁害人的悟性和志性,让一个原本天性智慧的人变得不会思想了。从宏观上说,保持教育可持续改进的制度和有效运作的基本秩序尚未完全建立。

简言之,中国的教育改革已经到了一个十字路口,需要通过改进来明确其新的方向、方式和路径。改进是整体话语体系的变换,改进意味着改好,改进立足于公平正义,沿着生活向前向上发展的方向,止于人民的幸福。

提倡教育改进的历史源流

改进作为一种理念在中国存在大约有两千多年了。依据《大学》所载,商汤在浴具上就刻着"苟日新,日日新,又日新"的字句,以激励自己不断创新;《康诰》有"作新民"的记载,《诗》曰:"周虽旧邦,其命惟新。"而作为一种组织形态的中华教育改进社成立到现在已有92年。当时这个组织有明确的理念和目标,就是"调查教育实况,研究教育学术,力谋教育改进",倡导"教育的科学研究"与"科学教育的改善"。蔡元培、范源廉、郭秉文、黄炎培、张伯苓、陶行知等人成为该社的骨干,有效地推进了中国教育现代化进程。

在1930年出版的《教育大辞书》中,陶行知应约专门写了"教育改进"这一词条。这个词条中的一些论述现在看来仍有意义:"吾人不但须教育,而且须好教育。改进之意即在使坏者变好,好者变为更好。""教育改进包含两个方面:有关与教育方针之改进,亦有关与教育方法之改进。"进而提出六条教育改进之道:"一是办教育者必须承认所办教育尚未尽善尽美,确有改进之可能。应持虚心的态度,破除一切成见、武断、知足。二是改进者必须明白自己之问题,又必须明白他人解决同类问题之方法。提倡以调查、参观为入手的方法。三是教育界共同之问题应同心协力共谋解决与改进。于是会议、社团就必不可少。四是不能发现新知新理,决不能在源头上谋改进。改进教育之原动力即发现新理之泉源,乃属试验学校之功能。改进教育最有力之方法无过于以学校化学校。五是调查必须有工具,方能明白问题之所在;试验亦必须有工具,方能考核方法之实效。这个工具就是测验,并据此精益求精,使之渐达尽善尽美之境地。六是教育之学术,非可独立存在。彼立于哲学、心理学、生物学、生理学、社会学、经济学各种学术基础之上。所以不能专在教育上谋改进,而是需要谋求与教育相关的各门学术以及教育之外的社会、政治、风俗等方面的同时改进。"我本人便是受到这些理念的启发提出了集成人学的教育观。

简言之,90年前的那次教育改进潮流可归纳为"平民主义做教育的目的,试验主义做教育的方法"。今天在这里说这些是要表明,我们开展的教育改进是在那些为中国教育改进而开辟和创造的先驱激励下的继续推进,我们传承先辈的责任,以专业的力量推进教育完善,致力于把教育办得更好。

我们应倡导什么样的教育改进

陶行知曾断言:"要参与教育革新的运动,须具两种精神:一是开辟的精神,二是试验的精神。"开辟与试验也是教育改进的两种主要方式。我们倡导教育改进,就是尽量将教育定位为一项专业工作,将教育定位为基本民生,同时也是基本民权,它是可以通过理性反思、完善管理、规范评价、优化方式方法加以改进的。

我们倡导教育改进,就是要让人的天性,尤其是儿童的天性不被世俗的利益所湮没或扭曲。长期以来愈演愈烈的"择校热"便是典型的例子,建立和完善人人权利平等的保障机制才能最终解决这一问题。

我们倡导教育改进,就是要逐步提高教育的底线,通过有效的手段保障社会最底层民众受教育的基本权利,提高他们所受教育的质量。我们所做的年度教育改进报告就是着眼于教育底线的提高,推进教育公平,提高教育质量,以专业的力量推进教育向科学、理性、自主、平等、人性化的方向完善。

我们倡导教育改进,是希望实现全民参与改进。民众对于教育改进的参与是保障教育改革成为教育改进的必要条件,也是巨大的动力。所以我们不仅要自己从事教育改进,还要与民众紧密结合,共同推进教育改进。

我们倡导教育改进,希望中国教育逐渐汇入世界教育主流。因此我们要以开放的视野与心态加强与其他各国专业人士联络去推动教育改进,而非闭门造车。

我们倡导教育改进,希望它是一种自然的累进,而非大起大落、一刀切、运动式突变,因为历史上历次诸如此类的教育突变对教育的伤害往往大于获益。同时要反对站着不动地错失时机。许多改进若错过了合适的时机就要付出更大的成本和代价,若再拖延,还将付出更大的代价,所以我们主张不疾不徐推进教育改进,即便退一步进两步,也要为进一步深化改进创造条件。

我们倡导教育改进,让那些希望教育更好的社会力量凝聚起来,不要散漫,不要溃败,不要放弃,不要死心,不要停留于碎片化的抱怨。而是要行动起来,联合起来,从自己做起,能改进一点就改进一点,每个人都可以为教育改进做自己可做的事。

我们倡导教育改进,希望儿童获得终身的良性发展,希望教育可持续改进,既不对眼前的问题麻木,也不能为了解决眼前的问题、获得眼前的绩效而忽视或损害长远的发展。

我们倡导教育改进的最终目的就是要培养身心健全的人。他们有独立的人格,能够独立思考,有健全的知性、德性、悟性和志性,能依据事实自主地进行判断,以探求真理和解决社会问题作为自己的人生使命,以合格公民作为自己的底线,向着人类新文明迈进。我们现在正在推进的中小学心灵教育就是为了实现这一目标而采取的一项措施。

为了每个人的幸福,我们需要共同行动起来参与教育改进。

我们如何开展教育改进[*]

经过这次社员代表会,中华教育改进社的组织健全了。能否实现把教育办得更好的目标,就成为摆在我们所有人面前的一项任务。在短短一天多的交流中,我们感受到不少新的东西,有了一些新的共识,也发现更多值得探讨而一时还难以明晰的问题。结合本人过去长期的思考,我谈一谈如何开展教育改进的问题。

首先,要凝聚可以促进教育改进的思想和专业资源

当下教育最缺的是什么?经过过去几十年的调查,我所得出的结论是思想和专业性。思想的桎梏仍是现今教育各种病态的根源。另一方面,由于长期以来教育被当成行政的下属,学生学习、教师教学、学校管理等方面都受到远远超出行政有效性范围的行政权力的制约,教育的专业性长期以来极为肤浅。可以说,在未来相当长的一段时期内,教育改进主要是要运用思想和专业资源对教育加以改进。

为此,我们要解放思想,积聚丰富和深厚的专业资源,让不同的教育改进者能依据这些资源发现身边的教育改进的空间并加以改进。我们在改进社的网站上设了教育资料库,以后若能扩大就应该叫教育资源库。我已经把我自己的教育著述简介放在里面了,希望项教授、李老师、张教授,还有袁教授以及各位改进社的同仁也能把自己的专著、资源和发现的新理论介绍进来,把教育改进社办成兼容并包,各种教育思想争鸣的园

---

[*] 本文为作者在2013年8月16日召开的中华教育改进社(2011年恢复重建)第一届社员代表大会上的总结发言稿。有改动。

地，兼听则明，通过实验检验，以实证为依据。

  思想和专业资源是教育改进的引领，如果在这方面我们落后了、贫乏了、空虚了，就无法进行教育改进，所以在这方面我希望社员中的各位专家多出力。当然，我们还要将境外社员和世界各地的教育思想和专业资源的作用充分发挥起来，在这方面各位社员都可借助互联网拓宽视野，但专业性问题的解决还是需要通过专业的方式。以专业的方式推动教育改进则是我们今后长期要进行的工作。

其次，要以社员为主体寻找一切机会推动教育改进

  中华教育改进社必须要建成现代社团。现在中国已经有三百多万个各种类型的社团，但大多不属于现代社团。现代社团的主要特征是社员成为社团的真正主人，有责有权，有通畅的表达与沟通，所以这次我们的选举是完全凭票决定的真选举，以后也将坚持这一原则，有人选你你就能当理事，没人选你你就当不了理事。理事就是干事的，不干事就不能当理事。

  有了这样的机制，我们就不必担心没人去推动教育改进。我们就是要以教育改进实践活动为纽带，用教育改进社串起有志于把教育办得更好的各方力量，将经过理论论证、实验检验的有益于教育改进的实践活动推广出去。

  为此，我们必须积极发展有志于教育改进的新社员，建设好社员的活动平台，现在已经有了社员村、微博、QQ群，以后还可以发展其他形式，谁来做？社员做，理事做，每个人都是这个社团的主人，做的都是自己分内的事。

  有人或许要问，现在教育改革模式有几百种，改进社推行哪一种教育改革模式？当下，我们确实在推进中小学心灵教育、教育家精神下乡、校园文化设计和建设、思维训练等一些有利于教育改进的项目，还在做年度教育改进报告。但是，坦白地说，我们不只想推动单一的教改模式，还想在此基础上，向整体化、系统化的方向努力。因为任何单一的模式都不具

有普适性，我们所寻求的是，由社员依据各自所处的环境、所面临的问题、改进社提供的思想和专业资源，找到自己改进的需要，自主确定自己的改进模式和目标，自己在各自现状基础上谋求改进，我们可以帮助联络专家团队为各种改进提供专业咨询、评价和改善服务。这样，教育改进才可能出现各取所需、一本多末、百花争艳、繁荣生长的良好态势。

再次，要不断发明和运用教育改进的工具

我们倡导各自依据自己的状况开展百花争艳的教育改进，是否就不需要相对一致的评量尺度呢？当然需要。因为我们把教育办得更好的价值取向是一定的，立足于公平正义，沿着生活向前向上发展的方向，止于人民的幸福。同时，剔除偏见，依据求真、专业的标准，不同的人最终都会得到相对一致的看法。为此，我们要在此基础上创造出我们的工具，比如地方教育改进量表、学校教育改进量表，能让多样性的改进有个可以衡量的尺度。然后再对不同地方、不同学校、不同家庭或其他教育组织的教育提出改进的建议。事实上，我们已经写了两年的《中国年度教育改进报告》就是运用这种量表的雏形，以后要做的就是在这个基础上逐步细化。

当然我们的工具还可以是其他形式的，如办实验学校，组织观摩，举办教育改进论坛，对确定的问题开展专业研究，进行学校文化建设，通过地方与学校教育史志的编修找到当地及该校教育发展的密码和进一步改进的参照。这两年我一直想做的一件事就是写一本《中华教育改进社社史》，现在已经有了一些资料，还不完整。这样一本社史对我们今天参与教育改进的人都是很好的学习读本。

我们讲教育改进工具，简单地说就是不要孤零零地、分散地去做教育改进的事，而是要依据实事求是的原则，形成大家共同参与、可操作、可持续、易推广的教育改进机制。比如某个实验学校进行了某种教育改进，那么你把改进过程和方案的文字和图片发到改进社的网站上，看看别人是否可以由此受到启发开展他的教育改进，积累到一定数量就可以形成教育改进的链式结构；若不能做到这点，说明自身还需要改进。由此不断筛

选,就会形成教育改进的内在推力,没有改进的必将被淘汰。

最后,我们的定位是播种者

我们十分明白,中国教育的全面改进需要所有中国人参与。我们社团的力量总是有限的,我们的定位是做播种者、试验者、引领者,把教育改进的理念、方式和方法的种子播出去,让越来越多的中国人会自己去自觉自主地选择良种,播种、耕耘、收获。中华教育改进社要有为而不有的度量,要有开放的心态,尤其不能以某个具体结论对千姿百态的人及其教育生活实践下判断。

我们是要建立教育改进者交流、活动和资源共享的家园,而不是做版权所有者。如果有哪个团体在教育改进方面比我们做得更好,那是我们竭诚欢迎的,我们会去取经,我们要与他们合作,我们不能说谁就是正宗的,更不能自封为正宗。

我们要努力探求教育改进新知,既不做行政类型的教育改进领导,也不做经济类型的教育改进老板,前者有旧有的社会基础,后者有新产生的条件。每位教育的主体就是教育改进的主体,我们永远是服务者,我们自己的责任在于带头探索教育改进中遇到的重大理论与实践问题,宣传适合实际的教育改进理念,推广适合实际的教育改进方法,让它们成为每位教育当事人能够从中获益的资源。

为此,我们必须明确自己的定位,我们要成为什么,简单地说,是教育专业性的社会企业。社会企业这个名词在圈内还比较少见,有人给它下了个定义:运用商业手段,实现社会目的的社会组织。在这方面,上午小星已经就改进社的运作模式做了比较清晰的说明,改进社主要的工作是发明教育改进新理和新的工具,然后获得运用这些新理的经营者的基金支持,改进社自身尽可能不参与商业活动。说得更明确些,我们不是纯公益机构,也不是纯商业机构,我们活动的前提是保证自身的经费能够运转得开,所以我们以后亲兄弟明算账。社会企业通过商业手法运作,获取利润用以贡献社会,更重视社会价值。改进社的财务状况要向社员公开。

中华教育改进社要办成公开的、透明的社团,没有做到这一点就算失败了,就没有信誉、力量和资格去改进教育。

当然,真正如何开展教育改进是要我们大家今后去不断探索的,我今天所说的算是开头。谢谢各位!

向更好教育改进
EDUCATION

充分运用想象和实证推动教育改进[*]

在去年的社员代表大会上,我先后讲了为何要开展教育改进,如何开展教育改进。后来确定从两个大的方面推动教育改进:一方面以中小学心灵教育推广、教育家精神普及等项目为引领;另一方面以年度教育改进报告、地方与学校教育改进评价与发展策划、ACTS测试等评价方式作为推手,推引结合整体促进教育改进。经过一年多的实践,今天各位介绍了一些项目实施情况,大家常常就一些项目的实施征求我的意见,试图找到一把万能钥匙。我不能说找到了什么万能钥匙,但可以说针对中国当下的种种教育问题,确实有比较通用的工具,那就是"想象"和"实证"。

想象和实证对于当下的教育现状而言,就好比是教育改进这台机器上的两个必不可少的重要元件,想象是发动机,是动力源、营养源;实证是控制器,是教育的免疫系统、保健系统;或者说想象是教育改进的进食装置,实证是教育改进的排泄与消毒装置,二者缺一不可。

当下中国教育的问题不少,提出批评指责的人不少,但大多数人并未真正做出准确完整的诊断,也就难以找到对症有效的改进方式方法。即便有人胸有成竹地说什么问题怎么解决,也只是找到了单项或具体的某个问题在封闭或隔离环境下的解决方案或对策,却无法解决外部众多问题纠结在一起的十分复杂的问题。在单项问题解决过程中,由于整体问题尚未解决,依然不能让教育整体上健全发展,也难以真正彻底解决单个问题,于是教育改进整体上长期以来陷入困局。

走出整体困局的路在何方,对此仁者见仁,智者见智,也不存在标准答案。实践中能够做的就是让更多的人带上点"干粮"活着走出困局,或

---

[*] 本文为作者在中华教育改进社2014年会上的发言,《光明日报》2015年5月12日发表,后多家媒体转载。有改动。

者是让他们懂得如何有效使用一种相对通用的方法和工具自主地寻找到走出困局的路径。这条路径对不同的人是不一样的,还会存在巨大的分歧,比如当事人和非当事人,政府和民间,研究者和执行者;对不同地区和不同学校也是不一样的,需要依据各自的起点和现状、目标而定,需要每个人依据自身条件、需求、能力和面对的具体问题自主地找寻解决方案。但无论你的现状如何,比较普适的就是需要大家多一点想象,多一点实证。若能充分运用好想象和实证,就会有越来越多的人殊途同归,找到共识,明确方向,形成方向接近的合力,推动整个社会的教育改进。

为什么说想象和实证是中国教育的对症之药?因为想象是创造和思想的起点,有了想象就会打开创造和思想的大门,就能为教育拓展更大的空间、更丰富的内容和方法,就可用思想滋润化解各种教育改进的阻力。当下教育中各种流行的概念、理论、模式、典型等,很多良莠不齐,只要稍稍用实证对它们做些推敲,就会发现它们中不少是泡沫。没有实证,人们就不能做出辨别,就会把泡沫当理想。

将想象与实证有机配合使用,就能在更深程度上有效推动教育改进,提升教育品质。这是对当下中国教育改进路径的整体判断,现实中的教育改进还需要采取分项解决的方式。

具体而言,就是每个人都要善于利用想象和实证应对你周围的教育环境和存在。想象是人的天性的自然外显,健全的人都会想象,但现实的教育常常会斩断孩子们的想象,损伤孩子们的天性。前几天见到一位家长诉说:老师问大雁为何列队飞行,学生答"是为了借用气流省力",老师说"不对,是由于大雁遵守纪律"。这样的例子屡见不鲜。在这个例子上,既有想象不够的表现,又有实证不足的表现,如果老师稍稍实证一下,也不会给孩子这样荒唐的"标准答案"。面对这样的现实,学生、家长、教师以及任何一位教育当事人都应该而且有权利阻止、改变,一次次的改变积累起来就是教育改进。但这种改进需要一个人一个人、一件事一件事的分工合作,而非以笼而统之的方式解决。

想象能够产生教育改进的需求,禁锢想象就难以产生教育改进的需求。不少教育当事人做了一辈子的教育工作,由于没有改进的需求而长期没有进步。由于缺乏想象，导致不少人思维过于单一、单向，不愿意对复杂事物进行深入思考，喜欢线性地、一元地和善恶对立、非此即彼地简单看待和解释事物，在处理人际关系上也简单使用不是朋友就是敌人的方式思考问题，在现实中不断出现大量"愤青"。

由于缺乏实证，在不少人的周围存在过多的不确定性，在自己无法做出判断的时候就想当然地选择从众，或过度相信权威、金钱、权力，或用世俗的观念作为自己的救生衣，穿行于利禄人世，似乎人人都如此，也相安无事，缺乏底线，不只影响教育，也限制特定社会里生活品质提升。

想象和实证本身会带来不断的变化，它与长期以来仅仅强调传承的教育存在内在特性的冲突，甚至对既有教育体制、教育管理方式、教育评价制度和标准形成挑战，这是很多人不愿看到的，尤其是那些既得利益者和思想保守者不愿看到的。所以，无论是课程改革、以高考招生为主的教育评价改革、现代学校制度建设等等，在提出讨论的时候大家期望很高，正式方案敲定的时候温度下降，实施的时候不断遇到各种明折暗扣，以致几年下来成效不大。此时，需要更丰富的想象和更充分的实证实现教育改进的突破，放弃想象和实证只会停滞或倒退。

想象和实证的充分发挥和运用以及两者结合使用是一种思维方式的质性转变，将这两者结合起来，培养每个人在每件事上想象和实证，就会培养思维品质良好的学生个体。在宏观上，想象和实证常常是以理念为媒介改进教育的，想象产生新理念这点很好理解，而无论新理念还是旧理念都有善、恶之分，实证是鉴别善恶、适合与不适合的程序，这两者的结合就能营造良性的教育环境。

中国宋初从疑传到疑经的疑古思潮开启了理学复兴的时代；欧洲文艺复兴正是运用想象追求艺术，进而影响到整个国家乃至欧洲和世界的进程；法国大革命后，国王路易十六在监狱中说，是卢梭和伏尔泰两个人推翻了他的王朝，事实上卢梭和伏尔泰手无寸铁，也不宣扬暴力，是想象产生的新观念和新理念改变了这个国家及其国民的命运。这些历史都足以证明想象的巨大能量。没有想象的教育不可能对社会发展发挥作用，也不能担负社会复兴的责任。

不同人会有不同的想象,充分运用想象就要包容多样性,让不同教育人的个性和趣味获得充分发展,让每个人的主体性都得到彰显,而不是强调过度的"同一性",乃至思想专制。在过去很长时期,过度强调"同性"在一定程度上束缚了人的想象,也阻止了当下的教育改进。

不追求过度的同一性并不意味着有了想象就足够了,这就是教育改进还需要实证的理由。因为人的想象需要通过实证才能变成科学。几十年的调查让我有一个与一般人不同自己却深信不疑的看法,现实比任何人的想象都要复杂得多,而非想象比现实复杂。或者说现实的多样性要多于任何一个人想象的多样性。这样一来,就没有必要担心现实束缚了想象,实证束缚了想象,现实只能丰富想象。那些认为现实将会束缚想象的人或许是把现实看得过于简单了,或者是单向度、浅显地看待现实或图解现实,看出的是一种刻板的现实,再以这种刻板的现实去对待想象,自然会把想象挤压到一个狭窄的范围。因此,对现实大量的感知将会丰富想象,对想象本身也需要加以实证,才可能推动教育改进。

当下中国教育由于缺少想象和实证,改进遇到的困局是不少人分不清哪些是真问题,哪些是假问题,常用错误的方法在虚假问题上兜圈子。辨别真假需要先用想象厘清各种存在的内在关联,然后再用实证的方法证实。想象和实证结合才能走出这一困局。

真正专业的教育和学校多样化才能满足天性不同的孩子做自主选择的需求,才能谈得上寻找最适合的教育。无论是专业化还是多样化,都需要释放教育当事人的想象空间,也需要实证挤掉各种泡沫和虚无缥缈的幻想。

有意教育改进的朋友,需要从方法和原理两个层面理解想象与实证结合。从方法上说,想象与实证结合就是有效的教育改进方法,或称为"想象实证法",需要不断锻炼这种能力,熟练使用这种方法去分析当下教育、判定教育问题、解决教育问题,形成新的教育图景并寻找实现路径。从原理上说,想象与实证结合就是在教育上的"天人合一",想象是人的独有天性,想象是否与自然世界的客观规律一致,就要看它是否经得起实证的检验。因此,既要把想象与实证充分结合当作推进教育改进工作的一个有效方法,在日后的教育改进中充分有效使用,又需要把它当作一条基本原理,运用到改进社开展的实验学校建设、教育家精神普及、中小学心灵教育、学业测试、校园安全的各项实际工作中。

每一个人,每个教育组织或机构,熟练掌握了想象实证的方法和原理,就能成为一个有活力、积极进取的教育实体,再寻找现实中的教育问题,坚持不懈地一项一项地改进积累,教育就会办得越来越好。

坚守理想推动教育切实改进*

各位社员朋友,12月23日是中华教育改进社成立94周年,恢复重建4周年的纪念日。

恢复重建后,第一届理事会成立两年多了。四年前,我说重建改进社是传承责任,今天我还想再次重申这个信念。四年来,我们有过不少碰撞,在碰撞中逐渐看到新的希望。参加改进社的人无疑是理想主义者,目标就是我们反复强调的以专业的方式把教育办得更好。为此,我们要时常反问自己,是否还坚守着理想。

但是,我们不能停留于理想,改进社还需要行动推动教育切实的改进。这届理事会建立后,经历了各种坎坷,也取得了大家都感到欣慰的成效。连续四年的年度教育改进报告和新建的微信公众平台受到社会的关注,思维训练、教育+互联网年会、第三方教育评价联谊会都让大家感到专业水准较高,我们培育的"零作业批阅"项目受到各地教师欢迎,社员人数也有了一定量的增长。

同时,我们也遇到一些挑战,对改进社自身建设而言,我们期待的董事会未能建立,我们的自身管理机制也还不完善。与改进社宗旨"力谋教育改进"相关的教育上的挑战主要有:

一是当下教育上的一些改变从专业的眼光看,确确实实是"改退"而非"改进",或者说是是非不清。比如,一些地方在推进集团化办学中使得学校组织超越了有效管理范围,增加了学校管理行政层级,抬高了管理成本,弱化了责任链,降低了教师对学生的关注度以及整个教育对师生的关注度。再比如,不少以改革名义推行的措施是把师生当成道具,类似的事

---

* 本文为作者在中华教育改进社2015年会上的发言。有改动。

件还不少。

二是随着互联网的兴起,各种信息传播更为便捷,就像自然界的雾霾那样,教育界也充满着各种"雾霾",有些"雾霾"还很炫耀,以致一些人乐意受害还不自知。其中最为典型的是心灵鸡汤满天飞,包括没有明确界定的国学铺天盖地,假冒屠呦呦的讲话稿骗倒众多高学历人群,诸如此类。十分遗憾的是一些教育界名气不小的人也在制造和传播心灵鸡汤。为了明辨,这里我对心灵鸡汤做个界定,它的主要特征一是认为自己所说的是普遍适合的,没有明确界定的概念、对象、问题、时间、人物、事件;二是缺乏逻辑,经不起实证和推敲,将去年我讲的想象和实证方法运用起来分析一下很快就能识破,遗憾的是不少人不会用或者没有意识去使用这些方法;三是意念先于事实,或者只有意念,没有事实;四是其意图是想敷衍、麻痹,而不是求真正解决问题。在"雾霾"的笼罩下,教育就不能改进。

三是浅层流行,或者说肤浅流行。长期以来,相对于教育专业而言过于肤浅的东西流行,或者不少十分专业的东西以肤浅的方式流行。比如说"翻转课堂""蒙台梭利",原本是比较专业的,在特定条件下才能实施的一种教学方式,可是不少人不问三七二十一就搬来用,似乎一夜之间就普及了,仔细一考察,结果绝大多数文不对题,丢失了原本的精神。我自己做陶行知研究,经常遇到一些人以陶行知的名义讲违背陶行知基本精神的东西,我听了常常无地自容。

四是不断蔓延的倦怠。我做了30多年的实地调查,当下教师的职业倦怠是范围最广、程度最深的。造成这种倦怠的主要原因是当下的教育管理和评价问题长期积累的作用,简单地说,就是在这种管理和评价下教师的主人翁意识越来越淡薄,遇事自己做不了主,成天充斥着被动的忙碌。所以很多看起来很好的改革在不断打水漂,落实不下去。

为了推进教育改进,改进社的成员需要有一些应对的特质。

我们有了理想还要有公益心与公益行动。时下,像比尔·盖茨、扎克伯格那样的人做慈善很吸引人的眼球,但社会上这样的人还是太少了,社会对真诚慈善的需求远远大于这些能量很大的少数人所能提供的,改进社就是要适应并满足这一需求,联络专业人士为实现教育改进做社会所需要的事。我们是大家一起来做公益，做每个人力所能及的公益。

我们有了理想还要有思想。思想是教育行为的"盐"，没有它，再好的办法都未必产生良好的效果，教育改进社的每个成员都要学会思想，还要敢思想，能思想，运用思想去解决问题，而不仅仅是玄学思辨，绝不要因循守旧。

我们有了理想还要有专业理性。这点是改进社的前辈十分看重的，专业理性就是不仅仅从功利出发显示的理性，不只具有工具理性，而是经过专业素养养成的本体油然而生的理性。这种理性才能有助于我们与所研究的教育问题、教育对象处在共生的状态下。如果是教师，有了专业理性才能有利于与学生的精神共成长，也会提升知识、技能教育的有效性，提升教师自身的生活品质。唯有有了专业理性，才能逐渐明了教育的是非，知道教育改进向哪个方向改，才能驱散教育的"雾霾"，才能免于肤浅。

我们有了理想还要敢于寻求改变。就我了解，在教育行业太多的人是不想改变的，在与教育高度相关的行政管理部门更是不想改变的人居多，这些决定着教育改进的阻力远远超出改进者的想象。但是，改进必然需要改变。教育改进社的社员所要寻求的就是改变，向着进步的方向、完善的方向、良好的方向改变。所以，我们要增加改变的胆量和能力，探寻改变的规律，要改变外部世界，也要改变自己。因为教育所面对的改变对象是十分复杂的，所以我提倡不疾不徐，竭尽全力，一步步改变，不要停步不前。

我们有了理想还要有开阔的心胸。陶行知一面提倡爱满天下，另一面追求创造理想社会。我们的教育改进当然对当下我们周围的人有益，对中国的社会发展有益，但不应仅及于此。我多次跟幼儿教师做的一个讲座，标题就是"做人类健全发展的催生娘娘"，我们的教育改进要着眼于人类健全发展，着眼于人类的幸福，而把人类共同的理想当作我们的理想，因此我们要包容。或许我们今天办不出蔡元培时期的北大，但我们一定要把中华教育改进社当成当年的北大来办，这样就不用担心改进社能否发展起来的问题了。

具体到改进社的发展，依然坚持社员主体，改进社自身定位为专业人员的联合体,做教育改进者的精神家园。在业务范围上,一方面继续通过教育家精神普及、心灵教育推广、全脑潜能开发及思维训练、学校文化建设、零作业批阅等项目的开展对教育改进加以"引领";另一方面通过年度改进报告、区域与学校诊断评价、校园安全诊断与评估、学业素质能力评价(ACTS)、综合素质评价(ICTS)、潜能测试(TAST)和多思乐学等项目来"推动"教育改进,深化第三方教育评价。这两个大的方面形成合力,努力推动教育改进。

同时我们也会发现和凝聚新的项目,比如,我们刚编写出版了一套以理性、科学为主调的早期教育丛书,可以据此开展理性早期教育普及活动。我们将继续完成中国现代教育社团史研究,其他各个项目团队也要把过去准备做而没有做好的项目做好。

2016年我们将启动教育改进者培养项目,目标是培养有专业能力和志向的教育改进者,由改进社的专家担任导师,经过1~2年对选定的选题的专业研究写出教育改进研究报告,把教育改进问题研究与教育改进者培养结合起来,整个过程完全依据专业规则来运行。这种方式类似于1920年改进社的特约研究员制度,后来参加联合国人权宣言起草的张彭春当时就曾任中华教育改进社的特约研究员,从原理上说这种方式是有效的,希望各位导师尽心尽责,也欢迎有志于教育改进的人踊跃报名。

中华教育改进社属于每个社员,我们的理事产生有单位社员理事和选举理事两种方式;副理事长的产生则完全由社员代表会投票选举,由于社员人数增加,今年我们将继续增选一部分理事,增选若干名副理事长。具体项目由专门团队执行,今后还要进一步整合合作机制,改进运营模式,有效对接改进社专家资源,形成合力,提高合作项目的社会效益和经济效益。

我们期望广大社员积极参与自己感兴趣的项目,共同把我们自己的改进社办好,在创造理想社会的同时,创造一个值得被别人当作风景的中华教育改进社。

教育改进是专业的行动*

教育改进是我们这几年的追求。什么才是教育改进,陶行知在商务印书馆1930年出版的《教育大辞书》(朱经农主编)中曾专门写了"教育改进"的词条,主要从教育的理念和教育方法上陈述了当时的教育改进。①近来也有些人做过一些概念的界定,人们对它的认识依然不够深刻,或者与当下的教育实践联系疏远,仅仅抽象地讨论寓意。现在看来仅仅从概念上是很难说清教育改进的,在此我结合这几年的实践,将对教育改进的一些新的理解做些阐述与大家分享,为大家开展教育改进提供参考。

一、教育不缺少行动,缺少的是专业行动

事实上,教育领域里的行动已经很多了,尤其是这些年来,教育的上上下下、里里外外各方面都在行动。只是这些行动多数不够专业,为了显示行动者的行动效果,有的还夸张、渲染、表演、炫耀,但其专业的成分很少,其中一些行动花钱不少,收效不高,完全是盲行盲动、妄行妄动。

在这种情况下,教育改进者不能再简单地鼓动人去行动,而是要尽可能地让行动遵从人的天性,遵从教育的内在规律,也就是说要专业的行动。同时,教育改进者要学会辨别、揭露、抛弃、淘汰、抵制教育领域中"野蛮人"的行动。当然教育改进者的力量有限,因此还需要影响更多的教育当事人,让他们也学会鉴别"野蛮人"的教育行动,从而不选择"野蛮人"的教育行动,甚至抵制教育"野蛮人"的行动,使"野蛮人"的教育行动失去市

---

* 本文为作者在中华教育改进社2016年会上的发言。有改动。
① 陶行知.陶行知全集·第2卷[M].成都:四川教育出版社,1991:576-582.

场,使这个社会上"野蛮人"的教育行动尽可能少一些,专业的教育行动尽可能多一些,整体上教育就会因此得到改进。这是推动教育改进的一种有效方法。

二、专业的行动才能产生教育改进

在强调专业的时候,不要忘记现在有很多人认为专业的工作就是做课题,申报项目,写论文,出专著,发议论。以致教育的研究报告、论著和论文汗牛充栋,却未能解决中国教育的实际问题,不少制约教育品质提升的关键性问题少人问津,长期得不到解决。这些专业工作者所提出的理论事实上多数没有经过行动的检验,而将之运用于行动其效果也未必就很好,或者根本就未曾考虑过将它们用于行动,只希望那些文字不断地被引用流转就已经是了不起的成就了,引用率成了证明学术成就的指标。教育改进需要专业的研究,但不是书斋里的专业研究所能实现的,而是需要专业的行动去实现。

强调行动是陶行知的一个基本观点,它是针对中国几千年以来教育重视书本知识忽视实际行动的偏向提出来的。这种偏向当下依然没有得到彻底的改变,从教育的行政领导到学校的管理者依然是空发议论的多,实际行动的少;受教育评价和管理的影响,从教师的教到学生的学也仍然是闭门造车的多,向自然和社会直接求知、直接获得体验的学习少,通过教育和学习来解决问题,改造社会,造福大众的更是少之又少。

在当下,有专业没有行动成为一种流行,那些没有行动的专业工作者,能获得社会各方面的认可,能评职称,拿工资,获奖,生活得很滋润。假如要拿这些专业的产品去行动,去解决实际的问题反而可能困难重重、到处碰壁。于是那些只想收获个人名利实禄就万事大吉的人就只需要书斋里的专业而不需要去行动。越来越多的人为了减少自己的麻烦,就都站到只追求和钻研书斋里所谓的专业而不去行动的行列。这种方式所追求的专业就如同货币超发,他们的专业产品是没有实际行动做支撑的,就如同只有货币没有实际的物品,或者只有钞票没有准备金。正因为如此,当下教育急需专业的行动。发出专业的行动本身就是教育改进。

三、专业行动的内涵与方式

什么才是专业的行动，在这个问题上不同人的看法可能有差别，经常会出现的问题是每个人都认为自己的行动是专业的，别人的行动不专业，所以要找到界定专业行动的一些可操作性的依据。通过对教育实践的观察，可以总结出专业的行动有以下特征：

有责任感。陶行知说人人心中都应有个理想的社会。专业的行动是为了实现理想社会的行动，是为了承担一种责任，"在止于人民之幸福"，它不简单地受功利的驱动，也不为利益所左右。这种行动并不完全排斥对社会各方的利益关照，但它不会被利益所绑架。如果把这种行动当成一个平面来看待，支撑它的三个支点分别是民众的意愿、行动者的理想和社会真实。落实了这三个支点的责任感才有可能广为适用，才有可能包容更为深刻广阔的专业性，才有可能为更多的人服务。

符合逻辑。不是主观臆断的，这种逻辑是能为有专业基础的人所认可的，行动者不仅自己要明了自己行动的逻辑，也要让他人明了，让参与所行所动的相关当事人都明了。大家都能够循着这个逻辑进行教育改进。逻辑是教育改进行动的底线，教育改进者需要将不符合逻辑的教育行动抛弃。

讲求实证。专业的行动要有理想，但不是乌托邦，不是教条，对事实和真相要有全面深刻的了解，要能鉴别真伪，在尽可能全面占有实证资料的基础上用逻辑做判断，独立思考而不武断盲从，若要确立或否定某个教育判断就应有扎实的证据。用实证的方法筛选出教育的优劣，然后进行选择，这也是教育改进。

基于数量又有质性判断。单纯追求数量忽视质性的行动或一味强调质性排斥数量的行动都有失偏颇，专业的行动要兼顾数量和质性。一些地方在政绩驱动下，单纯追求入学率、普及率、升学率而不顾教学的质量便是非专业行动的典型表现。

善于利用工具。教育的调查、实验、评价等专业行动都离不开适当的工具使用,而且要在尽可能的条件下使用最先进的工具。使用工具未必就是专业的行动,专业的行动也未必都需要使用工具,但系统的专业行动不可避免地要使用工具,并且在一定程度上工具的先进性和适切性是衡量行动专业水平的一个重要参考依据。

自主选择与可变。非自主的行动,如果接受了专业的训练也可能是专业的;自主的行动也可能是不专业的。这里所要强调的是专业的行动是在自主基础上对专业认同所发出的行动,而非强制接受所谓的权威或行政指令所发出的行动。专业的行动不是只有一个单一的行动模式,而是需要提供多样性供不同的人选择,做出选择的依据是人的天性和教育的实际需要。从过程上,专业的行动是可变的,变化的依据是发展过程中出现的新情况,或教育过程自身的变化。

平等互动。在人人平等的基础上去行动,而非单向的主动或单向的被动,在行动过程中不同人或许有不同的看法、不同喜好,专业的行动要通过协商形成共识,在有共识的基础上各方自愿地参与其中,自主地做出选择和判断以互动的方式相互选择,协同推进才能更有效地改进教育。

反复求证。专业的行动在某个环节可能需要一锤定音,在整个过程中则需要行以求知知更行,需要保持连续性,需要寻求变化的内在规律。受行政任期以及各方面的因素影响,不少教育者的行动常常是孤立的、片面的、武断的、相互否定的、前后不衔接的,且对自己的行为懒得去求证,往往顾此失彼,导致原有的教育问题尚未得到彻底解决,又产生了新的教育问题,无法实现教育的良性改进。

视野开阔而非一孔之见。不少教育的当事人也曾受过教育的专业训练,只是这些训练相对于教育的复杂性而言,还是过于简单肤浅的,他们的行动多数依然基于一孔之见。要真正实现教育改进就必须纵向地了解教育的历史,横向地了解世界教育的发展趋势;宏观地了解与教育相关的整个社会各方面,微观地深入每个个体内心,知晓个体生命的差异及其奥秘。

以上仅是对专业行动特征的例举,还不够完整和全面。上述特征足以供人们分辨出哪些行动是专业的、有利于教育改进的,哪些行动是非专业的、不可能引发教育改进的。

作为教育的改进者,或争取成为教育改进者的人,无疑要自觉地选择专业的运行,力争自己的行动专业性更强,力争自己所从事的行动专业的成分增加。做到这些需要克服的困难是:自己的专业水平限制、行动本身所遇到的各种社会障碍,需要克制内心对安逸与逃避的企盼。

最后,我们争取做专业的行动者投入到教育改进中去。

教育改进的关键在于内部人变革[*]

自 2011 年推动教育改进以来,每年都就某个问题进行讨论。这些问题不是凭空想象的,而是在推动教育改进的过程中遇到而又没有明晰认知的问题。过去我们曾强调公众参与对于教育改进的重要性,参与教育改进是民众的基本权利,所以它的必要性是确定无疑的。

现在遇到的问题是,随着互联网普及,公众的教育表达大量出现,对教育的看法众说纷纭,还有一些人为吸引眼球选择非理性的煽情表达,理性、专业的表达反而被淹没,以致不少人分不清是非和对错,大量信息在互联网上既给人增加信息负担,又造成不少人的迷茫。由此可见,公众参与的专业性、功能和角色都是特定的,若只强调公众参与的必要性而忽视内部人变革是有局限的,可能导致一些人误入歧途,一些问题更加恶化。作为完整逻辑的另一面,教育改进的关键在于内部人变革,内部人变革与公众参与有序结合起来才能深入、广泛、有效地推进教育改进。

一、何为教育改进的内部人

为讲明这个问题,必须界定何为"内部人",这是一个可能会产生歧义的概念,但考虑再三,觉得在当下教育信息杂陈的状况下还是有必要使用;教育改进的内部人是指对教育有使命感和专深了解并能产生新思想、新方法,制造新工具影响教育发生系统化变动的人。

要做一点说明的是,在经济领域,人们常将所有权和经营权(筹资权、投资权、人事权)的掌控者称为内部人,其他行业也有不同的界定。在教

---

[*] 本文为作者在中华教育改进社 2017 年会上的发言。有改动。

育领域,由于教育的专业性太高,学校的所有者和举办者当然可以对所办学校的具体事务如何办有决定权,但是在学校经历形式化步入制度化的时代,他们基本不具备影响教育发生系统化变动的能力。还有人认为教育行政权力的掌控者是内部人,中国教育近70年的变化说明他们可以利用行政权力对教育施加影响,也可能阻止教育的变化,但基本不可能实现教育的专业改进。一般的教育行政人员主要是行政指令的执行者,除了极个别的人可能成为教育改进的内部人,多数人基本不可能发动或产生教育改进。所以教育改进的内部人只可能是那些对教育有使命感和专深了解并能产生新思想、新方法,制造新工具的人,他们成为教育改进的"发动机"。

显然,教育改进的内部人未必都是从事教育职业的人,只要具备对教育有使命感和专深了解并能产生新思想、新方法,制造新工具的条件就可以成为教育改进的内部人;同样,从事教育职业的人并非都是教育改进的内部人,因为不少从事教育一辈子的人却对教育没有使命感和专深了解,也不能产生新思想、新方法,制造新工具。

对于每个人而言,是不是教育改进的内部人属于"为仁由己"的选择,如果你不做这种选择,就永远不可能成为内部人;能否真正成为教育改进的内部人又是存在社会筛选机制的,其中作用比较大的是同行专业从业者的认同和社会公众的认同,通过这两类认同的人在一定程度上被社会默认为内部人。

二、两种不同的判断

对于中国教育的问题,社会上存有两种较大差距的观点:一种认为当下教育的很多问题不在教育内部,而是属于社会问题;另一种认为我只能做教育,甚至只能做教育中的某个专业,社会问题我管不了,也不想去过问。这种认知决定着教育改进是否需要以及在多大程度上需要内部人,也决定了能否产生出内部人。

前一种观点有充足的证据,比如说收入分配不合理导致贫富差距问题产生,引发受教育的不均衡,再使得人因为教育的差距所能进入的工作岗位不同,产生社会阶层差距。想找到更好的工作就必须上更好的大学,想要上更好的大学就要上更好的中学、小学,不能输在起跑线上,由此衍生出一系列问题。仅仅依靠教育来促进教育公平和社会公平都是效果有限的。于是得出收入差距是制约整个教育发展很重要的因素的结论。如果收入分配差距的问题不解决,教育的诸多问题也很难解决,应该采取相应的措施调节收入分配来实现教育均衡和公平,于是转移了努力和解决问题的方向。

再比如,过于看重学历和名校出身,而不注重人的实际能力,并且成为劳动人事制度的刚性规定,把低学历者排除在某些岗位用人范围之外,如果这个问题不解决,教育改革就难以深入。

另外,由于社会保障制度不均等,政府不能为全民提供良好的社会保障,人们就不得不千方百计地挤进收入有保障的单位,"千军万马"考公务员,教育在其中被动地充当"帮闲"的角色。

由此得出的结论是唯有通过外部的变革才能改变教育。解决教育问题需要全社会的努力,教育改革需要政治、经济、社会的改革,而不是教育内部的变革,也不需要推动教育变革的内部人。这种判断只有在作为条件变化的时候是符合逻辑的,可用一个形象的比喻称为"换水洗澡论",把水换掉,环境改变了,教育自然变好了。

只要看历史上众多教育改进的案例是在当时社会环境很差的条件下进行的例子,就可看出这种论点是经不起严谨推敲的,教育内部人独特的作用很关键。蔡元培是由革命出身走上教育变革之途的,陶行知也经历过从暴力到教育的选择,张伯苓从军人转而选择教育,他们都没有埋怨社会环境恶劣而选择教育,而是通过教育改进去创造理想社会,中华教育改进社的这些前辈的选择都是对这种观点的否定。

后一种观点在教育行业内部最为典型,尤其是很多受过高等教育进入到某一个教育学科做研究或教学的人,终身只做教育经济、教育法、教育管理、教育哲学等某个学科的研究,这些人只将精力集中在某个狭窄的专业领域里,或在这个专业领域内有所成绩,对整个教育的改进所能发挥的影响微乎其微。这属于历史上早已存在的"思不出其位论"的现代版。陶行知从南京高等师范学校教授走出来出任中华教育改进社的主任干事,事实上是转向教育改进内部人的重要转折点。

上述两种观点都存在割裂的局限,教育需要改进的部分事实上是一个既包含教育内部,又包含教育外部的连续体,这个连续体本身没有从事研究的人所设定的内部和外部之分,是一个完整的整体。但这个完整的整体受到社会多个主体的作用,它的内部和外部都是动态变化的,甚至内部与外部之间也会发生互动或相互转换。如不能走出上述两种误判,就不能认识到内部人变革的价值和意义,甚至不会产生既有专业基础又有社会情怀的教育改进内部人,教育上的内部人变革就不会发生。过去的几十年中国教育或许就是因为缺少真正的内部人而难以有大的改进。

换个视角看,教育改进明显滞后于经济等其他领域的改进,这一事实能够获得较多的人认同。说明就教育而言,当下的内部变革是不足的,仅仅从外部改革也是难以实现目标的,确实需要有使命感的教育改进内部人以更宽广的视野和更深邃的洞察力实施教育改进。

三、专业领域主要依靠内部人改进

在不同行业和领域实施改进的主体是不同的,在非专业领域或某个行业还不够专业的时期,参与改进的人内部外部的区分度较低。在专业领域或某个行业进入到高度专业阶段,能发挥改进作用的人内部与外部的分别就会越来越明显。如果你承认教育还不专业,就会得出教育改进不必要内部人的结论;如果你认为教育已经有比较深的专业性,它的改进就需要内部人发挥更大、更关键性的作用,而改进的完成是内部人与普通大众的协同共构。

近些年来,不少人常引用列别德说的一段话:"一个国家只有百分之五的精英,还有百分之五的败类,余下百分之九十都是跟着跑的。不是跟着精英跑,就是跟着败类跑。所以关键不要奢望人类智商增高,而是要看人类选择的金字塔尖是精英还是败类。"我不完全认同这段话,但它显示的基本逻辑是清晰的,也是符合历史实际的。在一个特定的时期,教育是否存在内部人改进,以及教育的内部人改进能否得到占总人数90%的人认同是决定那个时期教育品质的关键性因素。学生、家长、教师、校长、政府决策者在多大程度上选择或认同教育的内部人改进将在很大程度上决定着一个社会教育的良好与否。

为说明这个问题还是举些例子。清华大学能够在1927—1937年快速发展,与梅贻琦、叶企孙等一批内部人发挥作用并获得同事的认同协作直接相关;香港科技大学用10年时间建成了一所世界前沿大学,外部是政府以"四两拨千斤"的方式利用马会的钱做种子基金,获得了社会支持,给内部人改进创造了难得的机会,内部则是聘请了全世界较好的老师,由他们发挥内部人作用,设计运行学校,选聘人才,制定规则,这些都是内部人改进良好的案例。

2017年诺贝尔奖经济学得主塞勒(Richard Thaler)对经济学的改进就是一个经济学领域内部人变革的典型案例。1974年塞勒在罗彻斯特大学取得博士学位,读书期间他就对基于完全理性的主流经济学假设产生怀疑,但当时的罗彻斯特大学满是坚持理性假设的经济学者,塞勒的博士论文采用了传统的分析范式。当他获得助理教授职位之后,他开始收集看似奇怪的经济决策案例,称之为"人们做的小蠢事",写在办公室的黑板上,这令不少同行感到有趣。1977年,因给心理学家卡尼曼的博士生搭车,他了解到卡尼曼和特沃斯基的研究,塞勒在"组织"外找到"外援",意识到这些研究可为"人们做的小蠢事"提供分析框架。1987年美国经济学会设立新刊《经济展望期刊》(*JEP*),塞勒说服时任主编斯蒂格利茨刊登其为该刊撰写的专栏文章。每年四篇,这一系列结集为"异常"的文章,每一篇都直指一个不难发现但与传统经济理论相悖的行为模式。经过他50载经济学生涯一点点的积累,提供了如何从体制内部对经济学界这个"坚硬"组织带来改变,同时不被"扔出"组织的极好范本。

当下中国教育正从数量扩张转向内涵发展和品质提高,这种转变应该需要更多的内部人出现并发挥作用。如果没有足够的内部人参与发挥作用,教育的各个关键决策的有效性将大大降低,教育的各项指标和运行机制都将在低水平徘徊,社会和个人都将会为教育支付更高的成本。但需要理性地认识到,内部人改进需要适当的条件,出现的概率不会很高,需要多重因素组合,前面提到的有使命感和对教育的专深了解仅是必要条件,产生的新思想、新方法及制造的新工具,能否为公众所理解、接受、认可、使用,能否获得政府的许可空间都在一定程度上决定着内部人改进能否实现。

四、内部人改进的原理

作为专业的教育改进,与其他行业的内部人改进有共同的内在逻辑和程序,在此称之为内部人改进原理。

还是以经济学家塞勒对经济学的改进为例:他的第一步是在经济学组织外找到"外援",心理学家卡尼曼和特沃斯基的研究为他所关注的"人们做的小蠢事"提供了分析框架。第二步是组建内部人团队,1978年塞勒从斯坦福归来,在罗彻斯特大学已显"离经叛道"的他遂转到当时并非经济学重镇的康奈尔大学,开始着手搭建其行为经济学团队,找到1986年当选塞吉(Russell Sage)基金会主席的心理学家瓦勒(Eric Wanner),为行为经济学研究提供经费支持,鼓励年轻学者进入这个领域。1991年他与席勒开始组织美国国家经济研究局行为经济学研讨会,每年开两次会,前后十年间组织了数次会议,与理性学派经济学大佬对垒,也与对行为经济学持相对开放态度的经济学名家论辩。第三步是重回内部人场域。1995年塞勒转战传统经济学的重镇芝加哥大学,在该校掀起不小波澜。有效市场理论的旗手法玛就曾说"我们想借此看紧他"。芝大的另一位诺奖得主莫顿·米勒则就自己为何没有否决塞勒的任命表示,"每一代人都会犯下自己的错误"。塞勒很小心地将自己的理论包装成对主流经济学的延伸,而非否定。第四步是重塑获得公众认可。2002年卡尼曼获得诺奖,吸引越来越多的学生投身于行为经济学这一虽不属舞台中心却已得到尊重的经济学领域,塞勒与同伴开始设计并在一些企业推行"明天储蓄更多(Save More Tomorrow)养老金计划"。2008年,塞勒与法学教授桑斯坦(Cass Sunstein)共同撰写的《助推》(Nudge)一书面世,受到英国政治家卡梅伦及其团队关注,2010年卡梅伦当选英国首相后就在塞勒的帮助下设立了行为洞见工作组(俗称"助推小队"),此后,美国等50个国家的政府跟进类似尝试。

  从这个例子可以归纳出专业领域内部人改进的原理和基本程序:第一步要借助多学科视野突破原有的图式,教育改进也急需突破现有的教育概念,找到多样性的专业资源激励教育重构;第二步是教育改进内部人的联络与交流,中华教育改进社的恢复重建在很大程度上就是这样的过程,但这个过程还进行得不够深入、广泛,我们也力图通过这个平台推出一些教育改进的内部人;第三步是重归或继续保持在教育专业的主流场域,改进社的不少成员即处于教育的主流场域,比较艰难的不是回归,而是怎样实现第一步的突破,而且这种突破不是一两次,要具有持续性;第四步是将重塑的教育进行传播、实施,获得公众认可,比如多年前我提出用集成人学的教育观研究和实践教育,集成人学能否作为教育上的统合性理论获得公众认可仍处在发展进程中。各位也可依据自己对教育的理解提出自己的教育改进方案,推进实施,获得社会认可。

  明了上述原理,就能更加自觉地参与改进,也能更进一步完善自身,不只追求做一个思不出其位、独善其身的学者,而是尽力突破自己,为更多人获得更好的教育而努力。因此,希望参与教育改进的各位要有力争做教育改进内部人的更高境界,今后的改进活动不仅要有更广的视野,还要在遇到困难的时候坚定自信,择机寻找外部资源建立更多的联合,形成有效的内部人团队,攻破教育上明显阻碍发展的各种坚固"堡垒"。例如,我近几年反复强调的要让考试从"指挥棒"转变为"服务器",就有攻破这个"堡垒"的意图。

五、内部人改进作用的发挥

  中国教育之所以长期得不到有效改进,或改进的速度与民众的期待存在差距,根本性原因是内部人改进原本就少,即便有人从事内部人改进,由于环境条件不好,受多重因素的干扰和影响而没有发挥作用。于是,内部人改进如何发挥作用便成为一个影响教育品质能否得到有效提升的关键性环节。

内部人改进能否发挥作用的决定因素一方面在社会环境,另一方面在内部人自身。

对于社会而言,包容性是至关重要的,行政等外部组织应保护、养育好各专业领域的内部人,避免用简单肤浅的判断阻止和干扰内部人变革。内部人的存在并发挥作用是社会活力的源泉,尤其在信息化、专业化的社会里,内部人变革能否发生在很大程度上决定了各个行业的发展水平,决定着一个社会的生活满意程度。

为了更好地发挥内部人变革的作用,需要形成内部人的鉴别区分机制,对明显有内部人变革特征的人加以鉴别,并给予他们适当的方便与保护。这个机制可以由社会自然形成,历史上就是如此,也可以作为社会建设的一部分加以建构。

教育改进的内部人自身需要具备一些特殊的品质。虽然很难对他们的品质列出清单,可以知道的是至少在教育上历代曾发挥过内部人变革作用的人都是历经坎坷的。在当今也不要奢想不经磨难就能发挥内部人变革的作用,所以一切贪求功利的人几乎都不可能成为教育改进的内部人。有使命感,有创造力,善于表达自己,善于与公众沟通,这些都是内部人具备的基本特征。

明了内部人改进的关键和重要,就要尽力促成和推进教育上的内部人变革。中华教育改进社的宗旨内含为教育改进内部人产生和发挥作用创造条件的成分,我们也力图在这方面发挥联络、传播、鉴别等方面的作用。

智慧的人们联合起来一起推动教育改进!

EDUCATION

第二篇　探　索

怎样才能培养健全的人*

近日复旦大学发生的投毒案、江苏科技大学发生的杀人案，这些残酷的案例再次显示，长期以来对学业成绩的关注高于对健全人格的关注是一个在教育界普遍存在的误区，不能不引起关注。

如今说起孩子的教育，家家都有说不完的话。千言万语归结为一句：望子成龙，望女成凤，希望孩子赢。

怎样才能真正赢呢，有人说不能输在起跑线上，有人说要选择一个好的学校，还有人说"分分分，学生的命根"，于是乎不少老师把知识做成"压缩饼干"，用加班加点的办法硬灌给学生，让学生大量重复练习、拼命机械训练，在高考中争得高分，校长有了"政绩"，家长高兴，社会认可，一些教师也因此出名。大批活蹦乱跳的学生却成了痛恨学习的人，他们考后烧书，他们身体虚弱，他们不会独立思考，他们不知道尊重别人，不知道与别人分享，不知道为人服务。有些学校甚至规定学生不许看报刊、听广播、看电视、读课外书，只许看与考试有关的书，不许到校外活动。学生称上学是"从一个监狱到另一个监狱"，盼着上大学后"解放"。不少教师也因此产生职业倦怠。中小学生睡眠严重不足、课业负担过重、心理过度焦虑等问题比较普遍，这些都成为挡在师生面前的一座座难以逾越的高山。

教育部曾在各地针对"小学三年级睡眠时间9小时以上"和"初中八年级睡眠时间8小时以上"进行了抽测。结果显示，潍坊市小学、初中学生在"合理睡眠时间"指标上均为全国最佳水平，分别高于全国常模约26和37个百分点。在"每天作业时间"指标上，针对"作业时间2小时以上"抽测显示，潍坊市小学、初中均处于全国最低水平。而"学习压力"指标

---

* 本文发表于《上海教育》2013年第15期。有改动。

上,潍坊市初中、小学更低于全国常模1/5和1/4水平。在体现学生学习状态重要指标"学习动机"上对"内部动机占主因"的抽测中,潍坊市初中生处于最高水平。"补课时间与参加辅导"中针对"周补课时间6小时以上"抽测中显示,潍坊市初中处于最低水平,小学处于低水平区。另外,"学生自信心""鼓励学生独立思考""教师专业发展""校长对教师专业的支持""综合实践课开设"的抽测中,潍坊市均为全国最高。

谁笑在最后,谁笑得最好。虽然在教育的理想境界上尚未找到共识,针对眼前的教育现实,教育要培养一个健全的人,既是千家万户的期盼,也是民族复兴的基础,中央与各级政府以及教育主管部门都应依据当下存在的突出问题,克服种种困难,向着培养健全的人这一明确目标努力。

一、身体怎样更强健起来

国家每五年进行一次全国性的学生体质和卫生健康调查。调查表明,20多年来中国学生虽然身高和体重增加了不少,但部分体能指标连续呈下降趋势,尤其是肺活量和体重指数水平,超重、肥胖及近视的检出率继续呈上升趋势。2005年的调查显示学生耐力、速度、爆发力、力量素质呈进一步下降趋势。其中视力一项2005年小学生视力检测不良率达31.67%,2010年上升到40.89%,上升了9.22个百分点;初中生2005年视力检测不良率为58%,2010年高达67%,上升了9个百分点,上升趋势很迅猛,而且显出有低龄化的趋势。

将2005年的调查结果与2000年比较发现,不管是城市还是农村,学生的身高、营养状况等都在上升,肺活量却在下降。有的孩子肺活量甚至下降了300毫升!这意味着降低了10%到15%的肺功能!

2010年的调查结果显示,全国大部分省份的学生肺活量水平依旧在下降。生理机能中肺活量和体重指数水平在2006年至2010年期间显著提升,扭转了2001年至2005年期间显著下降的颓势。然而,与10年前相比,仍呈负增长!也就是说,尚未及1995年至2000年期间的水平!肺活量水平是健康体适能最重要的标准之一。体适能是Physical Fitness的中文翻译,指人体所具备的有充足的精力从事日常工作(学习)而不感疲劳,同时有余力享受康乐休闲活动的乐趣、能够适应突发状况的能力。心肺功能的强弱,直接影响到人的体质健康、学习工作效率、生活质量乃至寿命。

无怪乎一些体育老师说:"现在的孩子,体质真是大不如从前。50米短跑才跑两趟就气喘吁吁。更别提长跑了。有的孩子参加一两天军训就出现晕厥症状,真令人担忧。"2010年,北京一名小学三年级的男学生运动后突发心脏病,抢救无效身亡;2010年11月,内江市东兴区某校运动会一学生突发心脏病死亡。2011年12月20日,厦门一名大四学生在备战2012年的马拉松比赛时,竟然倒地猝死。

类似的悲剧一次又一次地发生,让人痛心。

2006年,教育部、国家体育总局、共青团中央就在《关于开展全国亿万学生阳光体育运动的通知》中提出,用3年时间使85％以上的学生能做到每天锻炼一小时。

2007年5月,中共中央、国务院《关于加强青少年体育,增强青少年体质的意见》中,明确了学生要每天锻炼一小时,"通过5年左右的时间,使我国青少年普遍达到国家体质健康的基本要求,耐力、力量、速度等体能素质明显提高,营养不良、肥胖和近视的发生率明显下降"。

2008年,《中小学体育工作督导评估指标体系(试行)》发布,将中小学生每天锻炼一小时的完成情况等列入评估内容。

2009年,温家宝总理签署第560号国务院令,公布《全民健身条例》,再次提出"每天锻炼一小时"的口号。

2010年,《国家中长期教育改革和发展规划纲要》和十一届全国人大四次会议批准的《政府工作报告》中,又多次强调"保证中小学生每天一小时校园体育活动"。

然而,2010年一些地方的调研结果仍然显示,1/5的学生每周锻炼次数不足3次,近1/3的学生每次平均体育锻炼时间不足0.5小时;95％的学生不知道运动中应该如何掌握合适的运动强度。青少年学生体育锻炼普遍不足,时间和强度都不够,依然是有待解决的难题。

造成这一难题的根源有：

错误地认为分数比身体重要，回到家得复习功课，双休日还得上补习班，没有什么时间锻炼身体。

考试指挥棒下，体育没有列入高考考试科目，体育课被占用或被挤掉。不少优质学校体育设施完善，但因为升学压力大，学校不得不压缩体育课时，重智育、轻体育的现象依然屡见不鲜。体育锻炼难以摆脱"说起来重要，忙起来不要"的尴尬处境。

许多农村学校没有专业体育教师，缺少场地、器材，开展体育活动不足，体育课程质量不高或流于形式。

体育课没有一定的强度和运动量，学生一节体育课下来不见出汗、气不大喘、心不急跳，因而无法达到锻炼的目的。

怕吃苦，学生们选择课外体育活动时以趣味性较强的球类、时尚的轮滑为主，而较为枯燥的，但对于肺活量有重要作用的长跑则被大多数学生冷落。

怕受伤，家长大多溺爱孩子，怕孩子受伤，学校也怕出事，再加上受网络、电视的影响，越来越懒得到户外去活动，一个个变成"宅男""宅女"。

社会关注不够，大家不知道锻炼不足带来的严重后果。学生、家长、教师忽视体育，学生自然不能形成良好的体育锻炼意识，也就无法养成良好的体育锻炼习惯和行为。

看看国外孩子如何锻炼吧：

美国：家长普遍注重从小培养孩子的"体商"，美国孩子大多都是体育迷，有80%以上的青少年（10～17岁）每天参加学校组织的体育课或课外体育活动。

日本：成绩优秀的孩子虽然让人羡慕，但体育好的孩子更受大家尊重。上学后，每天都有体育课。

新加坡：新加坡的中小学生学业负担并不轻，但每天下午两点以后，学校都安排了课外活动时间，学生们有足够的时间参加几十种运动。

法国：小学有1/3时间用于体育教学，每周有8～9小时的体育活动，中学生每周为5个小时。

瑞典：在7~20岁学生中，60%以上都是1至2个俱乐部的成员。政府规定青少年只要5人一起参加体育活动达一小时，每人可获17克朗补助。

"体者，载知识之车而寓道德之舍也。"让学生身体更强健是极其重要的，也是各方面发展的基础，不仅要重视，还需要大家转变观念，切实减轻学生过重的课业负担，将"每天锻炼一小时"落到实处。

二、课业负担怎样再轻一点

课业负担过重，既影响到学生的身体健康，又破坏了学生正常的兴趣发展。2011年，一张由小学生自编的"想得美"课程表上传网络，引起很多人的关注。在这张课程表中，每天七节课，玩的内容成了主打，有"玩游戏，玩电脑，痛快玩，继续玩，随便玩，再玩……"周六、周日除了玩外，还有"睡到自然醒"各一节课。

想得美（课程表）

	星期一	星期二	星期三	星期四	星期五	星期六	星期日
上午	体育	踢足球	机器人制作	动画片	醒了玩一下	睡觉	睡觉
	乒乓球	田径训练	机器人制作	动画片	看课外书	自然醒	自然醒
	电脑课	学校发钱	机器人制作	随便玩	发点钱	看课外书	看课外书
	电脑课	继续发钱	发点钱	乒乓球	机器人制作	玩	玩

(续上表)

下午	玩游戏	机器人制作	看课外书	玩一下午	玩电脑	练琴	练琴
	踢足球	机器人制作	再玩	玩累了	玩电脑	足球	足球
	吃东西	痛快玩	继续玩	休息	休息	玩	玩

这是一位母亲在收拾儿子房间时发现的课程表,她看后先是忍俊不禁,后是五味杂陈。10岁的儿子在一所知名小学就读四年级,学业负担不轻,双休日还在上各种课外班,孩子玩的时间很少,父母也跟着累。

"想得美"课程表充分反映了小孩的天性和教育的冲突,课业负担过重让他们的童年很辛苦,让孩子们快乐不再,学生背起了越来越沉重的书包,教师和家长则要承受比书包还要沉重的压力。

对于培养健全的人来说,课业负担过重的直接危害在于迫使师生将时间和精力都用来应对考试,考试压力挤压了师生进行创新活动的时间、兴趣和空间,被迫"填鸭式"地大量灌输应试知识,使学生从清晨至深夜,成天忙于读书、背书、作业和频繁的考试,不堪重负,无暇去消化知识和加深理解,更无暇去阅读课外书报、去接触社会、去联系实际提高实践能力和思考能力、去生成自己的志向、去完善自己的人格。

应试对创新最大、最深层的危害在于它毁灭了人进行创新和继续学习的兴趣。即便是原先对创新兴趣浓厚的人,经过一次次严酷的考试,也会对创新逐渐失去兴趣。爱因斯坦在回顾自己学生时代的经历时谈道:"人们为了考试,不论愿意与否,都得把所有这些废物统统塞进自己的脑袋。这种强制的结果使我如此畏缩不前,以致在我通过最后的考试以后有整整一年对科学问题的任何思考都感到扫兴。"创新本质上是兴趣推动和非竞争性的,需要宽松、自由、平等、闲暇的环境。

杨振宁教授曾谈道:"美国成功的一个重要原因,是对一些跟别人不一样的、有特别才能、特别天赋的人,能够给予极大的空间,他们可以发展。这是美国今天在学术上、经济发展上成功的一个重要原因。"同样在北欧,从小学开始,就注重发现学生们各方面的兴趣,培养学生的自信和自主能力以及品德和人格素质,学业倒是次之,因为今后有很长的时间可以学习。学校和老师充分尊重每个学生的意见和看法,不分优等生、差等生。

那些有特别天赋的学生,就是有特殊学术兴趣的人,需要一系列适应其个性潜能的方式方法。

减轻课业负担的根本在于保障学生成为学习的主人,为此《国家中长期教育改革和发展规划纲要》明确指出:"过重的课业负担严重损害儿童少年身心健康。减轻学生课业负担是全社会的共同责任,政府、学校、家庭、社会必须共同努力,标本兼治,综合治理。把减负落实到中小学教育全过程,促进学生生动活泼学习、健康快乐成长。率先实现小学生减负。"

为孩子减负不仅要家长配合,也需要社会形成合力,更为重要的是改变长期以来形成的过于行政化的学校管理体制。山东潍坊市为让校长专心办学,从 2004 年起,全部取消 935 个校长的行政级别,实行校长职级制、任期制和遴选制。所谓校长职级制是指将校长的职位按照不同的任职资格、条件、岗位职责要求,分为若干个等级,形成职务等级系列,为校长的任用、考核、奖惩、晋升、工资待遇提供依据和管理标准。这项制度的推出,大大提高了校长专业化水平。2008 年,该市的中学校长平均任课达 156 节,最多者高达 298 节,教学效率提高了,学生的学业负担减轻了,对实施健全的教育发挥了明显的效用。

2012 年初,教育部发布中小学新课标,努力从儿童身心发展的特点和需要出发,科学合理地安排课程容量和难度。在课程容量控制上,大部分学科进一步精选了内容,减少了学科内容条目。在课程难度控制上,有些学科直接删去了过难的内容。既给孩子、老师、学校"减负",更着重遵循教育规律,适应学生身心发展,给学生预留发展后劲,提高人才创新能力,致力于打造"创新型社会"。

2012 年 2 月 15 日,时任教育部部长袁贵仁在答记者问时说:"要改革对学校、教师和学生的评价制度,建立学生课业负担监测和公告制度,严禁向学校下达升学指标,严禁以升学率对地区和学校进行排名,还要争取家长及社会的共识和支持,真正把孩子不必要的学习负担减下来。"

三、班额怎样再小一点

近些年,一些地方出现的大班额现象,降低了教师对学生的关注度,成为促进义务教育均衡发展和质量提升的瓶颈,也降低了培养健全人的成效。

早在2002年6月,教育部就明确规定了中小学的班额数:小学是每班40~45人,中学(含初中和高中)为每班45~50人。教育部将班额的大小划分为六个等级:25人及以下为小班额,26~35人为偏小班额,36~45人为正常班额,46~55人为偏大班额,56~65人为大班额,66人以上为超大班额。

据教育部统计,2008年在全国中小学校278万多个班级中,大班额有24.5万个,占总数的8.8%;超大班额有15.3万个,占总数的5.5%。从数据来看,县镇与农村的大班额、超大班额现象比城市严重;2011年,全国小学56人以上的大班额占小学全部班额的13.03%,其中66人以上的超大班额占5.42%;全国初中56人以上的大班额占初中全部班额的51.34%,其中66人以上的超大班额占14.76%。极大班达每班160人。一些地方还出现万人"超大规模"中学,被称为"高中航母"。

由于教育资源的不均衡,农村的班额总体偏小,县镇是大班额和超大班额的主要发生地,初中和高中阶段是大班额与超大班额现象集中发生的阶段,中西部地区大班额所占比重较多。许多地方的学校布局调整演变为"学校进城"运动,从而出现农村学校的"空置化"和县城学校的人满为患。

大班额直接损害学生健康,一个百人以上的极大班,桌椅挤在一起,排与排之间没有通道,一部分学生要么离黑板太远,要么太近,造成学生近视越来越多。最让人难以忍受的是,由于人数太多,造成教室空气污浊,学生感到压抑,有的学校连学生做课间操的场地都没有。教师面对

100多人的课堂,批阅作业、指导学习、解决心理问题等工作量大大增加,无法关注到每一个学生,只能实行控制、压制的"军事化"管理,不许说话、不许走动,学生也无法及时向老师请教问题,教师更无法为学生提供个性化的指导和服务。

学生家长之所以舍近求远,把孩子送到名气较大的学校,甘心忍受"大班额"的拥挤,就是因为这些学校的升学率高。于是不少家长通过找熟人、托关系,交钱,提前将孩子的户口落在名校所在学区,想方设法把孩子放在名校就读。近年来,一些地方政府在扩大优质教育资源的口号下,热衷于打造"名校",建示范区,违背"就近入学"原则,动辄投入上亿元资金建立超大学校,这种"锦上添花"的投入方式进一步加剧了学校间的不平衡,助推了大班额的出现和加剧。

解决大班额的问题的根本途径,关键在于切实贯彻均衡发展政策。应科学合理确定学校布点和划分学区,坚持就近入学,使辖区内义务段学校的生源大体均衡,按照相对就近的原则划定服务范围。实施对农村教育的"倾斜工程",把有限的教育资金重点投向农村学校建设,改善农村学校办学条件。使农村学校不仅教学条件合格,教师也合格。大力开展城镇教师支援农村,对农村中小学教师的职称评聘实行政策倾斜,城镇教师评聘中小学高级职称的教师必须有从事规定年限的农村学校教学经历。建立农村教师津贴制度。各中小学必须严格按规定计划招生,对超过规模招生、形成新的"大班额"的,校长将予追究责任。

班额过大,对儿童少年身心健康产生不利影响,是当前义务教育中一个亟待解决的难题。

2011年,教育部专门研究化解大班额这一困扰城镇义务教育学校的突出矛盾和问题,要求根据教育规划纲要的精神,从以下几个方面着手:一要审慎开展农村中小学布局调整,解决一些地方过快撤点并校带来的问题。经科学论证和严格程序确定布局调整的地方,要先建后撤,平稳过渡。二要加快义务教育学校标准化建设,对没有达到国家标准的薄弱学校,要限期或在规划时间内改造,包括城镇学校的扩容和配齐实验仪器、图书等各种学习用品。切实落实城镇新建小区或住宅区必须按照人口比例配套教育设施的规定。三要科学配置教师资源,根据义务教育的实际情况实事求是地确定教师编制,对于因降低班额而导致的教师编制增加要千方百计地予以解决,同时避免有编不补。四要落实好各省与教育部签署的义务教育均衡发展备忘录,把解决大班额问题作为地方政府发展教育的重要指标,纳入考核机制。五要进一步加强教育管理,完善小学、初中入学的招生办法,适当控制义务教育学校的校均规模。对于超大班额较多的学校,可以限制其进一步扩大招生规模。

教育部要求各地保证小学班额不超过45人,初中班额不超过50人。有条件的学校,可推行小班化教学。对于出现"大班额"的学校,要实施扩容改造。对于需要保留的教学点,要提高生均经费拨付标准,按班师比和课程实际需要配齐合格教师,并通过城市或中心学校教师巡回教学及现代远程教育等手段保证教育质量。

在各级政府重点督促大班额现象较为突出地区消除大班额现象的同时,家长在为子女选择学校时也要理性,不要选择将子女放进那些人数超过规定班额的班级就读。

四、教师怎样再好一点

中国古代思想家荀子说:"国之将兴,必贵师而重傅。"教育要发展,教师是关键。人才培养的关键在教师,高品质教育实施的关键也在教师。

实施高品质教育对教师提出了新的更高要求。受传统的影响,中国教师习惯于传授知识,这对实施高品质教育是一个重大阻碍;另一方面,由于教师地位低、工资少、住房差,影响了教师工作的积极性,为尽快改变这种状况,各级政府应进一步采取措施解决这一问题,使教师真正成为令人羡慕的职业。

首先要吸引优秀人才当教师。各级教育行政部门要采取有效的措施,为教师办实事、办好事,切实解决教师学习、生活、工作中的实际问题,依法保障教师的合法权益,形成有效的激励机制和约束机制;同时采取激励优秀人才从教的师范类专业招生、师范专业奖学金和毕业生就业等相关政策,提高师范生源质量,鼓励吸引优秀师范毕业生到农村中小学任教,鼓励各地积极地探索创新农村教师培养补充机制,采取优惠措施,吸引一部分优秀农村中学毕业生报考师范类专业,毕业以后回农村从教。

2006年5月,教育部、财政部、人事部和中编办联合启动实施农村义务教育阶段学校教师特色岗位计划,由中央财政支持,政府买单,公开招募高校毕业生到西部农村中小学任教。至今每年能有6~10万名大学毕业生到中西部农村地区任特岗教师。这项补充农村教师机制举措坚持数年必将对改变我国农村教师队伍的面貌产生连锁效应和深远影响。

同时,要改善教师的工作和生活条件。在城市普通学校,教师成为城市低收入群体;在农村,教师的收入低、工作条件差。《中华人民共和国教师法》第二十五条明确规定:"教师的平均工资水平应当不低于或者高于国家公务员的平均工资水平,并逐步提高。建立正常晋级增薪制度。"《中华人民共和国义务教育法》第三十一条也申明:"各级人民政府保障教师工资福利和社会保险待遇,改善教师工作和生活条件;完善农村教师工资经费保障机制。""教师的平均工资水平应当不低于当地公务员的平均工资水平。将努力做到使教师与当地公务员的工资福利水平相一致。"这些规定在不少地方没有落实。此外,特殊教育教师的特殊岗位补助津贴,民族地区和边远贫困地区工作的教师享有的艰苦贫困地区补助津贴都过低。

为解决农村教师住房险、住房难等实际问题,让农村教师教得安心、住得温暖,2010年8月,教育部、国家发改委启动对中西部农村边远艰苦地区学校教师周转房宿舍建设的试点。2010年底,国家首次为农村周转房提供5亿元建设资金,在全国8个省区各推5个试点。

教师,尤其农村教师工作辛苦,工作环境还有待改善,工作强度大,工资福利待遇尚待提高,需要社会和家长的理解、支持、尊重,需要媒体的关注和宣传,整个教师群体无疑是当下整个民族走向中兴的文化知识奠基人,需要在整个社会形成重教必尊师的氛围。

还需要加快教师专业化。教师专业化始于20世纪50年代,20世纪80年代以来成为世界性的潮流,1995年12月12日,中国政府发布《教师资格条例》,对教师资格分类与适用、条件、考试、认定等做出规定。2010年中央财政下达5.5亿元,2011年下达7.2亿元,用于中小学教师的"国培计划"。

在实践中,各地立足本校实际,实行研训一体,宏观与微观相结合,科学地确定培训内容;长期目标与短期目标相结合;封闭与开放相结合,把内部研究与外部学习有机结合起来;过程管理与绩效评估相结合,将培训纳入到学校的日常管理工作中。同时,国家致力建立与教育质量标准相配套的教师教育标准体系,制定《中小学教师的专业标准》《教师教育课程标准》《教师教育机构资质标准》《教师教育质量评估标准》,形成一个完整的教师教育质量保障体系。

2010年,以教师资格制度为核心的教师管理制度开始启动实施,按照规划纲要的要求,完善教师资格制度,建立"国标省考县聘"的教师资格准入制度和管理机制,实行教师资格考试,建立教师资格定期登记制度。

最为重要的是建立"亲师信道"的师生关系。师生关系是教学中的关键环节,良好的师生关系才有利于学生的健全成长。在理念上,广大教育工作者努力实现由传授知识的教学观向培养学生学会学习的教学观的转变;实现由"师道尊严"向师生民主平等转变,坚持正面激励,允许探索中的错误,不求全责备;为学生思考、探索、发现和创新提供最大的空间,具有较强的开放性和选择性;贯彻理论联系实际的原则,突出实践性,便于学生的操作和其他活动;构建以学习者为中心,以学生自主活动为基础的新型教学过程,使教学活动真正建立在学生自主活动和探索的基础上,进而形成有利于学生主体精神、创新能力健康发展的宽松的教学环境和教学体系。

五、课堂怎样再活一点

"一人讲,大家听"是中国原有课堂教学的典型模式。久而久之,这种模式忽视了学生的主动作用,违背了教学相长的基本原则,养成了学生被动型人格。学生不会独立寻找学习和工作目标,不能独立思考,不少学生考试分数提高了,基本素质却下降了。

经过深入思考,人们逐渐意识到基础教育课程改革是特定社会政治经济发展的客观需要,是创新型国家发展战略的需要。1998年,国家新课程改革开始全面启动,2001年在38个试验区实行并稳妥推进基础教育新课程改革,到2006年9月,全国所有的小学和初中的起始年级的一亿多学生都进入了"新课改"。十余年来,学生有了更多机会自主探索、交流、合作。浅层次的讲解少了,深层次的讨论多了,学生的探究、合作、解决问题的能力不断提高。

一些地方在探索充分利用合作学习、讨论、对话、启发,注重利用课本上的教学资源,为学生创设问题情境,创造性地使用教材。让学生在玩中学,在活动中学,真正让学生"做中学"。教师们确立了以活动促发展的新型教学观,尊重学生的发展需要,确定适合于学生主动和谐发展的活动目标;减少教学的强制性和封闭性,增强教学的开放性和实践性,挖掘教学中的活动因素,拓展学生的活动时空,设计、组织、提供适宜于学生自主参与、主动思考、积极探索的各类活动,构建以学习者为中心,学生自主活动为基础的教学过程;适当调整、补充、改造现行课程与教材,加强教学内容与学生生活实际的联系;优化各种教学环境因素、创设适宜于学生主动参与、主动学习的新兴教学环境。

一些学校还进行一系列的研究与实验,更新教育思想和观念,变革教育模式与学校管理,改革课程教材,实现教学方法和手段的现代化,开展心理卫生与健康教育,完善教育教学评价,提高教师素质。越来越多的学校领导和教师清醒地意识到,随着科技迅猛发展,要求人不仅具有一般的继承性的知识,更需要实践能力和创新精神。所以对学生的要求是"学会做人,学会学习,学会劳动,学会健体,学会生存,学有特长"。

学生掌握知识的过程,实质上也是学生科学精神、创新精神培养的过程。然而传统的应试教育势力强大,对于书本知识的热衷追求使学生的学习负担和厌学情绪不断加重,学生为考试而学、教师为考试而教。为此,必须让学生感到学习是生活的需要而不是额外的负担。

新课程着眼于从功能、目标、课型、管理方式等方面精心设置,立足于培养学生创新能力,确立三维目标,开设综合化课程,实行弹性课程管理和"一纲多本"的教材政策,开发地方课程,这些新的亮点一遇到高考都昙花一现。"把有效时间还给学生,让创新走进课堂"虽成为众多教师在"新课改"中提出的口号,师生在课堂教学中的角色却未发生根本性的转变,"满堂灌"的现象依然存在,学生并不能真正主动参与、主动探索、主动合作,成为课堂上真正的主人。

新课程倡导研究性学习,尊重学生的独特个性和具体生活,给每一个学生个性发展提供了余地和空间。通过包括研究性学习在内的综合实践活动课程,促进每一个学生去接触社会,亲和自然,学会关心,使每一个学生的个性健全发展。从前课程教学中强调"两基"(基础知识和基本技能),现在扩展到了"四基"(即基础知识、基本技能、基本态度和基本能力)。比如,评价学生地理学习的情况,不仅仅看记忆的准确性和使用技能的熟练程度,还关注学生对地理的兴趣和好奇心;对周围环境和地理上的审美能力以及对社会和自然的责任感;爱护人类环境的意识和行为等。这一切远未广泛落实。

六、家庭、社会、学校怎样形成培养健全人的教育共识

培养什么人,怎样培养人是能否培养健全人的关键。2006年1月9日,国家主席胡锦涛在全国科技大会上宣布:中国要在2020年建成创新型国家。科技创新能力从何而来,要依靠创新人才。创新的根本要靠教育和人才,创新型国家建设对教育提出了新的要求。

有人将人才形象地分为四种:第一种是"一"字型人才,知识面虽比较宽,但缺乏深入的研究和创新。第二种是"I"字型人才,在某一项专业知识上比较深,但知识面太窄,很难将各种知识融会贯通进行创造性研究。第三种是"T"字型人才,不仅知识面比较宽,而且在某一点上还有较深入的研究,弱点是不能冒尖,没有创新。第四种是"十"字型人才,既有较宽的知识面,又在某一点上有较深入的研究,更重要的是敢于出头、冒尖、创新。

创新的关键在人才,而人才的培养必须依靠教育,社会发展需要教育培养创新精神和创新人才;教育既是知识创新的主要基地,又是培养创新精神和创新人才的摇篮。

然而,现实社会中的教育观念是复杂多样的,仅2011年,就出现了宣称"三天一顿打,儿子进北大"的"狼爸",出现了"绿领巾"事件,出现了"五道杠"事件。这些实践说明,学校、家庭、社会并未在高品质教育上形成共识。自1982年一些地方提出实施素质教育,人们对此提法争议了20年,现实中也有不少学校"挂羊头卖狗肉",表面上打着素质教育旗号,实质上却在办着应试教育。甚至在一些地方还出现"素质教育喊得轰轰烈烈、应试教育抓得扎扎实实"的情况。其原因首先是未能对高品质教育形成共识,同时也在于一些深层次体制性障碍仍然没有消除,实施高品质教育的相关制度建设仍不完善,各项政策措施的推进还面临涉及文化传统、经济水平、社会结构、用人制度等方方面面诸多体制性障碍,造成升学竞争、择校压力和学生学业负担偏重。

2005年7月29日温家宝总理看望钱学森先生,钱先生特地说:"一个有科学创新能力的人不但要有科学知识,还要有文化艺术修养。没有这些是不行的。小时候,我父亲就是这样对我进行教育和培养的,他让我学理科,同时又送我去学绘画和音乐。就是把科学和文化艺术结合起来。我觉得艺术上的修养对我后来的科学工作很重要,它开拓科学创新思维。现在,我要宣传这个观点。"

现代社会无疑需要由公民组成,培养公民素养就成为高品质教育不可缺少的内涵。2010年,《国家中长期教育改革和发展规划纲要》不到3万字的文本中,就有5次出现"公民"一词,分别强调"教育公平的关键是机会公平,基本要求是保障公民依法享有受教育的权利";在战略目标中明确"坚持教育的公益性和普惠性,保障公民依法享有接受良好教育的机会";在强调德育时提出"加强公民意识教育,树立社会主义民主法治、自由平等、公平正义理念,培养社会主义合格公民";在依法治教部分强调"开展普法教育,促进师生员工提高法律素质和公民意识,自觉知法守法,遵守公共生活秩序,做遵纪守法的楷模"。尤其是《纲要》明确提出"加强公民意识教育,树立社会主义民主法治、自由平等、公平正义理念,培养社会主义合格公民",点明了素质教育的基本价值取向应逐渐成为全社会的共识。

2012年初,中共中央政治局委员、国务委员刘延东强调:"要把促进人的全面发展、适应社会需要作为衡量教育质量的根本标准,把促进学生健康成长作为学校一切工作的出发点和落脚点。"

真正培养健全人是一个全民学习的过程。

人类教育怎样创新*

人类教育怎样创新？这是参加 2014 年世界教育创新峰会（World Innovation Summit for Education，简称 WISE）后触动我思考的问题。

以这个题目写文章，给人的第一印象是题目太大，我也有同感。但经过多年反复思考后，还是感到人类教育创新有其共性或规律性，虽然不能期望得到准确的终极答案，把这一问题弄得更明确些，创新之路就比较明朗，否则就会扛着创新的旗子瞎撞，故此想表达多年淤积于心的一些想法。

一、教育与创新的历史关联

教育是千百万年人类社会的专业积累，应是创新最难的一个领域。

纵观古今，关于教育创新的阐述不在少数，《大学》第三章专论"苟日新，日日新，又日新"，这是中国古代最早可与教育创新相关联的文献表述。但总体上教育对传承的强调远远超过创新，甚至有人认为创新是与教育相对的另一种人类活动，将教育与创新放在一起就是一对矛盾。所以，至今对教育怎样创新绝大多数人并无明晰的认知，于是，在实践中不乏打着创新的口号任意而为的现象，或因为无知而自诩为创新，或追求创新而罔顾教育自身的特质。就此问题加以讨论就显得极为重要。

把人类教育当作一个整体，它的创新成分是极低的。将教育与创新进行新的组合自然有其价值，但若没有规范的界定，就可能滑入急功近利，也可能是昙花一现，更有可能伤害到教育和人的发展本身。

在各种关于教育怎样创新的论述中，比较经典的还是杜威列出的五

---

* 本文被《光明日报》2014 年 12 月 9 日选取部分发表，众多媒体转载。有改动。

步法，即"困难生疑问，疑问生假设，假设生试验，试验生断语，断语生行动"。陶行知在它前面加上"行动"一步，提出六步创造法，即"行动生困难，困难生疑问，疑问生假设，假设生试验，试验生断语，断语生行动，如此演进于无穷"。陶行知关于创造和创新的论述还很多，这里不赘述。

不知何为新，不知怎样创新就成为真实的教育创新的两大障碍。一般人通常将教育创新（Educational Innovation）作为实现一定的教育目标，在教育领域进行的创新活动。可创新的领域包括教育体系、教育结构、教育观念、教育方法、教育手段、课程教材以至教育的时间和空间等，或归为教育文化意识创新、教育制度创新、教育管理创新、教育内容创新、教育评价创新、教育工具创新等大类。

陶行知认为"创造"两个字的意义是"由行动而发生思想，由思想产生新价值"，他将他生活教育理论的关键性命题"教学做合一"中的"做"定义为"在劳力上劳心""用心以制力""具有行动、思想、新价值之产生"的特征。也就是说他用的中性词"做"包含了创新，他甚至认为"做是发明，是创造，是实验，是建设，是生产，是破坏，是寻求出路"。新价值的产生与否成为衡量是否创新的分界。

二、WISE 的教育创新定位

从世界教育创新峰会（WISE）历年的主题和获奖项目的内容看，该组织对教育创新的界定接近于实践定义，主张改变就是创新，且对创新产生的结果做实证性的判断。

从 2011 年起，WISE 设立个人/团队教育奖（WISE Prize for Education），奖励在各领域内对教育发展做出杰出贡献的个人或团体，获奖者将获得 50 万美元奖金和一块特制金牌。2011 年第一届 WISE 个人/团队教育奖授予了孟加拉国农村发展委员会（BRAC）创始人兼主席法佐·哈桑·阿比德（Fazle Hasan Abed），该委员会于 1972 年创立，是世界上最大的非政府组织。经过 40 年的发展，该组织的扶贫项目已扩展至亚洲、非洲和中美洲地区十余个国家，数百万人从中受益，涵盖几乎所有的扶贫领域,旗下员工及志愿者逾 10 万人,总资产 4.2 亿美元,资金自给率高达 70%,在国际上享有良好声誉。在孟加拉国,大约有 75 万孩子在该委员会设立的小学读书。①

2012 年该奖授予印度布拉罕协会(Pratham)创始人之一兼首席执行官曼德哈弗·查万(Madhav Chavan)博士。这位曾经的化学教师,信奉"你需要教育,正如你需要空气、水源和食物"。他深深意识到合作的重要性,于是与联合国儿童基金会和当地市政府等有关方面积极合作,将政府基础设施、企业资源和公众志愿等要素相结合,向孟买贫民窟儿童提供教育,实现他"让每个孩子都能在学校读书"的目标,并收获了惊人的成效。这一模式具有极高的可行性,能够以最低的成本使近千万人接受基础文化教育,因此迅速在全国范围内得到推广,扩大至印度 28 个省份的 17 个布拉罕协会,布拉罕协会作为印度为贫困儿童提供基本读写和算术教育的最大非政府教育组织,为在校生和辍学生提供学前教育、学习支持,并为贫困儿童和童工提供电脑技能职业培训,并对儿童学习进行有效的监督与评价。全国范围内的志愿服务使布拉罕协会年度教育报告(ASER)能够定性定量地衡量入学率、教学设施和学习结果。参加布拉罕协会项目的儿童与同龄人相比在小学教育阶段学习效率更高,并且比其他同学表现更好,为低收入群体普及识字和算术能力做出了卓越贡献。这个模式已被广泛应用于亚洲和非洲的许多国家。②

2013 年的获奖者是来自哥伦比亚新学校基金会(Fundation Escuela Nueva)创始人之一兼总监的维姬·科尔伯特(Vicky Colbert)女士。始创于 1975 年的"新学校"教学模式以一种自下而上的方法,建立一种有效的、以学生为中心的教育方式来振兴教育,汇集农村地区有丰富经验的教师,在社区、家庭、研究机构和决策者之间建立起重要联系,20 世纪 80 年代起被列入国家政策,并在哥伦比亚各地区推广试行,极大地提高了哥伦比亚国内贫困地区学校及更广区域内基础教育的质量和入学率,最终影

---

① 资料来源:http://www.wise-qatar.org/prize-fazle-hasan-abed-bangladesh。徐梦博士为本文资料搜集提供了支持。

② 资料来源:http://www.wise-qatar.org/prize-madhav-chavan-india。

响高等教育。尽管哥伦比亚在过去的几十年不断遭受政治冲突,维姬·科尔伯特始终孜孜不倦、润物无声地专注于通过教育来为国家发展提供新机遇。同时,"新学校"已推广至拉美多个国家和地区,包括巴西、墨西哥、加勒比地区、东帝汶以及越南,全球 500 万儿童因此而受益,包括世界银行和联合国在内的众多国际组织将其视为发展中国家最具成效的公共政策改革之一。①

2014 年该奖获得者是来自英国的女性教育活动组织(Campaign for Female Education,简称 Camfed)创始人兼总裁安·科顿(Ann Cotton),她 20 多年一直致力于为处于教育边缘地带的儿童增加受教育的机会。1991 年安·科顿就投身于非洲撒哈拉以南地区的女童教育事业,1993 年创立 Camfed 为女童们提供资金、人际交往、教育设施基础建设等方面的支持,以资助她们完成从小学、中学到大学,乃至研究生及更高水平的教育,同时她也为年轻女性提供信息科技、卫生健康以及商务职业技能等方面的培训。Camfed 通过与那些有实力赋予女童受教育机会和使女童有更自由的人生选择的团体保持着紧密的合作,用独特而全面的方法结束了女童陷入贫穷—早婚—高生育率—高艾滋率的恶性循环,使她们拥有了掌握自己命运,并帮助整个社区脱离贫困的能力。Cama 项目是 Camfed 最有效且最具创意的实践之一。该项目是一个拥有 24346 名 Camfed 毕业生的泛非洲联盟关系网,很多 Cama 项目毕业生最终选择了留在项目中继续培训和指导新一届的学员。已有来自津巴布韦、赞比亚、加纳、坦桑尼亚以及马拉维的超过 300 万名儿童得益于这一创新教育项目,该项目在上述国家 115 个农村的 5085 所合作学校中运营。②

WISE 教育项目奖设立于 2009 年,面向更宽广的对象,旨在挑选、展示并推广来自全世界的创新性教育项目,每年有 6 个优秀的教育创新项目获得该奖,每个获奖项目都将得到 2 万美元的奖金,并在当年世界教育创新峰会(WISE)上向公众展示。自设立之日起,WISE 教育项目奖已经收

---

① 资料来源:http://www.wise-qatar.org/prize-vicky-colbert-colombia.
② 资料来源:http://www.wise-qatar.org/prize-ann-cotton-camfed.

到来自140多个国家和地区超过2000份申请,并产生了36个获奖项目,形成一个多样化并且鼓舞人心的教育界创新者智库,具体获奖项目如下:

2009年至2014年WISE教育项目奖(WISE Awards)获奖项目[①]

年度	获奖项目名称	内容简述	国别
2009	1.寡居妇女联盟(Widows Alliance Network for Sustainable Economic Development)	在全世界的女性中寡居女性占7‰~16‰左右,在发展中国家很多还在抚养小孩的年轻女性就已经失去了丈夫,通常她们会因为传统观念和迷信思想而遭到社会的不公平对待,很容易陷入贫穷和恐慌。加纳Mama Zimbi基金会于2007年发起世界上最庞大的寡居妇女联盟,旨在消除这些妇女在社会生活中遇到的不公平对待,激励她们自强独立,通过向她们和孩子提供各种形式的救助来改善生活质量和社会待遇,为她们的生活带来了希望,使她们重拾生活的信心,敢于反抗暴力、争取独立。加入其中的团体有300多个,会员总数达6000人次。	加纳
	2."自给自足"学校(The Self-sufficient School)	2002年巴拉圭基金会接管"三藩农业寄宿学校",改变传统办学模式,在校内开办由老师和学生共同经营的若干小型企业赚取收入,使得学校在五年后可以不依靠政府补贴和捐赠资助正常运营,同时学生通过参与企业的生产经	

---

① 资料来源:http://www.wise-qatar.org.

（续上表）

年度	获奖项目名称	内容简述	国别
2009		营活动锻炼了商业和创业技能。"自给自足"学校向资源受限的贫困地区青年人输送高质量低收费的文化教育和职业教育、农业技术和商业运作知识，既推动了农村地区发展，又在职业技术教育和文化教育的过程中培养年轻人的创业精神、技能，增强竞争力，使他们具备摆脱贫困、创造美好家园的知识和技能。2011年以来这种教育模式已被来自27个国家的50多个组织成功复制。	巴拉圭
	3. 新学校（Escuela Nueva）	针对全世界许多地区都存在的学生基础教育接受不完整、辍学率和留级率高，学校与社区沟通脱节，教师使命感不强，教师培训机制不完善，学习资源缺乏等问题，"新学校"早在20世纪70年代便开始提倡参与式和自主式学习，鼓励公民教育，改变传统的教学课堂，学生以小组为单位参与互动性学习模块，开展对话、尝试批判性思考、将知识运用在日常生活中，在轻松的学习氛围中积极主动学习、参与活动和讨论，培养自己学会学习、执行计划、团队合作、做出决策的能力，旨在满足每一位学生的需求，允许学生按照自己的学习速度完成各单元课程，升入更高年级。	哥伦比亚

(续上表)

年度	获奖项目名称	内容简述	国别
2009	4. 开放教育资源平台（Curriki）	全球第一个广泛用于开发、汇聚和支持开源课程的网站，创始人 Scott McNealy 致力于通过资源分享，提供免费的在线教科书，消除教育鸿沟。	美国
	5. 亚马孙森林远程教育项目（Distance Learning in the Amazon Forest）	2007年由亚马孙州教育秘书处发起，通过互联网和卫星技术向偏远地区的老师和学生传输包括音频、视频和数据资料的即时、互动性强的教学课程，参与该项目的有88.60%的学生成功通过了年级考试，而国内接受传统教学方法教学的学生平均通过率仅有77.3%。	巴西
	6."小蓓蕾"女童教育项目（Nanhi Kali）	在印度有1.2亿多生活在贫困中的妇女，很多女孩在4年级以后就失学。Nanhi Kali教育支持项目为贫困女孩提供课外辅导，提升女孩的受教育程度和受教育质量，使她们能够像"小蓓蕾"一样健康成长，掌握自己的命运，争取合法的权利。它的NGO合作伙伴已达20多个，捐款人突破6000人次，捐款团体突破300个，扶持孩子由2000年的1000人增加到分布在印度9个州的78338人次。	印度

(续上表)

年度	获奖项目名称	内容简述	国别
2010	1. 救助儿童会"改写未来"教育计划（Rewrite the Future）	英国救助儿童会于2006年发起，旨在为饱受战乱之苦的儿童提供优质教育。在诸如苏丹达尔富尔地区、海地、约旦、尼泊尔、阿富汗、乌干达等长年战乱的地区兴建学校、培训老师、提高教育质量，为当地儿童提供身体和心灵庇护，在2006—2010年总共帮助了160万名儿童重返学校，为将近1000万儿童提供了优质教育。	英国
	2. "下一个爱因斯坦"计划（Next Einstein Initiative）	非洲数理科学中心发起的"下一个爱因斯坦"教育计划，试图通过国际合作培养整个非洲的数学及科学领域优秀青年，招收来自非洲各地区的优秀学生，并向他们传授先进、广泛的应用数学技能来推动非洲地区的高等教育。到2012年6月，非洲数理科学中心总共培养了442名来自35个国家的毕业生，其中31%为女性。这些优秀学生中80%以上都顺利进入了非洲或全球闻名的高等学府深造；另外一些成了赞比亚和喀土穆地等地区大学讲师；其余进入非洲各地区的政府、企业担任领导职位，开始了自己的职场生涯。	南非
	3. 麻省理工学院开放课程（MIT OpenCourseWare）	2003年正式发起，基于"共享式"的教育理念，通过网络大规模分享高质量课程资源，课程几乎涵盖了麻省理工学院所有33个专业的本科生和研究生课程。	

(续上表)

年度	获奖项目名称	内容简述	国别
2010		所有用户访问开放课程网站(http://ocw.mit.edu/),无须注册即可免费阅读和下载网站课程资源。世界上有200多所大学开始效仿麻省理工学院,建立网站分享着带有自身特色的课程资料,正努力把多元化的教育资源传递给更多的人。	美国
	4. 小农乡村广播(The Smallholder Farmers Rural Radio)	尼日利亚小农基金会致力于帮助小型农户战胜贫困,通过制作播出农业教育广播,并开展实地的农业耕种、环境保护和开放市场示范,改善生活质量,收听小农乡村广播的农民中有65%都增加了收入,通过这种广播形式的教育节目,生活在偏远地区的小型农户都清楚地知道自己要种植何种作物、运用何种技术、为谁生产以及以何种价格出售。	尼日利亚
	5. 亲子教育(Mother Child Education Program)	亲子教育项目关注两代人的教育,对母亲进行教育目的不仅仅是使母亲成为孩子的第一任老师,而且要帮助母亲甚至父母双方树立正确的教育观念并鼓励他们支持孩子的学习。这就既打破了学前教育必须采用正规的集中机构模式的狭隘定义;也增强了社会对早期儿童教育重要性的认识,从而增加了公共早期教育服务的需求。它的目标是:改善贫困家庭儿童缺乏优质学前教育的现状;提高人们对于学前教育重要性的认识;提高孩子母亲的学习能力	土耳其

(续上表)

年度	获奖项目名称	内容简述	国别
2010		和家庭教育专业性,帮助孩子顺利进入小学。在亲子教育项目的努力下,未接受学前教育的儿童比例已由1993年的95%下降到39%。该项目已在13个国家开展,受益人数达70多万,很多阿拉伯国家也开始结合自身特色不断调整项目的实施方式,以适应本国社会体系和家庭模式。	
2010	6. 巴基斯坦公民基金会(The Citizens Foundation)	公民基金会是巴基斯坦教育领域著名的大型非营利组织,自1995年成立以来在国内97个城市贫民窟和偏远地区注资建立了910多所"公民基金会学校",共接收学生12.6万名。公民基金会的使命是大规模推广小学和中学素质教育,鼓励学生学习有用知识、提升道德品质、体验心灵成长、拥有美好未来。他们致力于消除阶级和特权的障碍,使每位巴基斯坦国民都能够做出积极的改变;相信接受基础教育不是所谓的特权,而是每位公民应该享有的权利。	巴基斯坦
2011	1. 非洲撒哈拉以南地区教师培训项目(Teacher Education in Sub Saharan Africa)	专注于为撒哈拉以南非洲地区各国老师提供课程设计指导培训和开放教育资源,从2005至2011年已与非洲的20多所大学和多个国家、国际组织建立了合作关系,建立70多个基础教育教师培训开放资源单元,有分别来自于加纳、肯尼亚、尼日利亚、南非、苏丹、坦桑尼亚、乌干达、赞比亚、毛里求斯、卢旺达、马拉维	英国

(续上表)

年度	获奖项目名称	内容简述	国别
2011		及汤加、多哥等国超过40万老师和孩子加入培训,最终目的为提升该地区教育质量和学生学习能力。	
	2.听障儿童读写教学软件（Sueña Letras）	由智利融入技术发展中心（CEDETI：Center for the Development of Inclusion Technologies）2007年主持开发的一款学习软件,目的是搭建手语与本国语言之间的桥梁,结合互动方式并融入各种教学元素,使听障儿童有效学习掌握本国语言的读写,满足更多边缘群体的学习需求,为听障孩子赢得更多与世界沟通交流的机会,推动社会更加公平、包容。	智利
	3.校企合作项目（School-Business Partnerships）	摩洛哥Al Jisr协会于1999年发起,目标是号召企业部门真正地深入参与到改善教育的实际行动中来,并不只是传统意义上的捐款出资,而是建立校企合作机制,用企业的管理智慧和实物支持为提升教育质量服务,已有来自320多所学校的16万学生从这一项目中受益。	摩洛哥
	4.创意伙伴计划（Creative Partnerships）	2002年由英国创意文化教育协会在英格兰地区发起,通过推动学校和创意工作者的长期合作,锻炼青少年儿童的创造力、增强学习技能,激发灵感、学有所得,2002—2004年之间作为试点项目在16个地区开展,之后逐步推广到了英格兰的更多地区。从2000年起已与5200所学校开展了不同程度的合作,15万多名老师,	英国

(续上表)

年度	获奖项目名称	内容简述	国别
2011		大约170万青少年参与其中。通过这一灵活性很强的教育项目，各所学校可以因地制宜地与各领域的创意工作者开展不同程度的合作，共同筹划具体的课堂教学形式，最大限度释放天性、激发灵感。	
	5. Connexions 开放教育资源项目（Connexions）	1999年，美国莱斯大学的 Richard Baraniuk 等人基于学术界公认的理念建立一个网上知识分享平台，比如：知识应该是免费的、开放的，而且可以被人们重复使用；知识协作的操作必须简单易用；知识之间是相互联系的，而非教科书那样线性呈现。该项目促使全世界老师、学生组成联盟，为网站用户提供免费且开放的高质量教育资源。Connexions 网站上的知识资源不是静态的课程录像或教学大纲，而是可以由用户根据自身学习需求自由组合的动态单元。	美国
	6. BBC"贾纳拉"英语教育计划（BBC Janala）	2009年由英国广播公司世界服务信托（2011年底更名为"英国 BBC 媒体行动"）发起，贾纳拉（Janala）在孟加拉语里意为"窗口"，这项计划目的是通过手机、电视、网络、印刷品等媒介形成的多元化服务平台为孟加拉国数百万人提供英语教学课程，提高他们的英语语言技能。由于课程易获取、收费低，越来越多孟加拉人加入学习行列。"贾纳拉"英语教育计划有很强的复制性，是其他发展中国家推动教育的经典借鉴。	英国

(续上表)

年度	获奖项目名称	内容简述	国别
2012	1. Cristo Rey 学校联盟"勤工俭学"项目（Cristo Rey Network Corporate Work Study Program）	Cristo Rey 高中联盟通过校企合作的勤工俭学项目让学生不仅能自食其力，更让他们收获更多自信，减轻低收入家庭的负担，改善当地社区状况，消除不同人种之间的教育差距，促进教育公平。所有参与"勤工俭学"项目的学生必须在 14 岁以上，他们可以任职的企业主要是法律事务所、银行、医院、商贸公司以及各种专业服务公司。各学校的项目主管根据学生的实际技能、兴趣方向和合作企业的能力需求给每位学生分配工作，超过 1700 家企业与各地 Cristo Rey 学校建立了合作关系。在 Cristo Rey 学校 2008 年入门的学生中有 88% 顺利进入了大学，是同类社会经济条件下学校升学率的两倍。	美国
	2. 大学预科开源教育网站（PSU Educarchile）	由智利教育部和智利基金会联合开发的 PSU Educarchile 网站是智利第一个免费大学预科开放教育资源网站，80% 用户为偏远地区公立学校的孩子，通过在一个灵活、交互式的数字平台鼓励学生们分享、构建知识体系，并允许学生按照不同的学习进度自己管理学习过程，向青年学生传递经过精心筛选的优质学习资源，帮助他们以优异成绩顺利通过大学入学考试，走进自己理想的大学。	智利

（续上表）

年度	获奖项目名称	内容简述	国别
2012	3. 点字转译（RoboBraille）	丹麦国家视障儿童中心在2004年创办了RoboBraille，终极目标是为世界各国学习者提供无限量的盲文及其他各种形式的学习资料，为失明、视障和存在诵读障碍的群体提供网站和电子邮件文本转换服务。它最初只为丹麦国内的学习者和老师提供服务，后来扩展到了全世界有同样需求的群体。将普通书籍及各种文本材料转换成盲文、MP3音频、结构化有声读物、电子书等格式。近十年RoboBraille提供的免费服务使得数万名存在视力缺陷的学习者有机会及时接触到原本只属于正常人的主流教育资源。	丹麦
	4. Satya Bharti学校计划（Satya Bharti School Program）	Satya Bharti的发起方印度Bharti基金会自2000年成立起就致力于为印度草根阶层孩子提供免费优质教育，该项计划在试图把优质教育普及到印度各贫困农村地区的同时，最大限度鼓励女孩入学，制定女孩的优惠上学政策，并保证每班至少有一名女老师，女学生的比率达到49%，同时在功课学习和课外活动中表现优秀的很大一部分是女性。学校里大约有75%的学生来自于印度在册种姓和部落，48%的老师也都是底层人民，多管齐下使得更大范围的贫困地区弱势儿童群体受益。	印度

(续上表)

年度	获奖项目名称	内容简述	国别
2012	5. 太阳能漂浮船屋学校（Solar-Powered Floating Schools）	建造利用太阳能供电的船屋漂浮学校，致力于为洪水频发地区的孩子提供全年的四年级以下基础教育，保证了学生在洪水暴发、季风肆虐的雨季依然可以不间断地上学，2002年以来共有近7万名适龄儿童在这种新型学校中接受了连续且完整的四年级以下小学教育，把当地的农作物种植收入、渔业收入以及用太阳能手提灯代替煤油灯后节省下来的费用拿来作为项目运营经费，保证了项目的持续开展。	孟加拉国
	6. 柬埔寨儿童基金会（Cambodian Children's Fund）	从2004年开始致力于为生活在世界上最不发达的地区之一的金边城郊上棉芷垃圾掩埋场并以捡拾垃圾为生的贫困儿童提供援助，建立了四个寄宿学校、三个附属学校、一个社区卫生中心、一个日常关怀中心、一个护士站、一个母婴关怀中心等为贫困家庭服务，帮助1000多个贫苦家庭改变了命运。	柬埔寨
2013	1. iThra青年倡议（iThra Youth Initiative）	沙特阿拉伯29岁以下的青年人口占到了沙特总人口的2/3，亟待创新性项目来提高学生对学习的兴趣。iThra倡议专注于为青少年学生提供科学、技术、工程学、数学方面的创新动手实践教育，在沙特阿拉伯国内不同城市开办体验营、工作坊、阅读比赛，以及组织优秀学生参与国际科学探险和英语培训活动，倡导一种"以学生为中心"的学习模式，将注重创新、参	沙特阿拉伯

(续上表)

年度	获奖项目名称	内容简述	国别
2013		与体验、性格塑造、终身学习和未来规划的优质教育课程传递给不同年龄段的老师和学生。	
	2. 在线职业培训平台（ALISON）	ALISON被业界认为是全世界第一个大规模开放在线课程平台，在MOOC这个词出现之前就已经存在，是一个使用免费＋付费的商业模式的营利性、通过广告和增值服务获得收入的社会企业，专注于提升人的就业和工作能力，每天都为超过两百万注册学员提供500多门免费课程，大部分用户都来自于发展中国家的个人、企业和大学。它运用商业化理念维持网站运作，以保证在线课程的免费和可持续性。	爱尔兰
	3. 贫困地区基础教育项目（Medersat.com）	Medersat.com教育项目致力于在贫困偏远地区推广优质的基础教育，主要在摩洛哥、塞内加尔、刚果和马里开设61所学校，确保贫困和偏远地区的孩子能够享受一年的免费学前教育和六年的免费小学教育。小学的课程用阿拉伯语、柏柏尔语和法语三语教授。为这些偏远地区孩子提供优质教育课程的同时还注重结合当地文化环境和共同价值观，并建立了由许多"Medersat.com"学校组成的网络，老师除了要为学生授课外，还需要为学生家庭的发展提供一定的指导和帮助，已经惠及15000名儿童，也为未受过教育的母亲开设扫盲班，已有3400位母亲从中获益。	摩洛哥

(续上表)

年度	获奖项目名称	内容简述	国别
2013	4. 推动非洲学校教育平等项目（Promoting Equality in Africa Schools）	为乌干达和赞比亚地区的中学生提供高质量、低收费、持续性强的中学教育，以保证整个地区的长期社会发展，为消除贫困、挖掘青年人的潜力创造条件。按照服务学生的人数给一定量的补助，确保尽可能收取少量的学费；PEAS 还直接负责合作学校的援助和监督，为教师和管理人员的能力发展提供专业培训。在乌干达有 8000 名学生已经接受或正在接受 PEAS 提供的优质教育。	英国
	5. "教育之路" 贫困中学生支持计划（Pathways to Education）	在加拿大低收入社区居高不下的高中退学率产生了很多"问题青少年"，2001 年发起的"教育之路"项目致力于帮助加拿大国内草根阶层中学生顺利毕业，并为他们提供接受高等教育的机会，每年可以在加拿大 11 个社区中为大约 4000 名贫困学生提供每周四次核心课程的课外辅导，由专业人员为学生提供锻炼社交能力、处理冲突能力等技能的指导。多伦多最大的廉租房社区丽晶园自实施"教育之路"项目之后，高中生退学率减少了 70%，大学录取率则翻了三番。	加拿大
	6. 毛利学生教育改善项目（Te Kotahitanga）	毛利人约占新西兰人口 15%，毛利学生的休学率比大多数的欧洲后裔学生高出三倍，失业率和犯罪率更高，与新西兰欧洲后裔的差距增大。Te Kotahitanga 教育项目自 2001 年发起，通过深入采访，分析了毛利部落学生的教育现状，并形成了适合毛利学生的"有效教学纲要"，	新西兰

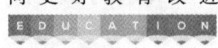

(续上表)

年度	获奖项目名称	内容简述	国别
2013		更主动倾听学生的想法,让学生全面参与进来,同时注重组织老师参与互动式教育方法的培训,改善新西兰国内毛利部落学生的教育质量,为他们提供更好的教育机会。受益的学生总数越有45000人,其中毛利学生占总数的33%。	
2014	1. 音乐小屋(The Song Room)	为最贫困的儿童量身设计以音乐和艺术为中心的学习体验,还开辟了一个在线艺术学习平台。	澳大利亚
	2. 流浪儿童教育救助(Street Children: Reintegration through Education)	让孩子从街头回到学校,由比利时慈善机构FACE发起,通过生存技能培训和非正规教育,最终让街头儿童重返正规教育体系,更好地融入社会。	埃及
	3. 我与我的城市(My & My City)	带小学生走进企业和社会,实地体验并学习企业家精神和社会经济。分理论课程和角色扮演,模拟现实的城市生活,学习社会的运转规则。	芬兰
	4. 教育女童(Educate Girls)	与社区合作,提高公立学校中女童的入学率、留校率和学业成绩。	印度
	5. 我们爱阅读(We Love Reading)	用草根方式培训家长成为故事大王,促进和鼓励草根阶层更多的孩子快乐阅读。	约旦
	6. 乡村发展替代教育项目(Alternate Education for Rural Development)	促进农村地区就业和学习教学内容的整合和接轨,以改善学生的就业前景,提高学生就业能力。	秘鲁

从以上各获奖项目可以看出其特点:

一是具有较强的行动特征。不少获奖项目的行为本身在人类教育史上并不具有创新性,只是在现实中别人没有这样去做,或者做的影响没有这样大,或者做了之后没有通过适当的渠道宣传出去。在这些以行动为主的创新项目中,确实有一些是符合社会需要的机制创新,而创新的领域还应包括在短期内人们或许难以充分认识的思维认知,以及众多个体单兵独进到他人难以企及的探索领域的创新。

二是注重受益者取向。除了个别项目,绝大多数是为教育缺乏地区和人群获得教育而设计和实施的项目,关注坚持普及教育、提高弱势群体受教育机会的项目和团队,鼓励通过运用更佳的方式提升教育质量和效益的那些不畏艰难、持之以恒的个人,因此带有较强的价值和道德性。对于教育发达的地区,这些项目未必有多大的创新性和实用价值,但对于教育缺乏地区和人群,这些项目是雪中送炭的"旧棉袄"和"窝窝头"。这种取向决定着对创新的判断倾向结果决定论而非过程决定论,这样的取向在道德上是高尚的、人性的,可能存在的问题是会忽视教育相对发达地区人类教育中更高端的创新。

三是与资源调动有密切的关联。几乎所有项目都与社会资源的获取与调动直接相关,这就与真正的创新本身是与资源无关的基本特性不相符。历史上包括教育在内的众多创新是与资源无太多相关性的,这些获奖教育创新项目与资源有如此高度的相关性,就不能不让人产生一种担忧:一是可能忽视不掌握一定资源的真实创新;二是由于某人掌控了一定的资源而更容易被当作创新者。这样的结果都会误导真正的教育创新。

WISE对教育创新的理解是一种具有现实感的理解,却不能当作对教育创新的内涵充分的理解。而在现实中,它所秉承的理念是创新能够对教育做出积极的贡献,这一理念具体体现在三个方面:全面学习,终身学习,随时随地学习。促进各领域间的全球合作并寻求创新的解决方案,把先进的教育实践项目推广至全世界,这些对促成本土乃至全球教育的积极发展,在世界范围内引动教育创新潮流无疑具有不可替代的价值。

三、人类教育创新的基本过程

与WISE的教育创新理解相比,中国国内对教育创新的热度是很高的,只是这种对创新的热追,形式主义、急功近利与浮躁的现象相当严重,口号不断翻新,模式层出不穷,现实中的形象工程与概念游戏、字面改革并行,目标均朝着出名与获利两个方向,实质内容并无新意的情况比较普遍。

为此,有必要对充斥于当下的各类以"教育创新"名义开展的活动加以判别,从而留下真的教育创新,避免假的教育创新对世人的误导。这种判别当然很复杂,还不能说已经找到完全可靠的方法,只能说有了比较初步且有一定可靠性的方法,就是看它从哪儿来,到哪儿去,把它的路径和基本过程弄明白,而后再判断它是不是真的教育创新。

通过对教育历史和大量实践案例的分析,教育创新的基本过程应包括以下环节。

(一)激情驱动

创新是必须要激情(passion)驱动的,但有激情不一定就能创新;有激情是比较容易的,创新则是多样化、专业化的过程,是比较难的。通常,激情是强度很高但持续时间很短的情感,而创新需要激情有延续性,甚至一辈子执着地专注于一件事、一个方向。对于个人来说,激情是一种猛烈、迅速爆发、短暂的灵感,对于一个组织而言,它又是多方热情的共悦和相互激励。

(二)信息搜集

不少人宣称自己创新是由于无知,好像不知道世界纪录的人却自吹自己破了世界纪录。教育已有数千年历史,中国教育史上第一本教育理论书《学记》至今已有两千年的历史,世界各国都出过教育理论著作,出过不少有影响的教育家,在探索教育规律、方式、方法这方面前人已做了大量工作,进行过无数次实验,提出过许多教育理念、理论,成功的、失败的,可以说是不计其数。如果你不了解教育史,不知道那些教育巨人,不知道前人做了什么,在哪里跌过跤,却自称创新理论、创新模式,不只经不起推敲,还会留下笑柄。

所以,创新的第一个台阶就是搜集你所关注领域的信息。虽然不可能对前人的著述都一一阅读研究,但若要创新,就不应对教育思想发展史上代表性的人物以及他们的主要代表作、教育思想、主要的理论贡献一无所知,更不应妄自尊大,打着创新的旗号到处自我宣扬。现在进入信息时代,互联网、大数据等为信息搜集提供了极大的方便。只有好好学教育思想史,总结经验教训,才会有教育创新,一定要在传承的基础上谈创新。

(三)问题聚焦

创新是不断地学习、实践、探索的过程,一些对教育还没有深入了解的人常对教育抱有新奇感,但他们对教育问题的观察和探讨几乎都是泛化的,反而他们的胆子最大,有无知的无畏,对问题和事实进行思维深加工不够,深入广泛的调查研究不够,踏实工作不够,最敢于说自己是创新。仔细一比较,真正创新、超越前人的几乎没有,或是在传统派与现代派之间摇摆、掺和、杂糅,没有解决任何一个真实的问题,也就谈不上创新。

创新所必须经历的一个过程就是在众多纷繁复杂问题中,经过深入分析,专注关键,集中精力在解决关键问题上有所突破。从历届 WISE 峰会的主题可以看出,教育创新也是在不断聚焦的过程,2009 年的"全球教育:携手共创可持续成果(Global Education: Working Together for Sustainable Achievements)",2010 年的"构筑教育的未来(Building the Future of Education)",2011 年的"改变社会、改变教育(Changing Societies, Changing Education)",2012 年的"合作,为了变革(Collaborating for Change)",2013 年的"为生活重塑教育(Reinventing Education for Life)",2014 年的"想象—创造—学习:创造力作为教育的核心(Imagine-Create-Learn: Creativity at the Heart of Education)",一年比一年集中、深入,逼近创新的内核。

（四）体验对接

教育要创新，要出新思想、新理论、新方法，除了要知道前人做过什么，还要深入体验、研究新的社会现实、时代现实。不同人不同时候的教育创新是不同的，所以教育创新又具有个性化特征，它必然基于每个人的体验。历史上王阳明格竹就是试图通过体验获得新知。教育是社会活动，每个人在教育活动的体验不同，所感受到的问题不同。所以教育创新需要在对问题感受基础上进行，从社会生活中去敏锐地察觉教育问题，才是教育新思想、新理论产生的源泉，所以新的教育思想往往出在教育以外。要创新就不能只看书本，就要亲身体验、考证。

考虑到体验的个性化特征，包括教育创新在内的所有创新都具有时空相对性，所以，不少获WISE奖的非洲项目在欧、美或中国是谈不上创新的，但在非洲当地特定时期内具有创新性又是确定无疑的。

人类历史上的教育深度变革有三次：第一次是从原始社会到农业社会，第二次是从农业社会到工业社会，第三次是从工业社会到信息社会，当今社会最深刻的变化与发展背景是信息化社会到来不久，信息化是触发教育创新的一个巨大界面。

（五）新价值产生

新价值的产生是一个创新过程的完结，又可能连接和引发新的创新过程。如果没有新价值的产生，即便经历了前面四个环节，也不能称为创新。如何才能称得上有新价值的产生呢？一是在解决实践中确实存在，理论上尚未解决的真问题有可确认的突破；二是要选择并解决了新问题，只要在新内容、新领域、新角度、新变化（情境）、新条件、新方法几个方面有了一个，就可认为获得新价值。

正因为此，要想创新就要力求选定真、准、深的问题和对象，避免假、大、空的泛化地做各种各样的盲动。

从本人多年的教育研究经历看，人类教育创新存在广阔空间的有三大领域：一是基于信息技术的教育创新；二是基于脑科学发展的教育创新;三是基于全球化、城市化所引发的一系列变化(人际关系、道德、社会地位)的教育创新。对于中国当下来说,除了上面三大领域,还有从行政化、单一化向教育的科学化、个性化、多样化转化的领域有着巨大的创新机会。

WISE旨在教育领域推动全球范围内的合作,为有兴致从事教育创新的人就当今世界教育领域面对的挑战提出解决方案并进行广泛的交流,是对世界教育创新的一种激励。这一创新激励需要道德的力量去推动,为因极度贫困、战乱、自然灾害和偏见等原因而无法正常接受教育的儿童提供优质教育,同时也需要推动专业力量在整个人类教育的尖端领域的创新;既要关注到底部的面,又需要关注到尖端的点,合理分布关注点和力量。2014年的峰会关注到学习者创新和创造潜力似乎在朝这个方向努力。

然而,如何培养创造力并非短期内所能解决的问题,而是需要更多专业人员更长时期的研究才能有所进展,因此在未来的教育创新推进中,需要建立类似于诺贝尔奖评审委员会式的在全世界范围内有代表性并获得专业认可的专家委员会:首先,要有对教育创新的更为专业的评价,避免判断失误而产生误导,在关注结果的同时要关注过程;其次,要对社会发展和人类教育创新的需求、可能性、趋向进行战略分析,使世界教育创新峰会更能有效地发挥专业引领功能;最后,要对世界各地的教育创新实践进行更为广泛、专业的信息搜集和联络,而不能仅仅被动地接受申报。筛选出那些内向、专注却真正有所创新的创新者,让获奖的创新项目经得起时间检验和不同区域的比较鉴别。

向更好教育改进
EDUCATION

迟迟不就位的第三方教育评价*

2010年,《国家中长期教育改革和发展规划纲要(2010—2020年)》(以下简称《纲要》)明确提出"改进教育教学评价。根据培养目标和人才理念,建立科学、多样的评价标准。开展由政府、学校、家长及社会各方面参与的教育质量评价活动"。2013年,《中共中央关于全面深化改革若干重大问题的决定》再次明确"深入推进管办评分离,扩大省级政府教育统筹权和学校办学自主权,完善学校内部治理结构。强化国家教育督导,委托社会组织开展教育评估监测"。2015年,教育部下发《关于深入推进教育管办评分离促进政府职能改变的若干意见》,部署构建"政府管教育、学校办教育、社会评教育"的格局。《纲要》实施时间已过半,第三方评价进展甚微,有必要对第三方评价的推进方式加以探讨。

缺位的第三方

提高教育质量是当下全民对教育最迫切的需求,中国教育能否发展得好,很大程度上取决于是否建立适合质量提升的机制,是否有完善的教育评价体系,尤其是科学客观的第三方教育评价体系。政府在《纲要》和各种文件中反复倡导第三方教育评价,遇到的尴尬是:谁来担当独立第三方评价者?

有人希望能从现有行政体系中分离出来第三方评价者。但在现有人事管理机制下,受人员身份、机构性质等因素限制,这种演变完全没可能,

---

* 本文为作者2015年11月15日在第三方教育评价机构联谊会成立会上的发言,题为《第三方教育评价需要多方合力推进》,《光明日报》2016年1月26日发表,题为《迟迟不就位的第三方教育评价》。有改动。

而且第三方评价组织的专业性、自主性与行政机构的执行特性难以兼存。从行政内部分离出的机构即便挂上第三方教育评价的牌子,其人员在思想理念、专业素养、运行机制等方面也很难适应。

一些公立高校也试图在对基础教育评价中担当第三方评价者的角色,并且一些地方已经这样做起来了,这也只能在短期内打马虎眼。因为公立高校与公立中小学在现有体制下与政府是"一母二子"关系,公立高校很难设置相对独立的评价标准。在第三方评价起步阶段,这些机构能起到一定接引作用,从长期发展看,要么这些从事第三方评价的机构与现有公立学校母体完全脱钩,独立从事业务;要么就由于很难保持第三方特性而需要放弃评价职能。

在相关政策影响下,这几年民间也出现了一些形式不同、关注点各异、多少带有评价功能的组织机构,它们虽然具有第三方特性,但总体上相对弱小、分散、信誉不高、各自为战。

简言之,由于中国第三方教育评价专业机构的发展处于弱势而使得政府倡导第三方评价的政策未能有效落实。这种情况下,寄希望于政府单方面发展独立第三方评价,改变已有教育评价体系中过于倚重第一方评价和第二方评价的现状是不现实的。

需要多方协作的过程

短期内在中国还难以有哪一家或几家独立第三方教育评价机构成长发展到足以撑起门面的状态,解决第三方评价主体缺位问题,既需要有人或机构愿意承担这方面责任,也需要相应的机构具备专业资质和社会认可度,这些都不是短期内所能获得的。所以在起步阶段,需要众多相对弱小的第三方教育评价机构建立联络、交流、合作平台,改变各自为战局面,以合作促进中国第三方教育评价发展。

更重要的是在政府和这些第三方教育评价机构之间达成默契。第三方教育评价机构一方,需要逐渐明确职能定位,尽可能不越位;政府一方,需要划清政府部门与专业评价机构的职能边界,改变包揽一切的现状,逐渐有序地向第三方教育评价机构放权；社会上，包括用人机构等第三方评价结果的使用方，要学会识别、选择对自己有用的评价结果，个人也要善于利用第三方评价为自己的未来发展、人格性向确定、学业和职业选择提供可靠依据。第三方教育评价机构重在发挥其科学、客观评价功能，政府与专业机构各司其职，第三方评价结果使用方各取所需，就会使整体教育评价工作朝健康、良性的方向持续发展。

第三方教育评价是对教育事实的测量，是为形成新的教育需求提供依据，又是教育改进的重要杠杆。教育事实既包括全国层面教育的状况，也包括地方和区域层面的教育发展和质量状况，还包含学校的发展状况，更为普遍的是学生人格性向、学业测评和诊断系统。教育事实的多样性和教育需求的多元使得第三方教育评价的需求、评价方式、评价主体必定是多元的，多样的第三方评价主体之间也需要协调、联络、互补，共同成长发展，整体上才能形成良性的第三方教育评价生态。

简言之，第三方教育评价的发展本身是多方协调的过程，单靠政府的主观意愿提倡，单靠第三方教育机构的单打独斗，或单靠社会急切盼望都很难实现有效发展，而是需要几方面在有共识的基础上，多多沟通、互动、协调，逐渐提高专业性、信誉度、规范性和需求层次。

这其中常出现的问题是，初生的第三方教育机构不完善，还会存在一些明显缺陷，社会上的人不仅不相信，还会抵制、蔑视，甚至揪住一些问题不放；政府从怕出事、不出事的角度出发，一出问题立马出手取缔，第三方教育评价本身缺少成长、完善的时空和机会，也就迟迟发展不起来。

需要逐步迈过的门槛

推动中国第三方教育评价的良性与健康发展，除了多方主体的默契配合，还有一些关键性门槛必须逐一迈过。

第一道门槛是建立众多的多元和多样性的第三方教育评价机构。

缺少足够的第三方教育评价机构，教育的评价使用方就缺少可选择空间，也缺少有潜力的同行竞争，很难培育出良好的教育评价社会服务体系。在一定范围内多家专业评价机构的适度竞争有利于为不同需求的对象服务,从多个角度发现教学实践中的问题,促进教育评价理论和技术水平不断提升。在良性竞争环境中,才能不断提高服务品质,使教育评价能在真正"为民所用"的同时,也能为政府提供更为真实、贴近教育实际的决策参考。经历一个相当长的过程,才有可能形成类似美国国内若干家第三方教育评价机构占据绝对市场优势的局面。

第二道门槛是提高对第三方教育评价结果的使用和认识水平,建立第三方教育评价结果使用机制。

由于过去长期使用政府提供的教育评价,社会对第三方教育评价结果的信任度很低。必须引导社会、学校、教师、家长、人力资源部门熟悉并使用第三方教育评价结果,改变学校、教师停留在试卷加分数的评价现状,鼓励教育当事人依据实际需要使用第三方教育评价结果作为成长发展的参考依据,充分发挥评价的引导、诊断、改进、激励等功能。

第三方教育评价机构要积极与地方政府、学校或人力资源部门合作,探索教育评价的政府、学校或个人的认可与采购模式及流程,提升用户对第三方教育评价机构的认可度。政府需及时开放面向独立第三方评价机构的政府采购服务项目渠道,并给予政策、行业和环境支持,最终需要将第三方教育评价列入政府采购项目,打通财政资金购买第三方教育评价服务的通道;招生学校、用人部门也需要采取认可一个、使用一个的办法,逐渐扩大使用第三方教育评价的服务。第三方教育评价机构则需要建立自身的评价服务定价规则。

在第三方教育评价使用方面,评价机构和评价使用方还可以发展教育评价的定制服务。了解并及时满足政府、学校、学生等多种教育当事方对教育评价的需求,依据需求提供相应的教育评价服务。第三方教育评价机构要做到技术专业化、方案个性化、服务人性化、操作简便化,为学生与学校个性化的发展提供高品质的评价服务。

第三道门槛是建立并逐渐完善第三方教育评价行业标准。

教育评价行业标准是一个体系,主要包括:一要确立服务标准,立足于服务学生成长和发展,推动学校质量管理改革,解决行业服务品质良莠不齐问题；二要逐步建立专业标准，改进命题技术、教育测量技术、统计与分析技术、评价技术，有效可靠地解决认知诊断、制定个性化方案等问题，促进该行业整体专业水平提升。

第四道门槛是形成第三方教育评价系统自身的完善机制。

首要是培养教育评价专业人才。教育评价的专业性要求必须有大量的专业人员，现有高校中教育测量与评价专业人才培养数量和水平远远满足不了行业发展的需求，要积极运用评价实践和专业教育两种路径培养教育评价专业人才。同时高校要联合第三方教育评价机构以应对共同面临的问题。在评价理论和技术上相互切磋，确立全行业共同的、清晰的努力目标，从而促进行业整体服务水平的提升。

总之，建立更多专业水平高、服务质量好的第三方教育评价机构，完善中国教育评价体系，中国教育才能办得更好。

论推动自主招生进入常态化*

2017年各高校自主招生政策相继发布,全国共有90所高校参与自主招生试点,其中77所院校面向全国或多个省市地区招生,13所院校面向学校所在省市招生。

对于自主招生,社会各方面的观念和态度还存在较大的差距,其中不少学生自认有特殊才能希望通过自主招生的途径进入大学,也有人怕自己的考分不够,侥幸地期待通过自主招生方式贪巧,还有更多的人担心自主招生会产生腐败伤害到自己的利益。说明社会各方面对自主招生还存在不少误解,这种误解在一定程度上扭曲、干扰了正常的自主招生程序,为推动自主招生进入常态,还需要在全社会形成更多的共识。

必须明确,自主招生不是"小高考",也不是"另类高考",不是强势学校掐尖,而是未来招生改革的大方向,是使每所学校招到适合自己教育教学的学生,同时使尽可能多的学生进入适合自己天性、学习能力和职业规划的学校,能更为有效地通过大学学习实现人生幸福。需要积极创造条件推进自主招生步入常态,自主招生进入常态有如下几个关键点。

一、自主招生是招生改革的大方向

何为自主招生,不少误解是由对这一概念的错误认识引发的。

首先,要对原有的高考有一个基本的认识,普通高考是以计算总分的方式由高到低进行排位,进而据此录取学生。而自主招生就是要从这种规则和逻辑里面走出来,各校依据自己条件和学校定位确定招生目标与

---

* 本文发表于《河北师范大学学报》(教育科学版)2017年第4期。有改动。

诉求,招到适合自己培养、教育的学生。

此前一些高校的自主招生就是搞一次简单的考试,然后按排名进行录取,这就变成"小高考"了。同时有个别高校自主招生成为某些人投机取巧的通道,成为某些权力的灰色运作通道,这就变成了"另类高考"。

自主招生不是"小高考",也不是"另类高考"。自主招生的依据主要是判定学生在某一个领域或某一学科有明显的、特别的优势,要根据对学生的发展状况和天赋才能的测定,做出综合判定,据此录取学生,而不是简单将一些知识内容折算成分数来判断。

过去的招考制度建立的基础是基于这样的假定:通过知识来测试学生,根据测试结果来录取。自主招生改革的大方向是给考生和学校之间创造相互了解,双向选择的条件,经历过这样的过程后,以各自的判断作为前提相互确认,这也是自主招生的基本特征——学生选学校,学校选学生,双方进行深度的相互了解之后来做出决定。

在过去的高考招生中,只有分数这种单一狭窄的渠道来了解学生,事实上是各地的招生办在起关键作用,招生办拿分数对学生和学校说话,学生和学校之间缺乏沟通,最直接的利益双方之间隔了一层。这种方式造成责权利益不一致。

高校做好招生工作,对其自身是有直接好处的,因为招优秀学生是办学的第一个关键性环节;招生对学生来说也是很重要的,如果学生没有进到理想的学校,也会影响学生天性发展乃至终身幸福,所以学生也很想进入理想的学校。但在现有招生制度中,他们在这个过程中的自主权力太小。自主招生才能更好地实现考生和学校双方的愿望。

因此,这样的招考方式是未来招生改革的大方向。

二、多元录取而不是"掐尖"

高校自主招生的实质是多元录取,也就是不同高校依据自己确定的招生标准录取学生。在人类进化过程中,自然天性状态的个体是多样性的,唯有用多样的标准才能更好地适合学生的天性,所以自主招生更符合众多学生的天性,是更有利于学生遵从天性成长发展的考试招生制度。根据相关要求,高校自主招生选拔的是具有"学科特长和创新潜质"的学生,这一制度设计的初衷是想招那些在某个单科或领域有特长,但学习成绩可能不是特别拔尖的学生。

如何保障多元录取而不是"掐尖"呢?

首先,要界定"掐尖"的概念,通常讲的"掐尖",是对所有学生用一个标准评价,一些学校对取得高分的学生进行摸排,再想办法把这些考高分的学生招到高一层次的学校来。"掐尖"的理论假设前提是,尽管不同的学生有各自的差异,但是能通过单一的标准考试的方式测定、筛选出来。

而多元录取的理论假定是——人是不一样的,不同的人所具有的智能是不一样的。这就要求高校在录取学生的时候,要根据学生的发展状况、类型、程度,进行综合的判定,再来判定录不录取这个学生。这样做的结果是不会根据同一标准和方式对学生进行排队,也就不存在所谓的"掐尖"了。因为这种方式中不好判定谁是"尖"。

所以,避免多元录取变成"掐尖",需要在高校的招生团队里面形成一个共识,那就是不同学生的发展状况和天性是不一样的,要根据学生的具体情况来判定。如果学校的招生团队还是认为学生是可以从高分到低分排队的,那他们还是会去"掐尖",还会争论哪个学生分数高、哪个学生分数低。结果是往往把学生招进学校后才发现,哪怕两位学生的高考成绩相差 50 分,也可能他们之间并没有太多明显的差异。

因此,只有高校真正转变观念,才能避免多元录取变成"掐尖",同时,需要社会各界改变在这方面存在的错误观念。

在录取优惠标准方面,各高校自主招生认定的优惠降分政策有差别,一般为 10～60 分,部分特别优秀的学生可获得降至一本线的录取优惠。尽管录取优惠诱人,但最终能通过层层筛选的毕竟只是少数优秀学生。因此,很多普通高考生认为自主招生只是少数人的"福利",跟他们无关。有这种看法的学生主要是观念没改变过来,既然自主招生给了学生根据其天性和优势来选择的机会,那么每一个学生都可以借此改变自己的成长和发展方式。不参与自主招生的高校录取学生的方式只有依据高考分数,而参与自主招生的高校就有了多元录取的机会。从学生角度来看,学生就要尽可能地把自己的天性和优势发挥出来,把握这种机会。尽管当下通过自主招生这种方式进入高校的人数是有限的,但对所有的考生都是有影响的,自主招生让所有的考生都有了一个更加清晰地去认识自己、发展自己优势的机会和要求,这能在一定程度上影响到所有的考生。因此,尽管一些学生不能通过自主招生进入所谓"985""211"高校,但学生应该认识到能通过这一渠道获益,进而让自己发展得更好。

2017年是上海、浙江新高考试行第一年,部分地区合并批次录取,部分省份实行"专业＋院系"的志愿填报方式,一所学校将有若干个录取分数线,"三位一体"招生等都是新的探索,高校的自主选拔要积极应对这些新的变化。

在整个招生过程当中,新的高招改革制度起步以后,各高校要注意原来的外在环境是比较单一的,包括政府和招生办等单位。未来高校面对的招生环境是多样性的,不同省份、不同地区会有差异,录取环境是多元的。比如南京大学和东南大学就只把高考分数作为录取依据的60%,其他40%由学校的面试和其他评价决定。

在这个多样性的环境中,高校要进行分析判断,一定要分析各省的相关政策,尽可能找容易判断的省份去招生。这样的好处是促进各省改善招生环境,让高校能更容易、方便地招生,帮助当地学生更好地进入理想的高校。这个过程本身就是一个生源地政府和高校互动改进的过程。"处方招生"从另一个角度说,可以促进各地改进招生政策,从而相互促进,更进一步完善和改进招生制度。

三、创设公开透明的环境

在自主招生过程中,容易出现学术造假、贪污腐败、徇私舞弊等情况,因而,很多人对自主招生"不放心"。

从极简的逻辑看,招到合适的学生是办好学校的第一个关键环节,每个想把学校办好的人都会严肃认真对待招生工作。学校自主招选它想招的学生,学生自主报考他想上的学校,双方在充分了解的基础上,经过专业评价实现相互选择,这原本就是极正常的事,为何这件事在中国试点了十余年后,范围还限定在该校招生总数的5%,依然还有人不放心呢?关键在于没有形成建立自主招生的公开透明环境。

确实有些学校进行自主招生的过程中存在暗箱操作,这种现象本身是学校行政当事人公权私用或超范围使用,在任何情况下,这种做法都是应该严格禁止的,更何况在涉及不同人命运的招生环节。这些不是自主招生本原的特征,而是某些行政部门的当事人违反自主招生的基本规范导致的。所以腐败问题的根子不出在自主招生上,而是出在自主招生过程不公开透明上,权力不受监督上。

因此,每所参与自主招生的学校都必须为自主招生营造公开透明的环境,让招生全程处于有据可查的状态,其中关键性过程处于监督之下,接受家长、社会第三方、专业同行、上级行政部门和媒体的监督。对行政人员参与招生事项要建立并严格实行登记备案制度,做到这些并不困难,因为监督一所学校的招生过程要比监督更高级的行政权力部门容易,相信只要阳光照到就不会有腐败。

四、用刚性实证评价结果做依据

2014年国务院《关于深化考试招生制度改革的实施意见》之所以确定"分类考试、综合评价、多元录取的考试招生模式",之所以要进行自主招生,是由于不同人的天性和能力不同,不同学校的不同专业对学生天赋和才能的要求也不同,不同学校所能培养的人不一样,经过双向选择才能培养出满足社会多样性需求的人。至少在现有教育评价发展水平上,还难以把不同才能的表现折算成在不同人与专业之间具有可比性的直观数值加以比较,只能使用多元不可比的指标加以评价,那么自主招生的依据是否能做到客观公正呢?

世界各国的招生实践说明,只要确保自主招生所依据的对学生的评价结果是刚性实证的,是不可以通过简单的培训轻易获得的,就具有客观公正性,就能确保教育公平。比如,参加国际学科奥赛类的成绩并不是一般人所能简单复制的,无疑具有刚性实证特征。国内信度获得一定范围内认可的第三方评价结果,被相关专业人员通过专业程序确认具有特定专业水准的独立创作的作品,通过专业人员评定的特殊才能的展示也都可以作为自主招生的判断依据。所以可以作为依据的评价应该由各校专业招生团队在使用中对其信度和效度做出判断后赋予适当权重加以选用,而不应由非专业的行政部门发文统一划定。

自主招生首先要评估学生评价结果的真伪,消除一切以各种形式造假的依据;那些经过短期培训就能获得的结果,或家庭条件、学校办学水平、地域差异等因素影响明显的结果都不能作为自主招生的证据。对各地还不很成熟的综合素质评价结果要找到相对等值的对比标准,有分析鉴别地加以参考。近期,各自主招生的高校要广泛筛选、使用第三方评价机构对学生的评价结果,要让那些信度高的第三方教育评价结果有可用之处,为有质量的第三方评价机构发展提供激励和空间,为今后扩大自主招生范围创造多样性评价的条件。

五、执行专业标准,实现实质公平

通常情况下,一名农村学生与一名城市学生的高考分数一致,但能力与学业可能有巨大差距,在依总分录取的招生规则里无法考虑到这种差异,这在一定程度上对农村学生是不公正的;专业的自主招生可以在这方面体现更大限度的公平。

一些人或许说在自主招生面试中表现突出的学生绝大多数拥有良好的家庭背景,家里甚至从小就请名师一对一辅导考生;有些农村中学的教师也认为,他们的学生只能拼命考试挣分数,在自主招生上无法与城市条件好的高中比;还有一些学生家长质疑自主招生设置的报考门槛有"拼爹拼娘"之嫌。这些都是还没有深入领会自主招生对学生评价的标准实质产生的误差。

仅仅看单一学科知识考试分数所能达到的是形式的公平,而非实质的公平。因为不同学科的考试分数不等值，每一分的单位大小不一，不能简单相加；一名在教学条件比较差的乡村中学上学的学生考80分与在条件好的城市中学上学的学生考的80分也完全不等值，但在依分录取的招生规则里无法考虑到这种差异，形式上虽然公平，实质上对乡村中学的学生是不公平的。

依据专业的标准，在自主招生中应该看被评价者在什么样的条件下获得如此学业水平，应该看他在同班同学中的相对位次，那些在条件较差的情况下达到特定水平的学生比在条件较好的条件下达到同样水平的人更应该获得优先招录资格，自主招生学校在降分时可适当考虑城乡学校条件差异对学生的学业成绩的影响，可以设法接近实质性公平，以弥补城乡差异等因素造成的另一种形式的不公平。

六、建立专业的招生团队

人才选拔是一件专业性极强的事，国外一流高校都建有专业招生团队，用长达半年到一年的时间考查学生，中国高校的招生办公室往往只有几个人，有些还是临时从各院系抽调的，招生录取工作"匆忙"，不专业的情况比较普遍。

招生团队专业不足是当下自主招生遇到的实质性障碍。合格的专业招生团队不仅要熟悉某个专业领域的教学和人才成长，还应具有教育评价的基本理论素养和实践经验。更为重要的是，专业招生团队的人员还应具有专业人格，严格依据专业准则和对学生的评价的客观事实行事，要做经得起时间检验的事，不急功近利。

专业招生团队在自主招生中所要发挥的关键作用是摆脱自主招生对原有招生模式的路径依赖。一些自主招生的高校在自主招生过程中还在使用原有体制下统一命题、划分数线的录取模式，把全国统一考试在学校范围内再进行一次，未能实质性突出自身高校办学特色和本校招生的诉求，未能确定与本校招生诉求一致的专业评价标准，从而未能有效制定更多元、更科学的招生办法，这是专业招生团队未能发挥作用的典型表现。

招生过程的各个环节都需要由专业招生人员负专职的责任,不能有一个环节处于专业团队的责任链之外,不能把专业团队当作摆设,不仅要对考生申报的材料依据专业标准进行审核,而且要在面试环节做出专业判断,并对录取哪些学生,不录取哪些学生做最终的决定。学校要确保专业招生团队在自主招生过程中的最终决定权,而不能让专业团队与行政人员各管一段,最终责任不明晰。

七、遵循专业的招生程序和规则

专业的自主招生的程序与规则是判断自主招生行为正当的准则,需要在招生工作启动之前就公开,必要的内容写入招生简章,让包括考生和专家、行政人员、监督人员及所有与考试招生相关的当事人都熟知相关的程序与规范。

例如,自主招生如何向中西部地区、农村地区的考生适当倾斜,就需要事先制定好规则,包括对农村生源身份的确定,对农村学生申请材料的审核的差异尺度把握,面试中的差异尺度,对整体表现的综合评价的差异尺度把握,等等。

自主招生的程序与规则还应包括考官、考场的随机抽签,考试过程全程录像,公布各种信息的时间节点,考试招生中不同角色的责任与权力,等等。需要注意的是程序与规则的文本仅是依据,更为关键的是所有当事人都应有程序与规则意识,严格依程序规则办事。

八、及时拓展自主招生范围

现有的自主招生范围显然还是太小,在环境更加公开透明,采集依据更加可信,专业标准理解与操作更加到位,专业招生团队更加可靠,程序与规则更加完善的时候就应该进一步扩大自主招生范围,可以让自主招生工作做得好的高校扩大自主招生面,做得不好的高校压缩自主招生面。

拓展自主招生范围不能局限于北大、清华这类高端的高校,不只局限于选拔具有"学科特长和创新潜质"的学生,还可以从压力比较小的高职院校这类低端高校推进实行,使得有特殊技能和一技之长的人能进入合适的高校获得适当培养,成为工匠或创业人才。例如,2017年安徽省高考报名考生49.9万人,较前一年减少1.09万人,减少幅度为2.13%。其中,文科考生20.3万人,理科考生29.6万人。由于高职院校分类考试已确认录取考生7.31万余人,应用型本科高校面向中职毕业生对口招生录取0.45万人,实际参加高考考生42.1万人。① 其中的高职院校和应用型本科的招生就在一定程度上采用了双向选择、自主招生的办法,各地在这方面还可以进一步完善。

高职院校自主招生在一些省份已经做了积极探索并取得较好的效果,却未能纳入整个国家高考招生考试改革的视野加以全面推进。事实上,高职院校自主招生涉及的学生更多,同样值得高度重视并切实做好。更有价值的是,在高职院校自主招生取得成功的经验之后,可以逐步向新二本院校拓展自主招生,形成从高低两端向中间逐渐扩大高校自主招生的态势,从而加快自主招生改革的步伐,更快地实现尽可能依据每个学生的天性和专长选择上高校的目标。

从长远考虑,建立依法治校的现代学校制度是自主招生全面实行的必要条件,只有让学校的权力全方位受到监督,让自主招生的参与和决策人员是专业的,程序是专业的,规则是专业的,同时是公开的,能够接受各个方面的监督,包括学生家长、行政主管部门、社会上的第三方、专业同行各方都能够监督,才可能完全彻底消除自主招生中存在的种种弊端,才能让所有学校组建专业团队,实行真正的自主招生。

---

① 2017年安徽高考报名人数:文科生20.3万人,理科生29.6万人,引自《安徽商报》,2017-6-7。

学生成长和发展的学校管理体制障碍分析*

实施高品质教育应重视学生成长和发展的需求,使每一位青少年学生都能更好地享有适合自身特点的教育机会,接受适应自身要求的多样化教育,获得更多自主选择的发展空间。为此,中国有必要改革现行学校管理体制。

一、现行学校管理体制的特点与功能分析

有过教育工作经历的人都切身感受到现行教育管理体制过分强调管理统一性、内容划一性、评价单一性,严重限制了教师的知情权、参与权,遏制了教育创新的活力,束缚了师生及学校管理者创新精神的发挥和创新能力的发展;而官本位、行政强势及片面的教育政绩观更加重了已存在的问题。

有人归纳出现行的学校管理结构存在的四大弊端。第一,封闭性。学校管理缺少一种开放机制。按照现代组织学的观点,学校管理的结构应是开放的。学校组织的边际不断扩大,原来狭隘封闭的学校藩篱正在被打破。"破墙办学"不仅仅是推倒物理意义上的围墙,还要推倒办学者心理上和学校管理制度上的"围墙",建立一种开放办学的有效机制。第二,单主体。学校管理过于看重校长与主要行政人员的作用,忽视或无视学生、教师、家长的主体作用,造成"目中无人"。第三,单向度。许多校长过度依赖"自上而下"的科层式或层级管理,它能体现校长的意志和权威,但教师们往往处于听命执行的被动状态,缺乏创造的热情、动力和思路。

---

* 本文发表于《中国教育学刊》2009年第8期。有改动。

第四，低效能。正因为上述三个方面的原因，必然带来学校管理的低效能。①

现行学校管理结构导致学校在功能上表现出强制性、机械性、常规性、动力单一性。② 简言之，学校难以构成一个责任主体，缺乏自主性，具体表现为以下四方面。一是政府包揽一切，政学不分，管得过多，统得过死；同时政府应该加以管理的事情，又没有很好地管理起来。二是在学校人事制度上，只能上不能下，形成实际上的终身制和"铁交椅"。校长无论业绩如何，只要不违法乱纪即可，并且将自己定位为一位行政官员而不是一位教育的从业者；人员只能进不能出，形成实际上的"铁饭碗"，学校无选择教师的自由，教师无选择岗位的自由。在分配上，待遇只能升不能降，形成实际上的"大锅饭"和"铁工资"；干与不干，干多干少，干好干坏，在分配上几乎没有区别。三是在校内管理方面，缺乏严格的责任目标要求和考评保障机制，职责不清，赏罚不明，导致教育质量日益下滑，效益愈来愈低。四是学校管理往往从严格滑向严厉，学生的权益没有得到应有的重视，学生成长和发展的需求没有成为学校工作的重要依据。

在政府及其教育行政部门没有彻底转变其职能的情况下，这种状况短期内无法得到改善，对学生成长和发展需求的满足程度也就难以得到明显的改善。

二、阻碍学生成长的学校管理体制因素

一所学校办得好不好，不同的人有不同的衡量标准和依据。学生成长和发展的需求得到满足是其中最基础性、最硬性、最经得起时间检验的依据。然而，现实中因为存在学校忽视学生成长和发展需求的体制性因素，使得学校对学生发展需求普遍了解不够，更谈不上在何种程度上满足。

---

① 程红兵.校务公开，构建和谐校园的基础[N].中国教育报，2005-12-6.
② 储朝晖.乡村教育管理体制改革探析[D].南京：南京师范大学，2001.

据笔者对已有文献的检索,目前还没有关于学生成长和发展需求满足程度的专门研究,而且据实地调查了解到,学校在这方面做得也很不理想。学校里,学生为了应付考试而学习的现象普遍存在。学生缺乏思维上的自主创新,没有时间去进行自由发挥、自主尝试性的思考等。

从教师方面看,他们都懂得学生成长与发展需求的重要,但在教学实际中很多教师处于"想考虑,很难做到"的状态,因为学生的考试成绩和上级行政部门的要求更加强烈和硬性。这种状况的持续导致人们在教学中很少考虑甚至从未考虑过如何满足学生成长和发展的需求。而且在现实的教学工作中,学生成长和发展的需求与教育行政部门规定的教育目标并非总是一致的,有时还有很大的不一致。在这种情况下,教师所能做出的选择就是照学校已有的安排或上级行政部门的文件按部就班安排教学,学生的成长发展需求被挤到一边。

从对教学的评价方面看,现有的评价指标中尚无对满足学生成长与发展需求状况的评价。如果教学不能有效激发学生对于学习的兴趣和创造力,就会丢失比考试成绩更迫切也更重要的东西,就可能在一开始就影响学生的创新精神,使教育教学的原生态遭到严重的破坏。

在这样的教学环境中,处于不同状态的学生对自己成长和发展需求的认识会做出不同的反应:小学生盲目顺从而丢失个性,初中生开始厌学而降低学习效果,初中高年级学生则选择逃学或辍学加以抵制。在初中选择逃学或有厌学情绪的学生中,不仅有考试成绩落后的学生,还出现了不少历次考试成绩都比较好的学生,这说明随着学生对自己成长和发展需求的认识由朦胧状态向清晰状态的发展,学生们越来越明显地感到学校学习与自己生活目标的疏离。这种疏离导致学校教育不但不能对学生的健康发展产生积极的促进作用,反而会对人才的成长产生巨大的阻碍。

简言之,现有学校管理和评价是导致学生成长与发展需求不能满足的主要环节。

在现行学校管理中,校长不能依据本校的实际决定学校的教育工作做什么,教师不能依据他所面对的学生的实际决定教什么和如何教,对学生终身成长和发展负责的实施教育教学的实际责任人缺位了,这成为学校管理体制中阻碍学生成长的关键。导致这一状况的因素包括以下几方面。

第一,学校管理权的变异。学校管理权原本在更大程度上是为学校中心工作教学服务的权力,而现在学校管理权普遍变异或流失为行政管理权,即便一所小学的校长也首先将自己定位为官员而非专业教育工作者,学校内部失去参与决定变革的机会和灵活性。学校管理权变异的直接原因是它仅仅由行政单一赋权。

第二,学生没有成为学校管理的主体之一。在学校管理中,学生不是主体便必然是客体。教育工作的特性决定着只有学生和教师成为学校运行和管理的真实主体,才有可能真正实现教育教学工作的积极有效。现实当中,一些学校不择手段地争夺高分学生,采取强行应试的一套管理方法,被人们称为"魔鬼训练法",使学生实际上沦为学校追求应试效果的工具。在这种情况下,学生是不可能得到自主发展的。

第三,学校管理单向度运行。依据有效管理学校的原理,学生的成长和发展需求及其成长和发展的状况是教师教学的依据,学生的情况及教学的情况又是学校管理的依据。而在现有单向度的管理体制中,学生成长与发展的需求被大大忽视了,造成管理逻辑上的颠倒,使得许多学校的实际管理者只看到上面的红头文件和上级领导的要求,只看到如何做对自身更现实、更方便、更有利,看不到学生成长与发展的需求和教育长远发展的目标。

第四,决策与行为分离。大量实践表明,与学生接触最多的人才有可能做出最明智的决策,他们在决策中应该发挥最重要的作用。而现行管理体制中,学生、家长、教师这些教学行为主体难以在学校决策中发挥其必要的作用,从而导致学校管理决策失误时有出现。

第五,信息不对称。现行管理体制下,与开放的信息社会相比较,学校管理显得过于封闭,以致学生知道的信息比教师多,教师知道的信息比校长多。管理者往往依据单一行政渠道获得的不充足的信息对学校实施管理,其结果必然导致低效,阻碍甚至损伤学生的正常成长与发展。

由上可见,如果不对现行学校管理体制加以改革和完善,我们就不可能解除与实施高品质教育最为直接相关的体制性障碍。

三、改进学校管理的思考

以人为本,在学校管理中就是以一个个具体鲜活的学生和教师为本,在此基础上才能谈得上教学、管理。具体来说,以人为本就是学校要以保障学生的基本发展权利为本,对于学校来说,最基本也是最主要的保障内容和方式就是通过一切可能的形式满足学生成长和发展的需求。这应成为改进学校管理的基本理念,在这一理念基础上确立明确的目标,采取切实可行的措施。

(一)目标

学校管理的基本目标应是注重创新与实践,鼓励团队精神,将学校从僵化机械的行政科层体系中解放出来。这具体可表述为:第一,让满足学生成长和发展的需求成为师生员工关于学校的共同价值取向,培育师生员工的民主意识,增强管理层的服务意识,使学校管理能够更高效地服务于学校的育人目标;第二,促进学校以育人为中心任务,建立能够自我激励、自行规划、自主建设、自律约束的自主发展机制,使学校成为自主发展的文化主体;第三,尊重每一位学生的人格,了解他们的成长和发展需求,并努力满足不同学生的成长与发展需求,让每一个学生的名字充满神圣和光荣;尊重每一位员工的权利,让每一位教师员工拥有归属感和荣誉感。

(二)措施

要实现上述目标,最关键的是要建立多维开放、各方需求充分自主表达的学校管理体系,在这种管理体系中,行政是其中的一方,而不是唯一的一方。第一,校长民主产生。学校校长由全体教师民主选举产生,在行使职权的过程中接受全体教师的监督。第二,共同赋权。师生是学校的主体,教育行政部门是教育的管理部门,他们应该共同享有学校的管理权,探索切实可行的有效途径,进行师生及行政部门共同赋权的学校管理。第三,校本民主。学校是教学事权的中心,实行校本管理,将重要的决策权从行政管理转向学校管理。校本管理是人本理念在学校管理中的应用,强调管理者要相信人、依靠人、重视人的发展。第四,开放公开。学校要让管理从少数人的事变为大家有知情权、参与权、决策权、监督权和评议权的活动,扩大参与度,加深透明度,提高公信度;将封闭变为开放,将单主体变为多主体,将单向度变为多向度,将学校管理放到阳光下,遵循公开、公平、公正的原则,实现更有效的监督,从而提高管理效能。

综上所述,学生的成长与发展是现行学校管理中必须关注的真实问题,在学校管理层面为学生提供适合不同学生潜能、满足不同学生志向与抱负的成长与发展环境,这是实施素质教育的基础性策略。

以人民为中心破解教育发展的不均衡不充分难题*

党的十九大报告(以下简称《报告》)做出"我国社会主要矛盾已经转化为人民日益增长的美好生活需要和不平衡不充分的发展之间的矛盾"的判断。在教育领域,不平衡不充分发展的问题早已成为社会的焦点,社会主要矛盾比较早地在教育上体现出来,并且这一判断在相当长的一段时间仍然反映了教育发展的基本事实。

教育发展的不平衡和不充分表现为教育自身发展与社会其他方面的发展存在既不平衡又不充分的关系,与促进我国产业迈向全球价值链中高端需求不相适应。中国经济转型需要教育的转型,需要培养兴趣丰富、人格完整、头脑健全的通识人才、思辨型人才,当下过于单一和标准化的教学模式的教育尚不能及时有效适应产业升级和社会转型对人才需求的需要。另一方面,教育发展的不均衡更集中表现为教育内部不同学校、不同地区、不同学段之间的不均衡,城乡之间的不均衡问题尤为突出。

一、教育不均衡的矛盾依然突出

十余年来,各级政府在推进教育均衡上做出不少努力,也取得明显的成绩,截至 2016 年底,共有 1824 个县(市、区)通过国家县域义务教育基本均衡督导评估认定,上海、北京等 7 省(市)全部通过认定,《报告》以"教育事业全面发展,中西部和农村教育明显加强"表述这一事实。《国务院关于深入推进义务教育均衡发展的意见》提出,到 2020 年 95% 的县(市、区)实现基本均衡,目前尚有近 1600 个县(市、区)没有通过评估。同时,

---

* 本文发表于宣讲家网,2017 年 11 月 9 日。有改动。

必须清醒地看到,人民对教育不均衡的切身感受依然较强,即便在被验收认定为实现了教育均衡的地区也是如此。多数地方通过规范入学秩序、集团化办学、城乡一体化发展等措施实现教育均衡。目前,择校的压力高峰期已过,但择校的潜在压力仍然存在,在一些地区还有可能出现反复。

正如《报告》所言:"我们的工作还存在许多不足,也面临不少困难和挑战。主要是:发展不平衡不充分的一些突出问题尚未解决,发展质量和效益还不高,创新能力不够强……民生领域还有不少短板,脱贫攻坚任务艰巨,城乡区域发展和收入分配差距依然较大,群众在就业、教育、医疗、居住、养老等方面面临不少难题。"与教育相关的就业和教育被列入"必须着力加以解决"的问题之首。

二、确立人民为中心的价值定位

《报告》强调"必须坚持以人民为中心的发展思想,不断促进人的全面发展、全体人民共同富裕",同时强调"必须把教育事业放在优先位置,加快教育现代化,办好人民满意的教育",这两段表述虽然出现在报告的不同部分,却需要完整理解才能更好落实。

教育发展的不均衡,中西部教育发展的不充分当然存在历史、自然、经济和文化等多种原因,与当地的社会发展水平也直接相关,全国各不同地区不在同一起跑线上。同一地区的学校间的差距也在一定程度上与学校内部因素有关。然而,必须清晰地意识到基础教育特别是义务教育办学的主体是政府,必须以人民满意为标准查找问题和差距。

首先,基础教育学校布局是不均衡、大规模择校和城区大班额的成因。一些地方新布局是城区学校—乡镇寄宿制学校—村小、教学点。新的小学学制是2—4/3—4分段:前2年在教学点,后3年到乡镇中心学校。由此出现低龄寄宿比例偏高,部分中西部地区三年级之前开始寄宿的小学生累计比例高达55.4%。寄宿生身高体重明显低于非寄宿制学生,在学业成就方面明显低于非寄宿制学生,尤其在小学阶段;校园欺凌检出率高于非寄宿学校,学生抑郁水平64.5%,远高于非寄宿学校;寄宿也明显加大了农村家庭的教育经费负担。因此有必要依据《义务教育法》"就近入学"的原则,为所有居民提供就近接受合格的义务教育的基本条件。

其次,在解决不均衡的问题上,不少地方依然存在较强的就事论事的事务意识。其中包括过于强调解决县域教育,而未顾及因外出务工、交通便捷等因素的影响数量越来越多的生源跨县域流动。不少地方总想在当地办一所比较好的学校,而这样的学校仅能解决当地小部分孩子就学问题,却忽视当地所有居民子女的受教育需求,忽视当地居民受教育最基本的权利保障。在不少地方超级中学呈现垄断化趋势,特征是位于省会或大城市、学校规模大、垄断当地一流生源和教师、毕业生垄断一流大学在该省(自治区、直辖市)的录取指标。一般中学学生中农村户籍的比例是超级中学的8倍。甚至在一些地方超级中学也可能面临失控的危险,使就近入学的基本价值被颠覆、基本学制被改变、基本学校类型被改变。

再者,教育不均衡,教育评价标准过于单一,评价方式不够专业导致补习问题久治难愈,学生的学业负担偏重,难以有效实施以人为本的教育教学,教育公平的价值未能有效贯彻,学生的自主性发展受到损伤。怎样实现学生在自己居住地就近接受义务教育的愿望,怎样维护整体教育均衡和良性教育生态是在教育上落实以人为本和体现人民为中心所急需实现的目标。

解决上述问题已不是简单采取技术层面的措施就能实现目标,也不能仅仅沿用过去已经采取的措施,而需要从认识社会发展主要矛盾出发,更清晰地认识到教育发展不均衡的实质,需要"深入贯彻以人民为中心的发展思想",从"人民平等参与、平等发展权利得到充分保障"的高度,维护人民受教育的基本权利,采取更为有效的措施破解教育发展不均衡不充分的问题。

三、深化体制机制改革是关键

教育的综合改革是2010年《国家中长期教育改革和发展规划纲要》

确立的主要任务,这方面的改革受多重因素影响进展缓慢,成为教育发展不平衡不充分,在教育上"满足人民日益增长的美好生活需要的主要制约因素"。从"抓重点、补短板、强弱项"的工作思路出发,就需要在新的时期加快和深化体制机制改革为主的教育综合改革,才能加速实现"幼有所育、学有所教"。其中急需改革的有:

切实简政放权,大力减少行政部门对正常教学的干扰,放管结合、优化服务是释放教育活力、提高教育质量的关键。全国的调查表明,各地学校每年所收到的各个政府部门的文件在400份至1200份之间,学校为之花费精力和时间过多,在一定程度上干扰了正常教育教学工作。教育治理体系必须从学校和政府之间相互作用、相互制约的二元治理结构,转型为学校、政府和社会之间相互作用和相互影响的多边协同治理结构,改善政府和学校的关系,给学校更大办学自主权,推进现代学校制度建设,给各方教育当事人提供更大的机会和空间参与学校的建设发展,促进学校与社会建立更加密切的联系。

深化管办评分离改革。简化行政审批流程,规范审批行为,方便民众办事,方便学校办学。要切实解决检查评比多、随意性强、重形式轻内容的问题,能取消的取消、能合并的合并、能多部门联合的就不要重复检查。并逐步推进在学校章程基础上的依法治校,依法治教。

要加快完善国家教育标准体系,用标准加强引导、加强监管、加强问责。要坚持公开透明,基础教育的质量报告,高等学校本科教学评估报告、专业评估报告、教学质量年度报告、就业质量年度报告、教学质量常态监测数据都要向社会公开,通过扩大教育当事人的知情权促进学校教育教学质量的提升,也促使报告撰写者严肃认真地写好报告。

进一步扩大省级政府教育统筹权,建立省级政府履行教育职责督导评价制度,促进地方政府更好履行教育职责。政府教育管理部门要强化服务意识,让学校把更多的时间精力用在办学治校上。

教育部门要从学校反映最多、师生愿望最迫切的事做起,在教育教学指导、质量监测评估诊断、就业创业指导、基础设施建设等方面为学校提供优质高效服务。要从调动教师积极性、提高教育质量出发,积极稳妥推进学校人事制度、分配制度改革。

各级教育都需要加大对青年教师的关心支持,针对近些年青年优秀人才入职当教师的人数比例下降的问题,切实提高教师的工资待遇,解决他们工作和生活中的实际困难,努力为他们成长发展提供更多机会。

以人民为中心,办服务人民的教育,才能更好满足人民日益增长的美好生活需要。

建立体制对创新的包容是当务之急[*]

实现大众创业、万众创新,是一个系统性的社会建构,当下的短板或急需是要在制度设计上包容创新。近来发生的若干事件引发社会对中国高校及研究机构创新能力的质疑,这些质疑无论动机如何,都是对中国大学和研究机构能力提升的一种促进。这种促进能否有效地发挥作用在很大程度上又取决于高校和研究机构是否建立了对创新的包容机制。

对创新的包容机制比具体的创新更有价值

对于中国大学和研究机构的健全发展来说,值得追问的一个普遍性的问题是,是什么造成了创新能力不足这样的状况?其原因也不复杂,就在于现有大学和一些研究机构采用类似行政机构的管理体制,对创新不能包容,甚至对损害创新的行为进行掩护、辩护和包装,从而在外表上显得一个单位很"团结",实质却是世俗水平的"一团和气"。

这种排除创新的力量就在于在研究过程中设置不能质疑的权力。比如最近一些学校传出动不动就要把某人扫地出门,甚至一些人在网上发起"将某某教授清除出去"的非理性行动。事实上这些人正以自己所反对的方式反对自己所反对的人,以不能包容的口气显示其不能质疑的底色。

类似的现象在各大学和研究机构并不鲜见,当某个选题被一个并不专业的领导看中,就得投入大量财力和人力攻关,过一段时间后才发现仅是对别人研究的简单重复,在这一过程中浪费了大量财力人力和众多参与者的宝贵时光;一些学校制定的对教师和研究人员烦琐重复的管理和

---

[*] 本文发表于《中国教育报》2015年8月31日。有改动。

考评程序，让大家花大量时间办各种简单重复的手续，整个过程缺少专业的质性判断，阻止了人们去从事真正的创新，分散了人们从事真正创造的精力；还有形式化的量化管理，考评只在乎领导看法，失去客观性和专业性，这些都是对创新的包容机制没有形成的现实体现。

行政机构中不受监督的权力必然导致腐败，学术机构中不受质疑的权力必然阻碍创新，这是对古今中外组织行为都适用的基本原理。即便明显是外行的管理与评价，却不能够被质疑，谁质疑将会付出沉重的代价，这些都是阻止和排除创新的体制性存在。在这种体制下，即便有少量的创新，也只会是成本很高的，或是偶然性的创新。唯有在高校和研究机构中建立了包容创新的机制，创新之花才会遍地开放。

消除了质疑就消除了创新的起点

大学和研究机构是社会持续进步的动力，动力的源头即在创新，创新的源头在于质疑，在于许可各种质疑自然生成和自由表达。这些年不少大学由于普遍存在对创新的体制性不包容，以致降低了对创新的认知和辨别能力，一方面不知何谓抄袭，何谓创新；一方面又虚荣地羡慕创新，于是就避免不了把抄袭当作创新。由于缺少对创新的包容机制，就在阻止真实创新的同时，对专业人士一眼就能看穿的非创新内容进行包装，于是就有了"创新"词汇铺天盖地却难得一见创新行为的怪现象。

制度上包容创新的初始条件就是撤去大学和研究机构中不能质疑的绝对权力，让每个人天性中的质疑得以自然生长和充分表达，师生之间也能质疑与问难，学校内部不存在不能质疑的人，不存在不能质疑的事。人的天性中就有创新的潜能，在不受外力阻碍时就能自然表露出来，若能获得适当的环境就能成长发展起来。创新的起点是质疑，陶行知曾写诗道："发明千千万，起点是一问。"人常言"宗教始于信仰，科学始于怀疑"，消除了质疑，后续的创新就不可能生长起来。

制度上包容创新的过程支撑是需要建立任何人都不能例外地对他人的尊重，尤其是，有一定权力的人不能不尊重他人，不能不尊重其他研究和教学人员的劳动、见解和基本人格,不能不尊重他人的专业积累,不能指望他人的专业积累在自己的名下"结穗子"。而是要容忍差异,甚至容忍与自己意见相反的人,不用俗见衡量他人的创新之举,不能用功利大小衡量创新的价值,也不用个人喜好去为尚未确认的创新"戴高帽子"。

制度上包容创新的终端出口则是规范、精准的专业评价。没有经过规范、精准的专业评价,就不能轻妄地给某一件事下创新的判断。

有了容纳质疑、尊重差异和专业评价,才能疏通一个研究机构和大学的创新通道。

长期以来,作为行政机构附属和复制的大学和研究机构,由于其中存在过多的不能质疑的非专业权力,从而使得众多创新胎死腹中;由于一些人掌握了权力就急于自立门户,不顾自己学术见识深浅地采取任务模式指使他人,高强度多任务的模式对创新能力造成严重损害,使少量残存的创新难以生根发芽;再加上评价的不专业,使极少数接近完成的零星创新泯然于平常之中,反倒让那些无节操的人以各种课题负责人、单位领导人的名义"借鉴"、收割他人的创新成果。

在现实中,包括一些握有学术重权的人在内的不少人,不以此种违背学术道德的事为耻,反而暗中钻营,伺机获得一杯羹。正是这样的体制环境和有此种心理的人共同存在,并相互作用,才导致中国大学和研究机构的创新所需要冲破的阻力层大大加厚,众多人在这种环境中失去了创新的欲望,创新意识和能力逐渐退化,这是中国优秀原创产品严重匮乏的根源所在。

用实证回应质疑是维护创新的恰当方式

任由质疑为质疑,并不一定就能走向创新。简单、武断地消除质疑,或不允许质疑也不能走向创新。

若想实现创新,应对质疑的就不能是行政指令、封锁、打压、删除或武断否认,而是实证。实证是从质疑到创新的艰难却有效的过程。实证就是对质疑的事通过观察、实验和调查各种途径搜集证据,或摆出事实进行证实或证伪的过程,然后再依据实证的结果去行动。

　　实证的方法早期主要用于自然科学研究,法国哲学家孔多塞(1743—1794)、圣西门(1760—1825)、孔德(1798—1857)倡导将自然科学实证的精神贯彻于社会现象研究之中,主张从经验入手,采用程序化、操作化和定量分析的手段,使社会现象的研究达到精细化和准确化的水平。虽然这种提倡至今已近两百年,但中国大学和研究机构里还十分缺乏实证方法的理解和运用,不仅在学校管理、评价,社会现象的研究中严重缺乏这种方法的运用,还导致这些领域几乎与创新难以接触。即便在自然学科,实证的方法也还没有深入普遍的运用。

　　用实证的方法回应质疑,质疑方、被质疑方或者涉及质疑的多方需要站在平等的基础上进入实证过程,不能以行政级别高低、学术资历深浅、管理者与被管理者、出资人或被资助者,或其他各种理由将质证双方或多方置于不平等的位置。最终的判断依据是证据和逻辑,没有完整确实的证据,不符合逻辑就应该毫不犹豫地被否定,不应留下"中间地带"和"灰色空间",不宜在权力或利益的驱使下设置缓冲空间。这样的实证过程不断地发现新的现象、新的规律,就必然是个不断创新的过程。

　　观察当下高校和研究机构,能够用实证的方式来回应质疑的还很少,不少人还缺少这种理念,也不熟悉这种方式和途径,从而导致真实的创新在这种环境下难以发生。而大学和研究机构要担当起万众创新的领跑者责任,就必须不断努力,逐渐朝着建立经得起质疑,也经得起实证的管理、评价机制的方向努力。

　　用实证回应质疑远比采用简单否定或删除的方式要"费力"得多,也会让一些当事人感到"为难";然而,它对高校和研究机构的发展后效要优良得多。简单否定或删除质疑只会导致对抗或内部的冷战;用实证的方式则可以通向多方形成共识、和解,不断证伪并抛弃那些落后的东西,进而营造更有利于创新的学术氛围,推动一个学校和研究机构的良性发展。

　　创造质疑与实证相互回应的空间,彻底消除无意识的抄袭、模仿,迎来真实的万众创新的当务之急就是彻底检视现有的大学管理与评价体制,消除学术机构中不受质疑的权力对创新的阻碍,更多采用实证的方式回应质疑,拓展对创新的包容空间,让真创新生长起来,去甄别、战胜伪创新。

教育家办学需要适宜的制度环境*

自从温家宝总理提出"要提倡教育家办学"以来,关于教育家办学的话题已有不少讨论,一些地方和部门还将推进教育家办学作为工作要求。然而,对怎样才能实现教育家办学至今仍缺乏深入的探讨,收效并不显著。

就这个问题的提出来看,说明中国当前亟需教育家却又缺少教育家,教育家办学事实上是因为缺失而引发的呼唤。那么,是什么原因导致教育家缺失呢?是没有先天就具备教育家素质的人吗?显然不是;是相关的师范院校培养不够吗?也不能成立;是现在的教育从业者都不想成为教育家吗?这也与事实不符。有人认为新中国要出现全国知名的大教育家很难。一是校长都是国家任命的,到点就退,换得太快,搞不了一辈子,难以成气候;二是都是公立学校,学校实行集体领导,一个人说了不算。个人的价值难以体现,很难有什么个人作为。这种看法似乎反映了一些真实状况,但还是只看到了问题的表面,深层原因在于现有的教育管理制度与教育家的个性特征及其存在的逻辑、价值、成长过程存在一定偏差。

一、学校需要依据自身的特性和内在逻辑管理,在这种管理制度中才有可能出现教育家

比较长的时间以来,学校管理的逻辑起点虽几经变换,却都是一些比较抽象的概念,并且以工业化、行政化、政府包办的模式,沿着政府发文

---

* 本文发表于《中国教育报》2011年3月22日。有改动。

件，行政部门发指令，行政领导提要求，实施统一的教学计划安排师生活动的路径对学校进行管理。在这种大一统的管理中，评价看重大一统的考试分数，资源分配也奉行大一统，政府与学校间以及学校内部责任权利既无分明的边界，又不统一，没有明确的责任主体。

  在一个责任权利关系不明晰的社群里，任何人的存在都没有特定的价值承载，张三、李四、王五在其中都是等同的，于是就缺少产生教育家的逻辑起点。

  改变这种现状的支点之一就是将学校的管理建立在一个具体而非抽象的基础上，这个具体的基础就是学生成长发展的真实需求，教师依据学生成长发展的真实需求以及其天性和志向设计教学计划，校长再依据师生需求确立教学计划，同时考虑社会需求与政府要求来确定学校的定位及办学理念，为学生的成长发展服务。唯有如此，学生的主动性和创造性、教师的自主性和创造性才能得到充分发挥，学校才能办得更加有效、更加有质量，教育内在规律才能为更多的人所遵循，在这样的逻辑基础上才有可能产生教育家。

  简言之，学生成长发展需求是学校管理制度建立的第一依据，社会需求是其第二依据，政府的要求是其第三依据。将第三个依据当作第一个，则不仅不能培养出优秀的人才，也不会出现教育家。学校需要依据自身的特性和内在逻辑管理，在这种管理制度中才有可能出现教育家。

二、推进教育家办学的一个基本前提是教育管理制度能够容纳教育家的存在

  教育家是一种什么样的存在呢？从内在品质看，教育家必须具备以下素质：一是博爱之心，执着地爱学生、爱教育工作、爱人类未来的发展；二是独立思考和不懈求新，教育已经是数千年的专业工作，不能独立思考和创新的人是难以成为教育家的；三是有从事教育工作的专业潜质，能敏锐地发现教育问题，并以独特的思考和行为解决问题。有了这三种品质，

就会在外部条件许可的情况下产生诸如教育思想、论著之类的结果。如果一种管理制度以分数之类的"硬杠杠"卡住教育工作,如果以行政命令限制独立思考,如果以既有的条条框框阻止求新,如果以既有的规定限制发现和解决问题,那么这样一些特性的制度设计都是阻止教育家品质得以表达,阻止教育家存在和发挥作用的制度性障碍。

一个真正的教育家,还会具有以下特征:独立之人格精神,自由之思想理念,独到的教育实践。他善于调动一切资源,使用一切手段,整合一切教育元素,使教育得以高效显著的实现。他能兼容并包、独立思考、博采众长、自成一家,具有契合时代与社会的教育思想,前瞻性的眼光,系统的办学思维,而不只是在行政口令下执行教学管理,亦步亦趋地照着大纲完成进度和知识传授,训练高分学生。

任何一种不能容纳上述价值追求的存在,或试图将上述过程格式化的教育管理制度都是不适宜于教育家办学的制度。或者说:教育家办学需要必要的外部条件,教育家就像一粒种子,要顺利地发芽生长,就要有适宜的环境、生态条件、养分和空间。其最为关键的外部环境就是教育管理制度,这种制度需要能够保障办学自主权、自主思想空间、多元自主的评价得以实施、获得法律保障的资源的手段(法人),以及学校内部以人为本的管理体系;另外,需要学校之间公平且能适度竞争的社会环境。

三、真正教育家应该有能力整合学校、家庭和社会资源,带动教育模式的创新和社会风气的转变

教育家办学并非静态的存在,而是一个过程。教育家的成长是一个过程,教育家办学也是一个过程,现有的学校管理制度在一些关键环节让教育家难以成长,也让教育家寸步难行。

例如,教育家成长过程的关键在于独立思考,并能依据独立思考所得自主实行教育教学。然而,现有教育管理体制不只是以统一的标准评价学生,也以统一的标准评价学校,统一性要求几乎存在于教育教学的各个

环节,这样就使得真正的教育家无计可施。再比如,教育家办学不是校长一人说了算,而是要以适合教育的方式去推进师生参与、民主决策、公开监督、明责分权,而这些在实施的过程中都会遇到现有体制的障碍。

事实上,教育家并不一定就是校长,教师也可成为教育家。然而,在现有学校管理制度里,师生自主的空间过于狭小,师生自主学习和教学的过程受到挤压,不只受到校外行政部门对办学的过多干预,还受到校内相关管理部门的限制。如果真的期望教育家出现,就要创造教师能够自主教学、学生能够自主学习的社会环境,否则就不可能出现真正的教育家。

真正的教育家,应该有能力整合学校、家庭和社会资源,带动教育模式的创新和社会风气的转变。也只有这样,教育家办学才能赢得更加广泛的支持,实现可持续发展,获得社会的认同。只有建立并理顺学校与社会的关系,确立教育工作者作为社会人的地位,才能结束教育工作者在一个相对封闭狭小的环境中工作的状况,才有可能让他们直接感受到社会对人才的真实需求和具体要求,才有可能不失真地生成人才培养目标,才有可能生成亲身感受到的而非教条的责任感,才有可能形成人才培养的良性循环路径。教育家就在教育既能充分运用社会力量,又能有效服务社会的过程中产生,没有这样的过程,或这样的过程被割裂,或其中的某个环节中断,都不可能出现教育家。

四、现代学校制度将校长从"官本位"枷锁中解放出来,定位是职业教育家,而非行政官员

当我们谈到现有学校管理制度存在问题的时候,人们自然会想到历史上不是出现过教育家吗? 确实,从历史上看,凡是学人能够自主的时代,出现教育家的概率就高;学人不能自主的时代就不会出现教育家。曾经出现的教育家是由于那个时代对学校的管理还不那么严格,从而给了教育家较大的自主空间。而时代在向前发展,教育作为一项专业的工作也在向前发展。教育管理的制度也需要不断完善,在这样新的条件下实

现教育家办学的关键就在于建立现代学校制度。

现代学校制度主要是处理学校与外部、内部各种关系的一种规范体系。其核心是依法自主办学。转变政府职能，实现管、评、办分离，恢复学校的办学自主权，实行民主与科学管理。其基本特征是自主管理、政校分开、权责分明。其核心功能是确立学校地位、协调学校外部关系、规范内部组织及成员行为，以及保证学校更有效地履行其使命与理念。

现代学校制度关键的四个维度是：依据人的成长和知识增值的逻辑建立起的学校管理制度；依据法律保障的制度，授权与问责相结合，决策与执行相分离，使师生有责有权；依法民主管理学校，明晰学校与政府的法律关系，由教育家办学；规定的学校办学自主权应得到政府行政部门的尊重。

依据现代学校制度，校长应由师生及教育相关方，通过一定程序遴选和管理、监督产生，而不是论资排辈；选择方式是公开透明、多方参与，而不是少数领导人内定的，不能由政府主管部门闭门操办。有严谨的选择程序才不会出现任人唯亲，从而减少校长任命的随意性，增强校长的民意基础和权威性，使校长办学更关注教育规律与学术规律本身。唯有如此，才能够招募到真正的有识之士当校长，才有可能是教育家办学。

唯有在现代学校制度管理之下，校长才可能集中全校师生的智慧，才可能更加关注学生成长发展的需求，才可能依法办学、民主管理，才可能独立思考，形成各自独特的办学理念，而不会瞻前顾后随大流。

现代学校制度将校长从"官本位"枷锁中解放出来，定位是职业的教育家，而非行政官员。现代学校制度就是要把学校建成知识分子真正可以安身立命的心灵家园，打破计划体制，实现学校平等竞争；保障教育者和受教育者的权利，完善校内的民主管理；真正落实服务学生成长和发展的策略。

教育家办学需要有越来越多的人从我做起，教育家首先需要有"尊道抑势"，以人类为己任的大胸怀，终生不辍的求索和行动，要有长远的发展计划和经历艰辛的准备。解决眼下学校管理制度问题的唯一办法，就是要有越来越多的人联合起来做"集体的陶行知"。

向更好教育改进
EDUCATION

"互联网+教育"还是"教育+互联网"*

2016年3月底,一则在线教师时薪1.8万元的消息引发社会关注,人们在感到互联网的巨大力量的同时,每一个教育当事人都意识到,如何与互联网相处正成为教育不得不直面的现实问题,已有的学校、教育机构和管理部门如何应对互联网也成为决定其自身未来状态的转换关键:选择得当就会给自身开辟宽广道路,选择不当就会让自己的路越走越窄。

在"互联网+"的涌动中,教育已成为其中的一个加数,于是有了"互联网+教育"一词的流行。与此同时,有人对这一说法提出质疑,认为相对于教育的特质和互联网的特征,"教育+互联网"的提法更能准确地反映教育与互联网的关系,更有利于在线教育实践和相关产业的发展,更有利于深刻、理性、健全地促进教育与互联网结合,更有利于教育当事人或社会成员利用教育和互联网服务来更好地成长发展。

1. "互联网+教育"靠谱吗

"互联网+"的兴起,最初集中在经济学领域,从"互联网+企业""互联网+产业"到"互联网+智慧",实现各行各业所有内容数字化并融会贯通,这一期间它的使用是相对得体的。

后来"互联网+"的说法几乎被不加区分地运用于任何对象,成为万能的词语添加剂,就有问题了。仅教育领域内,除了"互联网+教育",还有人开始使用"互联网+早期教育""互联网+职业教育"等,以及"互联网+课程""互联网+学校管理""互联网+教育评价""互联网+教学"……

---

* 本文发表于《光明日报》2016年4月19日。有改动。

这些过于随意的表达显然不够严谨,也很难有确定性和确切的内涵,需要依据语言实践的真实需要和汉语的规则加以规范。2016年政府工作报告两次使用"互联网＋",一次使用"＋互联网",说明根据实际选择使用哪种组合是必要的,也是可能的。

就以教育而言,人类社会几千年来经历过多次重大的环境、工具的变革,每一次新工具的发明对人类发展都是影响巨大且关键性的,对教育的影响也是十分巨大的。而教育作为一个行业或专业,它的连续性始终保持着,而且有着较为严密的组织结构,外在环境和各种因素的影响就如同给一株千年古树施肥,依据树的性能、需求和机理去施肥,就能让它枯木逢春,这就是"教育＋互联网"思路;以相反的方式,"互联网＋教育",以一张网的方式把这株古树罩住,或用堆土的方式把它掩埋,就可能把它闷死,或是罩住或是掩埋了很长时间,两者之间也未发生实质性关系。互联网这一新工具的影响只是比历次更为迅速普及,作为一种工具来说与前几次没有本质的差异。

教育是以人为工作对象和主体的,不同于经济和其他以物为对象的领域,在工业、商业等其他领域或可以用"互联网＋",运用到教育领域时应慎重对待。

2."互联网＋教育""教育＋互联网"等值吗

有人或许认为依据加法的交换律,两个加数相加,交换加数的位置和不变,进而得出结论:"互联网＋教育"与"教育＋互联网"是等值的。但是,由于这里相加的不是两个数字,而是两个社会实际存在的实体体系,是个融合的过程,位次排列不同导致的效果差距其实很大。

选择"互联网＋教育"还是"教育＋互联网",既基于互联网的特征,也与个人的主观选择相关,其根本性的差别在于主动加还是被动加。选择"互联网＋教育"就是把互联网当作操作系统,当成社会以及教育建构的要素和系统力量,依照这种全新基础,依据互联网法则重新统合社会以及教育的运作和管理模式,这种选择实质上不仅是困难的,也是不现实的,难以体现教育的精髓。经过人类社会数千年的发展,教育是包含哲学理念、组织实体、方法体系、内容范畴等多层多面多主体的存在,以"互联网＋教育"的思路寻求两者的结合,加什么、怎么加依然是一片模糊。

选择"教育＋互联网",就意味着把互联网当作传播工具,延伸现有的教育影响力和价值,原有的社会与教育也需要随着互联网发生巨大的变革,但教育的基本逻辑没有根本性改变。由教育当事人自主选择要"慕课"还是被"慕课",是否选择"翻转课堂"以及谁在翻转、如何翻转,站定教育立场,明了需要什么,以人的天性为依据而非用互联网去改造人的天性,以学生有没有学到什么或学生学得好不好为标准进行选择和结合,方能实现人的健全发展。

如果选择"互联网＋教育",还存在作为操作系统的互联网由谁建造、由谁掌控的问题,最终走向单一标准的最优存在,次优被淘汰,从而导致教育丧失多样性。"互联网＋教育"与"教育＋互联网"孰优孰劣,可以通过以下几点来分析:

首先,从互联网与教育的关系看,无疑教育应该是核心,互联网只是技术和辅助工具;教育或者说人的成长发展是目的,用于教育的互联网是手段;教育是需求的源头,互联网是更为迅速便捷地保障供给的技术条件。若把互联网作为核心,教育只是附庸产品来做,不只曲解了教育,也难以有效满足教育当事人对教育的需求。

其次,从与人的关系看,没有互联网之前,人类就有数千年的教育活动,教育与人已经形成了关系牢固的伴生关系。互联网一产生便与人产生了亲密关系,这种关系相对于教育与人的关系而言,是后生的。用"互联网＋教育"就意味着要在后生的、尚不稳固定型的关系上加上先前已经稳固定型的关系,这必然产生关联的虚点和盲点,出现众多的不顺;"教育＋互联网"则是在一种稳固关系基础上建立新的未稳固的关系,紊乱的概率就会大大降低。

需要承认,互联网本身确实会更新人与教育的关系,互联网成为人与教育之间的新媒介,使原来必须要师生在特定时空进行的教学转变为可以较少受到时空限制,有了互联网的教育更加关注互动,互动性的教学体验使教学过程智能化、舒适化。互动的主体依然是人,网络仅是媒介,从逻辑上说是人为了教育的目的而利用互联网,其相加的次序也应该表述为"教育+互联网"。

从方式上看,"教育+互联网"是一种从根上施肥的方式改变教育,而"互联网+教育"则类似于一种从叶上施肥的方式改变教育。后者能改变的是教育的表面,前者则能深层、系统、渐进地改变教育,从两种效果来选择,结果不言而喻。

在实践中,目前多数人一直以"互联网+教育"而非"教育+互联网"的方式对待互联网与教育的关系,由此导致的是一些对教育知之甚少的人把教育与互联网的关系当作单纯的商机,以功利的心态强行侵入教育,或制造"解题神器"之类的工具,或干脆把传统的答案直接搬到网上,客观上对教育造成了不小的伤害。另一些从事教育的人士则以作壁上观的态度对待互联网与教育的融合,或者以违背互联网精神的方式在使用着互联网技术,将过去的"满堂灌"直接变成"满网灌",不顾学生使用互联网往往只是下载考题、复制论文和核对标准答案。

教育不能忽视新工具的发明与运用,同时又不能为工具所牵引而忘了教育自身,如果互联网使用者的教育思想理念没有改变,即便加上了互联网,也未必是教育的良性改变;教育从业者只有从精神上领会了互联网的精髓并依据教育的特性和需求使用互联网,只有当教育的理念更优化,以"教育+互联网"的方式与互联网结合,才能有效避免互联网这个"新瓶"装落后的教育"旧酒"。

3. "教育+互联网"更有利于人的发展和教育完善

联合国教科文组织将教育信息化的发展过程划分为起步、应用、融合、创新四个阶段。近些年来互联网硬件建设已基本完成,已进入信息技术和教育教学的深度融合和创新阶段,这个阶段重点要推动教育理念创新、人才培养模式创新和教学方法及评价方式创新。

使用哪种组合,语义的差别是一层,但不能仅限于对语义的讨论,还要看在实际生活中怎样才有利于人的发展和教育的完善。作为一个普通的人,当你面对教育和互联网的时候,怎样选择利用这两者的组合,合理而有效的方式当然是先选定需要什么样的教育,再确定如何利用互联网获得这样的教育,沿着"教育＋互联网"的方式使用,更有利于人的成长。

在"互联网＋教育"的思维下,出现了大量良莠不齐的互联网教育实体,2015年中国从事在线教育的企业数约为2400至2500家,专门从事在线教育的人员达到8至10万人,拥有数十万门在线教育课程,用户达到了近亿人次。这些在线教育企业如同蘑菇那样速生,也如同烟云那样很快消散,其原因当然有多种,但其中共性的原因是他们并不真正了解教育,采取了外科手术式的"互联网＋教育"方式,互联网并没有真正加到教育深层,多数仅是浅层的包装,而非内生变换的"教育＋互联网"方式发展。

稍稍做些调查不难发现,那些不了解教育的以"互联网＋教育"方式发展起来的企业总体上存续时间要明显短于那些以"教育＋互联网"的方式发展起来的在线教育实体。只要你的教育做得好,能切实解决用户的问题,加上互联网就能够如虎添翼,不加互联网也能保证生存;如果你的教育做不好,加上互联网也未必就会好到哪里,很可能加速灭亡。就是说"互联网＋教育"本身在一定程度上误导了资本和在线教育,走进"教育＋互联网"才能良性复归。

沿着"互联网＋教育"的思路,很多企业将关注点放在了搭建教育平台上,而忽视了内容的创新与完整性,导致其产品课件和试题重合率极高;忽视了教育需求者的真实需求,一部分教育产品只是在用"炫酷"的技术做表面的"先锋实验",并没有针对教学效率与质量提高提出相应的对策,严重脱离了教学实际;或对线下教育进行简单复制,以为把它们放上互联网就必然优于没有互联网的教育;或过于简单地认为互联网必然倒逼教育变革,必然带来更公平、均衡的教育,有移动终端就可在任何地点上网选择各自喜欢的课程学习。

从"互联网＋教育"转向"教育＋互联网",要从转变教育理念、态度开始,让教育积极主动地去加上互联网。

从历史发展看,教育总体上是每个时代相对保守、封闭的社会构成,而互联网却是当下社会技术和理念传播的前沿,是开放的。一些人担心,"教育+互联网"是否会在实践中拖整个社会前行的后腿,甚至认为,"教育+互联网"是在传统教育基础上嫁接互联网,教育行业传统思维占据主导,无论技术、人才,还是运营管理等都与互联网特质相去甚远,产业升级速度缓慢。"互联网+教育"才能使互联网思维占主导,颠覆以往的教学主体、教育模式和运营思路,并对传统教育体制产生倒逼作用。

实际上,这种希望通过互联网对教育做"颠覆"的认知,本身就是有问题的,岂不知唯有将这部分力量激活,转化为积极主动的力量,变革才是理性和良性的。

以"教育+互联网"的方式推进实践,强调的是教育内部变化的重要性,而不仅仅是有了互联网技术就意味着先进,需要切实以学生发展为本,依据互联网技术所能提供的新的可能性,遵从教育自身发展规律,灵活运用互联网思维,积极主动地在教育哲学、教育教学理论、教学模式、课程内容、学习方式、评价技术、教育管理、教师教育、教育环境、家庭教育、社会教育以及学校组织等多方面谋求变革,而非被动地成为互联网的拖曳或补丁,从而实现对整个教育生态的重构。

在具体的教学中,"教育+互联网"不是要沿袭教育的保守和封闭,而是要教育当事人积极主动迎接变化,尊重每位学生的个性特点,参与到开放、互联、互动的多元建构中,利用信息技术支持学生真正意义上的差异化学习,实现每位学生的个性化健全发展。

4. "教育+互联网"的管理应对

互联网用于教育亟须教育的管理变革,这种变革的关键在于行动要依据互联网特性、符合互联网精神。

从不同角度看互联网可以得出互联网特性的不同表述。从管理角度看,平等、开放、互动、共享是其主要特征,而传统的形式化或制度化学校以及其他教育机构都相对比较封闭,难以共享,互动性不够,也存在等级性。这种等级性不只存在于师生之间,还存在于管理者与被管理者之间。互联网在一定程度上实现了师生之间相互选择,管理与被管理者之间相互选择。其结果是不当的教学会使学习者远离而被淘汰;不当的管理会使被管理者逃离而被淘汰,因此教学、管理乃至评价更接近于多方协商而达成共识,形成共同认可的规则,并遵循共同认可的规则。

从符合互联网精神的角度看,服务是互联网的基本精神,从管理角度看,实现由管控到服务是"教育+互联网"在管理上的本质性转变。

有鉴于此,"教育+互联网"需要整体更新管理理念,让各方以开放的心态,平等参与规则制定,共同维护互联网教育良好秩序。同时依法对互联网进行管理,避免非专业话语对专业话语的"绑架"。

对中国教育"均值"与"方差"的观察可信吗[*]

一年前,在一次讨论会上遇到钱颖一先生,当时他说中国教育严重而普遍的问题是短期功利主义,对此我高度认同。由于我俩都曾学过数理专业,在思考问题的方式上有不少相同之处。

近来,各种渠道传来钱颖一先生对中国教育的"均值"与"方差"的观察,初看觉得这种观察有新意,深入思考便觉得这一说法很难立得住。就如同本人也曾经试图列出函数关系式,建立教育场论,用能级跃迁解释人和人群的成长发展,后来长期琢磨,觉得要做到像钱先生那样形象描述一下还是可以的,但由于难以建立普适的规范,又缺少实证的基础,再三考虑觉得还是不能生搬硬套。

一、依钱先生的思路,您所说的"均值"和"方差"的具体变量是什么

如果进行纯数据计算,当然可以就一组无具体变量的数据做均值和方差的计算;当你用它来测评一个具体对象时,用来评价教育的状况时,就应该有具体的可通过实测获得的变量数据。比如一组学生依据某个量表测得的记忆数值,可以做均值和方差计算以了解其集中与偏离趋势,再

---

[*] 本文发表于《光明日报》2015年3月24日。有改动。3月17日,《光明日报》头条刊发清华大学经济管理学院院长钱颖一的文章《中国教育问题的"四大特点"》,从"才"与"人"两个维度指出中国教育问题呈现出的显著特点,即在"才"的维度上"均值高,方差小",在"人"的维度上"均值低,方差大",并围绕"人"重于"才",教育既要"教"更要"育"的理念,以清华大学经管学院的"四大行动"为例,提出解决问题的具体办法。文章刊出后,迅速引起了教育界乃至全社会的广泛关注和热议,围绕"均值"与"方差"的讨论不断发酵。笔者向《光明日报》独家撰文,就"均值"与"方差"的实证基础提出质疑并与钱先生商榷。

如平均速度、平均身高、平均产量、平均成绩，等等，都是有具体可度量变量才言之有物。而钱先生在多次讲到中国教育人才的"均值高、方差小"和中国人素养"低均值、高方差"时均未提到是对哪个变量统计得出的结果，或用什么测量工具（量表）测出的数据。比如说中国教育在知识能力培养上"均值"高，这个均值是什么变量的均值？人才水平"方差"小，缺少拔尖者，又是什么变量的方差？在没有变量、没有变量测量数值的时候就得出它的均值高、方差小能站得住脚吗？所能见到的仅是举例，均值和方差的值恰恰不能建立在举例基础之上，对人才和素养的评价也不能在没有经过数值测评的基础上就得出均值和方差的结论。

二、钱先生所说的方差和均值是否有实证调查统计依据？多大范围，多少样本？直观观察怎样得出均值和方差

钱先生一面强调"由于我并没有受过教育学系统训练，所以不熟悉教育学的方法和分析框架，不过我是教育实践者，我想从直观的观察开始"，您所讲的观察是您几个阶段的求学和执教经历，它们留在您脑中的主要是表象，而您说出的结论却是需要测量、统计计算才能得出的"均值"和"方差"，一般人很难按数理统计的规范理解中间的依据何在。既然用了数理统计的"均值"和"方差"，那么样本从何而来？在多大范围内选取的样本？如何抽样，选取了多少样本？就以所举国际学生测评项目（PISA）中上海学生在3个科目（阅读、数学、自然科学）都名列前茅的表现能说明全国的情况吗？同样，中国友谊奖获得者、经济学者罗斯高（Scott Rozelle）在中国工厂里对年轻工人用小学五年级水平的试卷进行考试表明："有60%的人数学不及格，有70%的人语文不及格，英文就更不用说了。"而所测这些工人大都是有初中毕业文凭的。您将中学生学业测评成绩当作社会人才状况的判断也不够准确。数理统计当然可以进行推断或预测，但前提是要有测量数据。

从本人长期实地调查的情况看，由于农村学生基数大，难以开足开齐

课程的现象还比较普遍,学的内容和方法都过于刻板,若以初中毕业生为对象测量中国学生掌握知识的情况,其均值未必就高到哪里,钱先生用自己经验观察到的例证和上海这一不到全国学生总数5‰的局部区域的情况就对全国的教育状况下判断,也是有着很大风险的。

三、"人"和"才"能否找到可信而又通用的一个标准变量进行数值测评

钱先生做出这样的判断背后还有一个假定,就是全国范围内的"人"和"才"都是可以找到一个变量加以测量评估的,至少是"人"可用一个变量测量评估,"才"可用另一个变量测量评估。如果不存在这样的变量,也就得不到它们的均值和方差。

由于中国高考长期用加总分的方式评价一个学生,给不少人造成一个极为严重的误解,认为所有人都可以用某一个分值准确地与他对应,或者说存在一个普适的标准可以准确无误测出各种各样人的才智高低,并得出一眼就能看清的数值,其实这是特大的误解。加总分严格讲逻辑就是混乱的,一个人在数学上的得分与在语文、英语等其他科目上的得分是不等值的,把它们简单相加实质上就是把 2 只鸡加 4 条鱼加 5 头牛,单位不一样,却得出个总数;同样,一个人在一次考试中得了 20 分与另一个人在同一次考试中得了 90 分,他俩所得分数的每一分的分值也是不等的,用这种加总分方式的分值计算均值和方差在数理逻辑上也是混乱的。

再从人的天性而言,在人类进化中,不同人的智能类型是不一样的,想比较真实地测出人的智能或其他特性,就必须依据人多元智能的天性使用多元的测量标准测量,不同标准测出的数值是不可比的,也就不能相加,不能求平均值,也就没有对所有人适用的方差。如要用一种可测变量测量所有人,也可算出均值和方差,比如用测艺术能力的变量测所有人,对那些没有艺术特长却有其他特长的人而言,这样所测得的数值根本反映不了这个人智能状况的全貌,这样所测得数值既不能说成是"人"的均

值和方差,也不能说是"才"的均值和方差。

　　一百多年前比纳和西蒙设计智力量表时就希望能通过一个数值测出所有人的智能高低,但至少在现有的科学发展水平上还找不到一个可以同时测出各类不同人才的"人"的变量和"才"的变量。或者依据现有对人的认识,可以说从逻辑上分析不可能存在这样一个可测变量。

　　钱先生一边赞赏中国大规模的基础知识和技能的传授很有成效,使得中国学生在这方面的平均水平比较高;另一面又批评中国学生缺乏好奇心、想象力、批判性思维能力。您所赞许的部分正是导致您所批评的现象产生的原因,所赞所贬是同一硬币的两面。

　　正如钱先生自己所言,"我们的教育扼杀潜在的杰出人才",其过程就是用统一的标准要求所有学生,用一致的内容教所有学生,用灌输的方式教所有学生,花双倍的时间和精力学固定的知识点和标准答案,从而使得学生没有自主性,形成被动人格,大量做题,错过了在十四五岁立志的关键期,大多数学生考得高分而失去了学习的兴趣。钱先生却"觉得这是中国教育的一个重要优势,是其他的发展中国家,甚至是一些发达国家都望尘莫及的"。

　　而有的国家更加尊重孩子的天性,不做过于同一刻板的要求。比如就数学而言,不感兴趣的可以少学,腾出时间和精力去学自己感兴趣的内容从而在那方面超出别人;有天赋和有兴趣的高中生所学数学则远远超过不少大学生的数学水平。每个人依据自己的天赋发展,虽则每个人的发展是不平衡的,但最终总体上成才的概率较高。不顾人的天赋,不遵从人成长的规律要求所有孩子同步前行,必然有一些学生觉得太慢、天赋未能充分发挥,另一些学生被拖着走又觉得太累,还有一些学生感到没有时间和机会发展自己的天赋所长,大家都不能发展好,整体的成才率自然较低。

　　这也正是钱先生所说的好奇心和想象力部分来自天生,"正是我们的教育把人先天的好奇心和想象力扼杀了,加上学生的批判性思维能力得不到培养,学生怎么可能有创造力"?

　　明了上述内在机理,难道还需要对这种通过违背人才成长发展规律的教育方式获得的暂时性学业"高分"点赞吗？就以中国学生的"平均水平较高"而言，那是知识测试得分高，大量事实表明并非动手能力强、实践能力强，也不是独立思考能力强，更不是创新能力强，您也"不否认中国缺乏创造力、领导力、影响力"，由此得出中国学生在"才"的方面均值高，显然也是缺乏充足依据的。

行政手段能解决省域高教资源均衡问题吗*

7月14日,《光明日报》发表河南大学规划处宋伟的文章《怎么解决高教资源省域布局不协调》,该文列举的国内高教资源分布不协调的状况符合事实,但该文提出的主要通过规划和行政手段解决省域高教资源不协调和不均衡的问题,则未必是行得通的良策。

一、行政规划手段只是有条件使用的手段之一

在解决高教资源分布问题上,行政和规划的手段可以使用,但它的使用是有条件的,使用的效果也具有不确定性,使用的投入与收效之间往往难以等值,甚至得不偿失。

从最近一百来年的历史看,使用行政权力调整学校布局的行动主要有两次:一次是因日寇入侵,中国政府不得不将大量东部的高校西迁,其中影响较大的是在抗战后期,国民政府下定决心把从西北联大分出的西北工大和西北师大等一些高校留在西安和兰州。现在看来这一决策确实高瞻远瞩,但它在实施过程中的阻尼效应不可谓不大。而西迁的西南联大及其他院校,迁居当时对迁入地文化教育有影响,但回迁后影响就不大了。

另一次是1955年到1957年,政府将沿海的高校内迁到中西部地区,也调整了部分高校的院、系、专业设置,以改变高等学校过于集中在大城市和沿海地区的状况。上海交大迁往西安最终分出西安交大就是这次调整的结果。

---

* 本文发表于《光明日报》2015年9月29日。有改动。

同样,这次调整在对西部高等教育资源发生影响的同时,也造成了一些不可忽视的问题。依照这样的调整方案,广东等沿海地区的高等教育受到严重削弱。以1946年为例,广东人口占全国的6%,但各级学校数和在校生数均占全国总数的10%左右。到了1977年,广东教育却低于全国平均水平。1980年后,广东作为经济改革试验区的政策使得经济迅速发展,带动了广东高等教育的快速发展,1990年,该省普通高等学校本、专科在校生比1980年增加117.8%,招生增长206%。1997年,广东省普通高等学校数位居全国第11位,在校生数位居第6位,招生数位居第5位;成人高等学校数位居第4位,在校生数位居第3位,招生数位居第4位。说明广东的高等教育虽经历过行政干预的削弱,几十年后又在非行政干预的条件下迅速发展起来。

1955年的调整改变了中国内地高校布局,但同时拉大了中国高等教育与世界高等教育之间的差距。如果当下仍要执意对国内的高等教育进行貌似"更加公平""更加协调"的布局调整,则仍然可能忽视高校发展的内在规律,忽视高校自主性,忽视高校对自身发展环境的适切性选择,极可能迫使高校转而走向局部区域粗放、被动的规模扩张之路,再次拉开中国大学与世界其他优秀大学之间的距离。

上述历史表明,大学的生存和发展有其对环境特殊的需要,在不具有使用行政规划手段的条件时,不能贸然使用行政规划的手段改变高校的布局;使用行政手段改变高校布局之后,依然是那些具备较好的高校发展条件的区域的高等教育在较短时间迅速发展,并超过条件较差的区域的高等教育。而在不具有发展高等教育的社会环境中通过计划和规划的方式发展高等学校,也只会是低效缓慢的。至少在一二十年之内,中国不具备采用行政手段改变高等教育资源布局的条件,需要理性处理和对待一些地区和省份的这种不切实际的期望。

二、改善当地的高等教育生态环境才是长久之计

以河南为例,历史上河南大学就曾处于全国大学的前列,后由于战争

南迁苏州受到一定影响。1949年后由于受极"左"思想影响和行政权力的干预,河南高等教育发展的环境极度脆弱。1968年还发生了中国科技大学与河南擦肩而过的事,说明造成河南处于高等教育谷底确如宋文所说的是历史原因,但宋文所说的历史原因还太抽象,甚至有些误导为仅仅是中央布局造成的,而忽视了当时当地缺少高等学校发展的社会环境这一极为重要的因素。

实行开放政策之后,依然是在行政权力制约之下,河南省政府面临着发展河南大学还是发展郑州大学的两难处境,两校之间为了争夺资源影响了发展,这正说明在行政权力的框架之下,各个大学发展的机遇都受到影响。指望通过计划和规划的方式调节不同高校的发展对所涉及的高校都只能是双输而不可能是双赢,政府不能再做这样的傻事。

由此看来,解决省域高等教育资源布局问题,在一定程度上与规划布局存在相关性,而更为关键的因素是当地是否创造了适合高校发展的社会环境,政府放权高校自主发展是否到位,是否真正积极推进了高等学校管理制度改革,建立了现代大学制度,在于当地与毗邻地区是否有制度优势,能否吸引更多的优秀人才。

所以在几年前的一次河南省高校领导培训会上,我就提出类似河南这样的省份高等教育发展的可行策略是在大学管理体制改革上采取快半步的措施,通过快半步吸引人才、资金,提升大学发展的水平,经过若干年的积累,自然能取得看得见的成效。

即便在美国,东西部高等教育资源也是分布不均衡的,但哪个州都不期望中央政府通过规划和布局来改变高校的分布。虽然美国西部的优质高校远少于东部,但在西部还是有优质高校存在的,西部的优质高校主要通过自己更能彰显学术自主的管理制度来吸引优秀人才,以保证自己的可持续发展,与东部的高校比拼,所以西部的高水平大学与东部的高水平大学在水平上不存在显著差距。

有人可能会认为,中国的高校就是政府分层管理的,分为部属院校和省属院校,不能拿管理体制完全不同的美国的高校作参照,就应该依据人口分布平均配置。这一期望如同削铁针头,因为这一体制的惯性就是集中资源而非均衡配置资源。依人口分配的要求正与其惯性相逆,几乎不可能实现。

有这种想法的人也忽视了优质高等教育资源的形成需要时间积累,短期内较难具有可移动性;另一方面,中国高校要发展和提升办学水平正需要改革的就是政府管得过多的体制,迫切需要实现管、办、评分离。在这个节点上,指望通过规划和行政手段改变高校的布局与整个大趋势就不协调。那种希望高等教育像基础教育那样均衡配置的想法本身就有违大学发展的内在规律。当年三江学院由安徽、江苏、江西三省财政出资建立,对学校建在南京,安徽和江西都没有异议,因为各方都认为南京是相对最适合的办学地点。而现在有一种坚持在各省设有同等级别的高校的观点,恰恰是一种小而全的条块分割的观念在作祟,只会把大学办小,不会把大学办大。

三、降低高校招生的计划性是破解优质高等教育配置问题的关键

虽然多重因素决定着改变优质高等学校分布的空间极为有限,但是,让这些由国家财政出资兴建的高校在面向全国招生上做到更加公平则是可以做到的,而且是应该做到的。宋文所谈的各种问题也汇聚到招生上面,而实现这一目标的关键在于降低招生指标的计划性,在更大范围内实现学校与考生的双向自主选择。

由于计划的分指标招生体制,导致不同区域考生进入国家重点投资建设的高校的计划相差几十倍,这才是真问题。

如果还用分指标的方式解决问题,或者说部属高校面向全国分指标,接着遇到的问题是谁来分,谁能把它分得各方都无争议,客观上不存在这样的人和机构;同时还必须考虑到每年的情况是变化的,不存在可以作为参考的一成不变的依据。

现实中可操作的办法,就是在招生过程中建立我已说了多年的"牛吃

草"机制,让考生与高校之间多接触,多了解,"谈恋爱",让高校与考生之间充分相互了解,自主判断,双向自主选择,自愿结合,更好地激发内在潜能,获得更好的发展。形成平等、尊重、和谐、发展的生校关系,从而增强学生自信心;让层次不同的高校自主通过专业团队程序化的判断,招收到自己所能找到的最优秀的生源,从而在整体上形成分层分类的选择,保证考试招生体系的公平公正性,形成符合人才成长的正向逐级提升的良性循环。

在此基础上,推进政府的教育财政投入跟着学生走,而不仅仅是看着高校给,从而提高教育经费使用的绩效,也就避免了各地高校的低效重复建设。

简而言之,大学在世界范围内并不是按照省份和人口均衡分布的,也很难找到哪个国家的优质大学按人口、地理区位或经济均衡分布。优质大学的存在和发展就如同大雁的生存和栖息那样,确实需要特定的环境,失去特定环境,大学就会失去其优质品格。采取计划或规划手段改变大学的布局这个思路并非解决问题的上策,同时,大学需要通过专业的招生机制来保障特定区域内生源的就学机会均等。这两个问题要分别解决,不能简单地混为一谈。

向非专业方式改进教育说"不"*

人类教育活动有数千年的历史,发展到今天,已成为一项非常专业的工作。教育在当今社会又是基本民生,如同穿衣吃饭涉及每一个人,所以社会公众对教育都有发表意见的权利。在公众对教育发表的各种意见中,一部分属于权利表达,一部分直接触及深层的教育问题,还有一些揭示了长期被蒙蔽的教育原理。

但是,民间未必都是高手,教育行业之外的发声者也未必都是高手。在当下多种话语并存的教育变革时代,一种历史上少有的现象是非专业的教育声音有时超出了客观、理性、专业的声音。作为专职的教育工作者,需要有兼听的态度,开阔的视野,更为重要和根本的是需要具备专业理性,以专业的方式把教育办得更好。

教育的专业性遇到非专业化挑战

如今,教育的专业性在社会上受到了挑战。这一方面与教育内部的教育观、教育管理、教育评价等一系列问题直接相关,另一方面,则是由于社会的进一步开放、网络的快速发展让更多人看到教育的问题,也有更多人能够参与到意见的表达中来。

进入"十三五","提高教育质量"成为教育领域的关键词。但是,长期以来,教育领域使用得比较多的反倒是行政话语,教育的专业规则、专业程序、专业机制未能有效建立。所以,当非专业意见铺天盖地的时候,教育严重缺乏有解释力的专业话语,遇到了非专业化的挑战。这些挑战主

---

* 本文发表于《人民教育》2016年第9期,众多媒体转载。有改动。

要有:

首先是一些教育改革"似进实退"。例如一些地方盲目追求学校设备的高档化,却对教师舍不得投入,或以行政命令的方式推行某种教学模式。诸多以改革名义推行的措施,其实是把师生当成道具,学生成长和教师专业发展的需求反而被忽视。类似的事件并不少。究其原因,是能够启动教育改革的往往是那些有一定行政权力却缺乏专业素养的人和机构。规范决策程序,充分发挥专业人员和专业性组织的作用是重要的化解之道。

其次是由于部分教育工作者缺乏判断能力,导致教育界"雾霾"漫天飞,影响着整个教育的专业水准。其中最为典型的是"心灵鸡汤",比如一味只强调快乐的"快乐教育",不注重提高学生道德判断能力的"感恩教育",不加分析辨别地推广"传统文化教育",不择手段地追求升学"北清率"。这些"心灵鸡汤"大多数比较煽情,有很强的感染力和吸引力,是教育里"穿着糖衣的慢性毒药"。

化解"教育雾霾"的关键在于每个人提高明辨意识。为了明辨,这里对"心灵鸡汤"做个界定,它的主要特征一是认为自己所说的是普遍适合的,没有明确界定的概念、对象、问题、时间、人物、事件;二是缺乏逻辑,经不起实证和推敲,尽管用科学的方法来分析一下很快就能识破其迷雾,但不少人不会使用科学方法去分析,从而导致自己一迷到底;三是意念先于事实,或者只有意念,没有事实;四是其意图是想敷衍、麻痹,而不是寻求真正解决问题。在"心灵雾霾"的笼罩下,教育就不能改进。

再次是肤浅流行。长期以来,由于许多人未能受到完整、系统的独立思考能力的培养,导致一些过于肤浅的东西流行,或者不少十分专业的东西以肤浅的方式流行。我自己做了三十多年陶行知研究,经常遇到一些人以陶行知的名义讲违背陶行知基本精神的东西,我还曾遇到一些学校说做了多少项课题,似乎已经是很专业了,深入一了解,发现那些课题仅仅是用来装门面、应付检查的,其实什么问题也没有解决。

最后是不断蔓延的倦怠。三十多年连续的实地调查使我切身感受到,当下教师的职业倦怠是比较普遍的问题。造成这种倦怠的主要原因是当下的教育管理和评价机制。简单地说,教师的主人翁意识越来越淡薄,遇事自己做不了主,育人的责任和权限不明确,成天充斥着被动的忙碌,再加上其他的社会压力。所以很多看起来很好的改革打了水漂,落实不下去。当下,急需对教师的减负和释放。

用专业的方式改进教育

从历史上看,做一件事的方式、方法常常决定着这件事的未来发展方向乃至兴衰。现实中,确实存在一些长期从事教育或与教育相关的人,没有甄别教育优劣的能力,也分辨不出哪儿是教育前进的方向,以讹传讹而不自知;此外,由于分科研究,不少人仅仅从某个专业的方向研究教育,窥一孔而不知全局,比如搞心理学的仅仅从心理学角度研究教育,做经济的仅从经济学角度研究教育,这样做有必要,但仅以这种方式研究教育还不够,所以十多年前我提出要用集成人学的方法研究教育,就是把所有研究人的学问集成到一起研究教育的某个问题,才能有效地去解决这个问题。

时下还有一种形式化的学术很流行,看起来所写的论文或报告都很专业,所要求的要素都齐全,发表在公认的核心期刊上,但仔细看下来,整个研究不包含尚未解决的真实问题,而是在堆砌文献,复述前人所说,这其实仅是有着专业外表的"伪专业"。

2014年我曾经向大家推荐了一个自己长期摸索的教育改进方法,即"想象+实证",简略表述其基本原理为:想象是教育的发动机,是动力源、思想源、营养源;实证是教育的控制器,是教育的免疫系统、保健系统。将这两者有效结合运用就既能创新,又能除旧,消除教育内部的教条、病毒。

这是一种专业的方法,这种方法能解决当下教育诸多实际问题,但要提醒大家的是,专业的方法并不是一种固定的模式,它需要依据教学双方的现状、需求、资源、目标等各方面因素确定具体如何操作,具有极强的个性化特征,整体上看它是兼容多样性的。但是保证专业的教育改进还是需要一些基本的要素,主要包括:

人员具有专业素养,这是当下制约教育专业改进的重要因素。有人甚至说教师是教育改进的最大阻力。但这种阻力的根子不在教师个体身上,而在不够专业合理的教师培养、选聘、管理、评价、退出机制上。一方面,有专业素养的教师难以引进;另一方面,即使是有专业素养的教师,也会在若干年后消磨锐气,直至倦怠,难以脱颖而出,这才是问题的症结所在。当下中国的教育基本上是行政人员塑造的,专业的改进依然困难重重,在这种框架里教育质量提高的域限相对较小。所以,国家提出的"管办评"分离实在是教育实现改进的一大前提条件。

程序要符合专业规范,教育改革程序的随意性司空见惯,缺乏专业人员参与、缺乏充分的论证、缺乏多方意见的充分表达、缺乏从过去到未来的连贯性、缺乏逻辑等,这些都是"教育改革"中常见的非专业性特征。曾经有一所学校自称改革学制,还发动一些媒体去报道它的改革经验。一位记者问我这种改革是否有新意,我只好告诉那位记者:请这位校长搞清楚什么是学制,一所学校能否改变学制。

教育改进内容应该是专业的。现在传播的信息量很大,但只有经过专业筛选的内容才能进入教育教学环节。目前存在的问题是筛选环节不够专业。比如社会上流行"成功学",于是有些中小学便向学生开设"领导力课程";某所大学开出一门叫作"恋爱学"的课,引来媒体报道,记者采访我时,我表示这种方式和所学内容都不规范,建议要谨慎。不料后来看到该报道,记者把我所说的话仅引用一句,大量使用另一位肯定这种教学的话,客观上造成了对肤浅、不够专业的教学的鼓励。

改进方式也应该是专业的。现在常见的非专业方式包括:翻烧饼式,有问题就完全推倒重来,进行颠覆性改变,而不是分析后的改进;运动式,采用搞运动的方式,一呼百应,容不得别人自主选择和独立思考,似乎谁不愿参加进来谁就落后,就需要谴责;样板式,当年"学大寨"的模式深入人心,现在教育上"学大寨"仍很流行,一所学校在某方面做得有特点,教育行政部门、媒体、社会各方面都以各种方式逼迫其他学校跟着学,参观、学习、会议不断,并不断复制。这几种典型的非专业教育改进方式,忽视了任何一种教育存在都是特定条件下的个性化存在,相对于每个教育主体,需要自主改进,需要独立思考,需要有效,需要有自己的认知、理解、实践、创新,最后才能获得属于自己的改进。

教育改进者的特质

为了推进教育改进,参与教育改进的人需要有一些特质。其中最普遍的就是爱和理想,因为对学生的爱而不愿让难以令人满意的教育耽误了学生的成长发展;教育是理想主义者的事业,无论你是否说出来,胸怀理想就会有无穷的动力。爱和理想是教育改进用之不竭的动力,由于它是不断生成的,使得教育改进者能够连续不断地冲破各种阻力,超越各种隔阂,摆脱各方面的利益纠葛,锲而不舍,勇往直前。

有了理想还要有思想。多年来我一直认为缺思想是中国教育以及整个社会各种问题存在的总因。思想是一些教育行为的"盐",没有它,再好的办法都未必产生良好的效果,参与教育改进的每个成员都要学会思想,还要敢思想,能思想,运用思想去解决问题,而不仅仅是玄学思辨,并在解决问题中丰富发展思想,绝不要因循守旧。

有了理想还要有专业理性。专业理性不是从功利出发的理性,不只是具有工具理性,而是经受过专业素养养成的本体油然而生的理性。这种理性才能有助于我们与所研究的教育问题、教育对象在共生的状态下趋于良性。教师有了专业理性,才能提升知识、技能教育的有效性,提升教师自身的生活品质,为学生健全发展提供养料。只有有了专业理性,才能逐渐明了教育的是非,知道教育改进该朝向哪个方向,才能驱散教育的雾霾,免于肤浅。

有了理想还要敢于寻求改变。据我了解,教育行业太多的人不想改变,不少人从事教育工作时间越长,胆子越小,越不想改变,这些决定着教育改进的阻力远远超出改进者的想象。但是,教育不改进,便无法应对明天的挑战,所以我们要增加改变的胆量和能力,探寻改变的规律,找到有效改进的方式方法,要改变外部世界,也要改变自己。教育所面对的改变对象是十分复杂的,所以我提倡不疾不徐,竭尽全力,慢慢改变,不要停步不前。

有了理想还要有开阔的心胸。陶行知一面提倡爱满天下，另一面追求创造理想社会，由此可见其心胸开阔。我们的教育改进当然对周围的人有益，对中国的社会发展有益，但不应止步于此，我多次跟幼儿教师做的一个讲座，标题就是"做人类健全发展的催生娘娘"，我们的教育改进要着眼于人类健全发展，着眼于人类的幸福，要把人类共同的理想当作我们的理想。因此我们要包容，能容纳不同人的不同观点，还要经受得起不同人的不同议论，要学会用协商的方式解决问题。

教育改革要避免掉进"非教育陷阱"*

1985年前后,《中共中央关于教育体制改革的决定》使得教育改革的方向明确,简而言之就是"放权、给钱",就是要改教育体制。2010年颁布的《国家中长期教育改革和发展规划纲要(2010—2020)》基本延续了这个基调,现在《纲要》实施的时间已经过半,依其所确定的基本实现教育现代化,基本形成学习型社会,进入人力资源强国行列的目标来看,教育在普及和量的增长上已经有可观的变化,在管理体制改革方面,特别是在简政放权、建立现代学校制度、明晰政府与学校的边界等方面的进展却不能令人满意。于是,一部分人说教育改革进入深水区,另一部分人说教育改革面临的问题已经不是教育的问题了。这两种说法都寓意着教育改革没什么事好干了,我们歇歇吧。这就是眼下各地普遍存在的教育改革掉进"非教育陷阱"的现象。

在当下,教育改革掉进"非教育陷阱"有其特定的环境条件,首先是越来越多的人有一个共同的感觉:对眼下的教育不满意。然后是经历过多种反复的调整和改革,反反复复几个回合之后发现问题还没有解决,有些问题较之以往不但没有解决,反而更严重了。发现最终在管理和评价上走不出设定的圈子。

无论是教育管理的改革,还是教育评价的改革,最终都与政府怎样管理教育直接相关。教育改革受阻最为根本性的缘由在于当下的教育管理体制依然是计划的、行政化的管理模式。一方面规范的市场体制没有建立起来,另一方面公共资源的计划配置提供给不同人的教育机会和权利不是完全平等的,同时,评价上长期使用行政性较强的过于单一的标准。

---

* 本文发表于《今日教育》2016年第1期。有改动。

从上述角度看，教育改革遇到的真实问题是政府改革的问题，政府需要简政放权，需要以管理专业机构的方式管理学校，需要从行政模式的学校管理转向依法治校，遵从教育内在规律的专业治校。

教育的改革，除了从宏观制度上加以改进，微观上能够做的事依然很多。各级管理者和一线教育教学的师生所需要形成的新的共识是：以专业的方式推进教育完善，致力于把教育办得更好。

首先从宏观上说，需要建立保持教育可持续改进的制度和有效运作的基本秩序。即便在现有管理体制之下，各级教育行政管理部门观念、态度、作风依然有改进的空间。因地制宜，不要不负责任地简单重复，不要守着不能兑现的条条框框，不要仅仅会重复上级文件中的话语。至少要了解当地的真实问题，针对这些问题确定自己可采用的办法；找到当地教育五年或更长时期内发展的方向，确定当地教育的可实现目标，以及到达这一目标的路径。

现实当中，不少教育管理者并不深刻全面了解当地教育的实际情况，对教育的内在规律也无深刻理解，他们做的就是从字面上理解上级的文件，在文字层面紧扣上级文件上下功夫，却未能在了解当地实际情况，理解教育内在规律上下到位的功夫。在这样的人面前，教育改革很难不肤浅化，也最容易掉进"非教育陷阱"。事实上，教育的复杂性决定着在教育的很多方面都不可能制定统一政策，使用统一的模式，刻板地执行全国统一的政策。教育管理者不能总是左顾右盼，指望着全国一致改革政策，等待改革的"标准答案"，而是要依据当地的实际，及时地去解决自己当时当地所需要解决的实际问题，做自己该做且能做的事。

全国各地不是没有教育问题，不少地方的问题长期积压得不到解决的重要原因之一就是有些政府部门往往在处理没有统一政策的问题时犹豫不决，担心自己采取符合实际的解决方法违背上级的意愿，会给自己的前途带来不利影响。各地的省情、民情差别较大，不存在适合全国所有地区的教育改革标准答案，也不存在一个文件就能解决所有问题的政策。在这种情况下，越多的人等待就会有越多的问题积累，而小问题长期积累就成为大问题。从小处看损害了个人和局部的基本权利，从大处看则损害了国家整体的发展机遇。

从1957年苏联卫星上天至今,世界范围内教育改进的一个基本趋势是由关注宏观规划,逐渐转变为不断降低教育事权的重心,先后经历了20世纪80年代更多关注改善中观层面的学区、学校,2000年后又将主要精力集中在改善微观层面的个体学习,互联网的出现为此提供了有利条件。世界教育发展的这一趋势也表明教育改革完全可以避开"非教育陷阱",如果真是有各种千丝万缕的"非教育陷阱"要制约教育改革,完全可以采取抛弃而不与之纠缠的态度。

各级政府和教育管理当事人必须系统思考,将解决教育问题的决策权下放给一定范围的教育当事人,把更多的决策权交给当事人,由当事人协商达成共识后解决,缩短问题与决策之间的距离,形成迅速及时的反馈和决策机制,降低问题解决的成本,避免信息失真,有效促进问题的解决,形成良性循环。

教育是一项专业工作,是基本民生,同时也是基本民权,从这个角度看,政府对改善教育有义不容辞的责任;同时,教育又是不同于其他各项政府工作的专业工作,需要遵从人的成长发展规律,教育行政管理工作者要有对专业人员足够的尊重,才可能避免教育改革陷入"非教育陷阱",才可能使得希望把教育办好的各方社会力量凝聚起来,行动起来,联合起来,建立相互信任,不越权不推诿,各负其责做出自己可做的事。

教育上的改进是一种自然的累进,而非大起大落、一刀切、运动式突变,因为历史上历次教育突变对教育的伤害往往大于获益。同时要反对站着不动、错失时机。许多改进若错过了合适的时机就要付出更大的代价,若再要拖延,还将付出更大的代价,所以需要不疾不徐推进教育改进,即便退一步进两步,也要为进一步深化改进创造条件。

教育改革的最终目的就是要培养身心健全的人,既不能对眼前的问题麻木,也不能为了解决眼前的问题、获得眼前的绩效而忽视或损害儿童长远的发展。我们现在应该做的是,将2016年的变革汇入几十年来的整个变革过程之中主动谋划,超越陷阱,不辜负时代。

从根子上消除大班额*

大班额是各地城镇学校普遍存在的现象,也是提高教育质量所急需解决的教育问题,因为当班级规模超过一定的临界值,班内学生学习的有效性就会大幅降低甚至丧失。消除大班额的关键是对其成因准确判断,然后依据其成因开出有效的方子。

一、大班额是教育生态失衡的表征

不少人将大班额问题简单归因为城镇化进程加快,流动人口不断向城区涌入,不断选择优质学校,于是出现超出额定人数的大班现象。这样的归因还是过于简单,或者说仅仅说出了大班额出现的社会背景,事实上其他国家就有较多在城市化进程中没出现大班、大校的例子。中国义务教育阶段学生城镇化率已达74%,进入城镇就学的学生比率不仅超出了户籍人口城镇化率,也超出了2015年中国常住人口城镇化率,后者比率为56.1%。说明在城镇化因素之外,还存在造成城镇大学校、大班额的其他因素。

从微观层面看,大班额是近些年一些地方教育政策和布局不当造成的区域教育生态破坏的后果。2008年笔者到黑龙江的某个乡,当地实施集中办学,把小学集中到乡里办,并依据当地户籍计算每个年级大约有130名学生。待到乡里的新学校建起来后,新的一年级仅收到15名学生,事实上其他110多名学生都挤进城里的大班去了。因为原来每个村有小学的时候,家长感到有就近之便就让孩子在村小上学,集中到乡里后多数

---

* 本文发表于《中国教育报》2016年4月13日。有改动。

学生要坐几十里路的车才能上学,十天回家一次,家长们多数认为既然没有了就近之便,与其把孩子送到几十里外的乡里上小学,还不如干脆送到几十里外的城里上小学。说明当初做集中办学决策的时候就没有从家长和学生的角度考虑。

虽然各地的情况不一样,但基本的原因相类似,就是各地政府在过去十多年的学校布局调整和规划中,很少考虑村民和乡村学生的切身利益与便利,乡村教育生态破坏了,花钱建了不少对村民而言并不方便的漂亮的薄弱校。

从宏观上看,中国的教育处于明显的大都市、省城、市、县城、乡村梯级资源分布的不平衡状态,教育的偏态分布引发大范围持续升温的择校潮。不平衡状态主要体现在师资、教育理念、设施、条件、教学水平严重的不均衡,差异很大。它所形成的效应是,大量的人单向流动到自己力所能及的教育资源比较好的地方,农村地区家庭的孩子会到乡镇去上学,"集中办学,撤点并校"又在其中推波助澜,乡镇的家庭有一定条件的都希望自己孩子去县城上学,乡镇干部及教师的孩子都送到县城或更大的城市上学了,他们失去办好乡村教育的责任感和动力,导致乡村教育进一步空虚,成为推动更多的孩子到外地上学的动因,生活在县城里有一定条件的家庭又产生对教育现状的不满,他们想方设法将自己的子女送到区里、市里,市里有一定条件的家庭会把孩子送到省城或者北京、上海、广州等大城市上学,整体上形成"倒金字塔"形压力较大的择校恶性循环,加剧形成恶性不平衡的教育生态。

这种恶性不平衡到达边界以后就引发或不断加大中国学生出国留学的效应,增加由中国到国外留学的推动力,很多城市家庭会把孩子送往国外上学,出现低龄留学潮。择校、大班额与出国留学是一个整体上相关联的现象。由于大量农村家庭把孩子送进县城上学,就必然导致县城以上的优质学校普遍出现大班额。如此大的班又影响到县城学校的教学质量,造成既误了城里学生,又毁了乡村教育的双重损伤。

既然是一个系统的整体问题,解决大班额的问题就不能仅仅盯着某个具体的现象采取一些具体的措施,而是需要把农村学校发展滞后,留不住教师和学生,城乡教育发展失调这些根源性的问题解决,从整体上改善教育生态,促进城乡义务教育均衡发展。

二、标准多样的平衡态才能缩小班额

怎样才能缩小班额?主管部门制定必要的班额和学校的适度规模标准是必要的,但不能仅仅从外延方面理解和解决问题,也不能仅仅在数量上设置关卡,还需要从内涵上来理解和寻找解决办法。当一些教育主管部门还在奉行大的学校才是好的学校的理念,并明文规定人数达到5000或10000人才有条件被评为示范高中的时候,这种理念和行政行为就在客观上阻止、压制了适度班额和适度规模学校的发展。

一些人简单地认为班额与学校规模不直接相关,其实在中小学阶段,班额与对学校规模的期待正相关,它们的共同之处都是试图通过外延发展而非通过内涵发展的方式发展自己。不排除一些学校存在通过扩大班额来达到上级文件要求的示范高中学生总数要求的意图。即便是那些每个班的班额都严格限定的大规模学校,也存在依据相同标准的简单复制来扩大办学规模的问题。这就涉及一个更为深入的问题,教育的平衡态、教育教学标准和班额、学校规模是存在深层内在关联的。

通常,当教学过程、标准和要求单一的时候,才会有大班、大校的出现。如果教学的理念是多样性的,教学过程、标准和要求是多样的,教育的生态就会趋于平衡,就不会出现大范围的大班现象,也不会出现大范围的巨型中小学校。可以想见,受高考改革的影响而实行选课走班后,大班将明显减少。或者说,当下中小学教学的单一标准的不平衡状态才是学校内部造成大班额的机理性原因。建立对学生评价的多样性标准,实现不同学校之间的校际教育生态平衡,才能从内在机理上消除大班额出现的可能。

也就是说,城市学校出现"大班额"现象不能简单理解为"学生多学校少",而是由于在同一标准下不同学校之间的纵向级差大,生源挤向纵向区位较高的学校,离开纵向区位较低的学校,导致一部分学校空虚、小班的同时，另一部分学校大校、大班。而比较多的人仅仅看到大班、大校，没有看到空校、小班，呈现在公众面前的问题仅仅是"大班额"问题，而没有看到它与大量存在的薄弱学校是一病两症。只有完整地看到整个生态的状况，才能避免盲人摸象、头痛医头、脚痛医脚。

所以，从内在机制上解决大班额问题就必须明了基本原理：压低学校间的级差，依据多样而非单一的标准评价学校和学生，建立多样性的学校，不同学校各具特色，满足不同学生的成长发展需要，把适度规模作为长远的发展策略，整体上形成良性平衡的教育生态，才可能从根子上消除大班额现象。

三、创造教育平衡生态的措施

既然大班额仅仅是不平衡的教育生态的一个表征，一些地方仅在当下生源流入多的地方投入更多的钱新建和扩建学校显然是过于短视的治标选择，还会造成今后更多的发展不均衡问题。在当下创造并维护教育的平衡生态就成为解决班额过大问题的治本之策。

创造平衡的教育生态不仅仅是学校和教育部门就能完成的，需要整个社会与教育相关的各方共同参与。首先需要改变现有的政府、学校、家长多方形成的学校评价标准的定势，消除分数考得高的学校就是好学校的简单判断。建立起新的教育评价共识，把能否为具体的孩子提供有效的成长发展服务作为评价学校更为重要的依据，提高适度规模和班额在学校评价中的权重。适度规模、适度班额、适度师生比、教师对学生的关照度、学生成长发展需要的满足程度应该成为评价学校和选择学校的重要依据。

对于学生和家长而言，不少人现在之所以舍近求远，找熟人、托关系，想方设法把孩子送到名气较大的学校，甘心忍受"大班额"的拥挤，就是因为这些学校的升学率高。这部分孩子和家长需要进一步审视自己孩子在学校的受关注度和获得感。在一所教室挤得坐不下人的学校里，与在一所孩子能够受到教师更多关注、有更大自主发挥空间的学校里，孩子所能获得的成长发展效果是不一样的。希望有更多的家长在差距不是明显的两所学校之间做权衡,是希望孩子在大班里做"边缘人",还是在一个适度班级受到教师更多的关爱,做出理性的选择。对孩子实质性学习权利的维护而非形式上地上高分学校,这本身就是为创造平衡的教育生态做了努力。

与此同时,政府要有全局观和整体观,切实改变观念,消除长期存在的在办学中追求本地的某一所学校一枝独秀的目标,把建立本地教育的良性生态作为首选目标。并通过管理和评价、投入等多重手段,确保本地教育的良性生态的建立和维护,整体提高本地所有学校和整个教育的品质,激励学校之间平等竞争,形成良好的校际秩序。

其中,最为关键的是财政投入对不同学校一碗水端平,在问题解决阶段甚至还需要向相对薄弱的学校倾斜,增加生均经费在财政教育经费拨付中的比例。现实中就有一些城市学校自身为了节约师资、降低办学成本,就相应地减少开班数,以"大班额"获得短期利益。在财政经费拨付中需要明确经费使用目标,采取措施消除这种急功近利的做法。

在形而下的层面,要强化班额和学位概念,参考相关地区和国家的做法,推动班额和学位的确定。通过专业调查基础上的法律法规敲定的原则和程序,从源头上与城镇规划相衔接,在过程上列入当地居民的议事范围,从程序上走向有法可依而不是学校随意增减或教育行政部门通过行政文件确定。这样才符合法治社会建设的大方向,才能保证一所学校建立相对长久的稳定期待,而不是急功近利。

教育的平衡生态不只指城乡平衡,还包括不同办学主体的平衡,需要创造条件让不同的办学主体依据其办学理念办出各不相同的学校,改善教育单一性差距过大的状况,满足学生多样性的需求。

校园欺凌治理尚处于起步阶段*

校园欺凌现象在中国校园长期以来未引起足够重视。之所以在近期受到关注,原因主要有三个方面:一是随着社会差距拉大,校园欺凌的案例增多,情节更为严重;二是随着人们对公平正义的渴求,公众对校园欺凌的容忍程度降低,一旦发生就成为公众的关注点;三是自媒体出现,使得众多校园欺凌的视频影像能够很快传播出去,演变为社会舆论。

对于校园欺凌,我国此前重视程度不够,也就没有全面系统的实证调查,缺乏深度专业的研究。到目前为止没有像日本等国那样有全面、权威、系统的数据,不少人仅能凭自己身边的切身感受提出各种观点。2017年《中国教育蓝皮书》发布对北京市的12所高中、初中和小学的校园欺凌现象的调查结果表明:46.2%的北京中小学生有被故意冲撞的经历;40.7%的北京中小学生有被叫难听绰号的经历,有11.6%的学生几乎每天都遭受语言欺凌;18.6%的学生有被同学联合起来孤立的经历,有2.7%的学生几乎每天都在经历这种关系欺凌。遭受欺凌者呈现出以下特征:小学生和初中生比高中生遭遇更高频率的欺凌;男生比女生更多遭遇校园欺凌;普通学校比优质学校学生更多遭遇校园欺凌;外地学生比北京本地学生更多遭遇欺凌;家庭经济水平较低的儿童更多遭遇欺凌,但主要体现在关系欺凌(联合孤立)上。

上述调查仅是局部的抽样调查,严格来说不能代表北京市的整体情况,但可以作为了解北京市校园欺凌情况的参考;相对而言,北京是全国校园欺凌数量较少,程度较轻的地区。由北京的情况也可推想全国的情况,中小城市的校园欺凌多于大城市,农村学校的校园欺凌多于城镇学

---

* 本文发表于《河北师范大学学报》(教育科学版)2017年第3期。有改动。

校,城乡接合部的学校由于学生来源差异较大,管理漏洞较多,校园欺凌发生率最高。依据这样的分析大致能得出中国校园欺凌现象的概况。

由于校园欺凌现象频发,在引发舆论关注之后迅速引发政府关注。2016年6月,李克强总理对频发的校园暴力事件做批示,要求教育部会同相关方面多措并举,特别是要完善法律法规、加强对学生的法制教育,坚决遏制漠视人的尊严与生命的行为。2017年4月12日在国务院常务会议上他又强调"校园本身的安全工作也不能有丝毫松懈。这事关广大学生健康成长和亿万家庭的幸福"。他认为"校园应该是最阳光、最安全的地方"!"校园暴力频发,不仅伤害未成年人身心健康,也冲击社会道德底线"。指出要建立防控校园欺凌的有效机制,及早发现、干预和制止欺凌、暴力行为,对情节恶劣、手段残忍、后果严重的必须坚决依法惩处。有关部门要第一时间回应社会关切,及时公布调查结果,主动积极作为。

2016年4月28日,国务院教育督导委员会办公室印发《关于开展校园欺凌专项治理的通知》(国教督办函〔2016〕22号),试图从教育督导入手减少校园欺凌。该《通知》界定校园欺凌使用了"蓄意或恶意"的修饰词,这与国际上对属于无意却对他人造成严重伤害的情况依然追究当事人责任有所不同;在欺凌的具体行为中列举了"通过肢体、语言及网络手段,实施欺负、侮辱",还加上"造成伤害的校园欺凌"这样的限定。这样的界定在内涵的全面覆盖、专业性、可操作性上都有比较大的完善空间。而《通知》中讲的专项治理与常态管理又有所不同,显示出治理措施是临时性而非长久性的。《通知》列出的专项治理措施包括"加强法制教育,严肃校规校纪,规范学生行为,建设平安校园、和谐校园",明显过于抽象而不具体,执行主体不明确。

值得注意的是,关于"覆盖全国中小学校,包括中等职业学校"的专项治理,4月28日发出的通知,却将4月至7月列为"主要是各校开展治理"的第一阶段,各校接到通知至少是五月劳动节假期之后了,明显不严谨;对主要是开展专项督查的第二阶段仅列出了时间为9月至12月,对于督查的要求没有具体的目标、措施,仅是泛泛提到"高度重视""加强指导""发现问题及时与校方沟通,做好记录并及时向当地教育督导部门报告"

"集中对学生开展以校园欺凌治理为主题的专题教育"等。

《通知》中要求的"组织教职工集中学习"方式过于传统,"建立校园欺凌事件应急处置预案,明确相关岗位教职工预防和处理校园欺凌的职责","公布学生救助或校园欺凌治理的电话号码并明确负责人","涉嫌违法犯罪的,要及时向公安部门报案并配合立案查处","学校自查、县级普查、市级复查、省级抽查","专项治理期间仍发生校园欺凌事件,造成恶劣影响的,将予以通报、追责问责并督促整改"都是正常情况下的应对措施,对校园欺凌的隐蔽性及相关特征的针对性不强。

从上述文本分析不难看出,各方面都显示出我国对校园欺凌治理处于起步阶段。

正因为此,2016年11月1日,教育部、中央社会治安综合治理委员会办公室、最高人民法院、最高人民检察院、公安部、民政部、司法部、共青团中央、全国妇联等九部门发出《关于防治中小学生欺凌和暴力的指导意见》(教基一〔2016〕6号),期望通过加强中小学生思想道德教育、法治教育和心理健康教育、预防欺凌和暴力专题教育、学校日常安全管理、强化学校周边综合治理等措施有效预防学生欺凌和暴力,依法依规处置学生欺凌和暴力事件,形成防治学生欺凌和暴力的工作合力。

就在这个《意见》发布不久和专项治理期间,2016年12月中旬,媒体报道了著名的中关村第二小学校园欺凌案件,由此引发并暴露出校园欺凌治理中的一些实际问题:首先,究竟何为校园欺凌?如何界定校园欺凌,它和同学间开玩笑有何差别,如何判定欺凌的等级;其次,真相的获得与传播渠道不畅,处理校园欺凌事件中如何避免采用维稳方式,如何不习惯性地采用未经过调查就想把事件和争论平息下去的做法;再次,怎样防止出现对不同地区的校园欺凌采取不同判定标准的问题,不少人一夜之间就关注了中关村的一所学校,而对中国千万个乡村关注依然不够,甚至没有人关注,对中关村第二小学的校园欺凌判定标准与全国城乡学校的校园欺凌判定标准是否一致未知;此外,九个部门参与的防治校园欺凌和暴力事件所发《意见》操作性不强,各个部门的责权划分不够明确,谁是主体,主体与其他部门间的沟通协调能否通畅未知。

自 2016 年以来,各省市教育督导室、教育厅,及各省相对应的八个部门也相继发出在中小学开展防治学生欺凌和暴力教育的通知,内容大同小异,在一定程度上成为新的"文件旅行",对校园欺凌的一些实际问题关注不够,措施的有效性和针对性不强。遇到校园欺凌,孩子、现场见证人、同学、老师和家长应该如何应对?各地发文多半是在办公室内拟定,缺乏治理校园欺凌实践的支撑。比如,2017 年 4 月 17 日,湖北省教育厅联合省内八部门发文中明确提出,对"屡教不改、多次实施欺凌和暴力的学生""必要时转入专门学校就读",湖北省教育厅基础教育处解释"专门学校"即指曾经的"工读学校",这些学校在实施九年义务教育的同时,对在校学生实施重点看护,但由于这些学校的教学质量难以保证,还存在其他问题不被社会认可,普通学校在校生转入专门学校遵循本人、学校及家长"三同意原则",这一措施常常难以获得家长同意,事实上无法实行,加上专门学校数量不多,大多数门可罗雀,质量和师资都得不到保障,将它作为一个政策的落点就显得贸然。

可以说,中国当下对校园欺凌尚处在引起关注阶段,政府、社会、家庭、学校对校园欺凌的应对都明显准备不充分,遇到问题仓促上阵。既缺乏全面、深入、专业性的研究,也缺乏完善、妥当、有效的应对策略与方法。不少人简单寄期望于把其他国家成熟的方法搬进来,过于倚重通过法律方式解决问题,而不了解其他国家在治理校园欺凌方面做过长期、艰难、细致的工作,其法治基础与环境也比中国好,中国确实需要向其他国家学习,但不是简单照搬就能奏效的。

事实上不少人还未能正视校园欺凌的真实问题。成人社会经常性的暴力与暴力文化才是当下校园欺凌发生的主因。他们常常认为用拳头而不是讲理与通过法律程序是解决问题的比较方便而又有效的方式,并用拳头来对待自己的孩子。只要暴力这种事件在一个孩子身上发生一次,这个孩子便自然地接受了使用暴力的方式解决自己与其他人的纷争问题,如果学校的教师和相关当事人也有此种观念,便演变为校园欺凌。学校对校园欺凌事件不公平处理也会助长校园欺凌长期存在,校领导不能依仗权势不讲道理,也不能包庇强势家长的孩子,一些欺凌行为人的家长比较霸道,校领导不敢处理,从而助长不正之风。所以,解决校园欺凌问题需要从成人社会着手,建立平等、法治、相互尊重的社会。

进一步具体而言,解决校园欺凌问题要从家庭教育着手,在所有有欺凌行为孩子的背后,一定会有一个有问题的家庭,或家庭中必定存在至少一位有问题的成员。父母要学会尊重孩子,理性对待自己的孩子,在孩子发生各种问题的时候要耐心讲道理,尽可能不使用暴力对待孩子;要教育孩子平等待人,无论对方尊卑或智愚,都应平等相待。

对于整个社会而言,需要加快法治进程,杜绝暴力以各种方式传播,尤其是要消除教材中的暴力内容,不以任何借口将暴力内容保留在教材中;各级政府在社会治理过程中要尽力消除暴力倾向,以规范、引导为主,在社会上强势的一方要切切谨慎使用暴力。

彻底消除校园欺凌需要政府、家庭、社会、学校等各方面共同努力,路还长。

校园欺凌的中国问题与求解*

中国学校里的校园欺凌现象其实长期存在,但引起人们关注和研究是近期才开始的事情。受到关注显然是一种好的迹象,现实却让人觉得担忧:因为不少人的关注还集中在媒体可以关注到的少数学校,其中多数是城市的学校,对数量更多、范围更广、问题更为严重的千万个中国乡村以及城乡接合部的学校就关注不够;不少学校分不清是学生之间开玩笑还是校园欺凌,一些学校发生校园欺凌事件就以学生之间开玩笑推卸责任,当下又确实没有可操作的专业标准界定学生之间是开玩笑还是欺凌,以致很多乡村学校发生的欺凌太多了,在很多乡村都认为是开玩笑而无法追责或放弃追责;再就是作为研究者在没有了解中国校园欺凌的现状和主要原因的情况下,就开出各种方子,所提的防治建议大多数是简单搬用其他发达国家的立法、执法、心理干预等措施。这样不问因由的一阵风模式很难有针对性地解决中国校园欺凌问题,还会贻误时机。

一、中国的校园欺凌问题形势堪忧

中国目前仍未有对校园欺凌全面系统的调查,缺乏准确、全面、权威、系统的数据,也缺乏深度专业的研究。

根据检察机关统计:2016 年,全国检察机关共受理提请批准逮捕的校园涉嫌欺凌和暴力犯罪案件 1988 人,经审查批准逮捕 1180 人;受理移送审查起诉 3911 人,经审查提起公诉 2449 人;共批捕有关成年犯罪嫌疑人 403 人(其中追捕 18 人),起诉 678 人(其中追诉漏犯 25 人,追捕漏罪

---

* 本文发表于《中国教育学刊》2017 年第 12 期。有改动。

14起),监督公安机关立案8件18人;检察机关与有关部门合作共对被害学生进行司法救助148人、法律援助562人、心理疏导512人、身体康复338人;对同学之间因琐事引发的轻微犯罪案件,检察机关促成当事人达成刑事和解544件。①

进入检察机关的仅是校园欺凌比较严重的部分,这部分的总数仅能占到校园欺凌事件发生总数的一小部分。由中国应急管理学会校园安全专业委员会发布的《中国校园欺凌调查报告》显示:语言欺凌是校园欺凌的主要形式。按照校园欺凌的方式进行分类,语言欺凌行为发生率明显高于关系、身体以及网络欺凌行为,占23.3%;中部地区学生的校园欺凌行为发生率最高,占46.23%。且校园欺凌行为呈现出以"中部地区>西部地区>东部地区>东北地区"的地理空间分布形态。② 这个调查的深入细致程度依然有限。

2017年《中国教育蓝皮书》发布对北京市的12所高中、初中和小学的校园欺凌现象调查结果表明:46.2%的北京中小学生有被故意冲撞的经历;40.7%的北京中小学生有被叫难听绰号的经历,11.6%的学生几乎每天都遭受语言欺凌;18.6%的学生有被同学联合起来孤立的经历,2.7%的学生几乎每天都在经历这种关系欺凌。遭受欺凌者呈现出以下特征:小学生和初中生比高中生遭遇更高频率的欺凌;男生比女生更多遭遇校园欺凌;普通学校比优质学校学生更多遭遇校园欺凌;外地学生比北京本地学生更多遭遇欺凌;家庭经济水平较低的儿童更多遭遇欺凌,但主要体现在关系欺凌(联合孤立)上。③ 这一调查仅是局部的抽样调查,严格来说不能代表北京市的整体情况,仅可作为了解北京市校园欺凌情况的参考;相对而言,北京是全国校园欺凌数量较少,程度较轻的地区,全国的情况,中小城市的校园欺凌多于大城市,农村学校的校园欺凌多于城镇学校,城乡接合部的学校由于学生来源差异较大,管理漏洞较多,校园欺凌发生率

---

① 郑赫南.去年起诉校园期凌和暴力犯罪案件2449人[N].检查日报,2017-06-01(01).
② 张云.《中国校园期凌调查报告》发布,语言期凌是主要形式[EB/OL].(2017-05-21)[2017-10-12]. http://www.chinanews.com/sh/2017/05-21/8229705.shtml.
③ 周金燕,冯思澈.北京市中小学生校园欺凌现象的调查及分析[M]//中国教育发展报告(2017).北京:社会科学文献出版社,2017:215-229.

最高。

已有的研究都仅对校园欺凌的情况、后果、防治措施进行调查分析，很少对校园欺凌的原因进行调查和分析，因此对采取怎样的措施治理校园欺凌依据不足。

从其他国家的情况看，日本对校园欺凌研究的时间较长，也更为精细全面。日本国立教育政策研究所在2004年至2009年实施的跟踪调查显示，2004年6月时，41.6%的初一学生遭遇过"无视、排挤、中伤"，而到了他们升入初三后的2006年11月，这一比例上升到了80.3%。此外，2004年还是小学四年级的儿童，在2009年升入初三之前，有90.3%的人遭遇过"无视、排挤、中伤"。[①] 他们将无视、排挤、中伤都列为校园欺凌，这种界定比中国当下对校园欺凌的界定要宽得多，由此统计的校园欺凌比例自然远高出中国当下统计。在2015年，美国司法部和美国国家教育统计中心联合开展调查结果显示，虽然近十年来，美国校园欺凌现象有所遏制，但在12岁至18岁的初高中生中仍有21%表示遭遇校园欺凌。[②] 这一比例略低于世界平均水平，也比较真实可信。

假定依据中国现在使用的对校园欺凌的界定，根据已有调查，考虑到遗漏误差，中国现有校园欺凌每年大约发生在50%的学生身上（实际的比例更高），比世界平均水平20%高出近30%。在20%以内的校园欺凌是与世界其他国家有相似原因的，如学生的生理发育、个性特征、守法意识、心理问题等，作为生物的个体有通过对他人的欺凌行为来实现自己愿望的取向，个体心理上想将自己受到的伤害通过报复和伤害的方式转嫁别人，社会方面包括法律不健全、社会规范不明确等，这些是世界各国都不同程度存在校园欺凌的共同的原因，解决这部分校园欺凌问题确实只需要借鉴其他国家在法治和心理干预方面的做法就可以获得相应的效果。

---

① 杉森伸吉.日本型校园欺凌问题的结构[EB/OL].(2012-11-29)[2017-10-12]. http://www.nippon.com/cn/cyrrebts/d00054.

② 刘秀玲.调查显示：两成美国中学生曾遭校园欺凌[EB/OL].(2017-05-18)[2017-10-12]. http://edu.china.com.cn/2017-05/18/content_40839711.htm.

二、成人社会的暴力是中国当下校园欺凌的主因

即便解决了前述所指20％的校园欺凌问题，依然没有解决中国校园欺凌的主要问题，因此需要追问的是，中国校园欺凌的主要原因是什么？这才是中国校园欺凌当下急需解决的主要问题。

（一）直接主因：来自成人社会的暴力崇尚和暴力体验

根据本人三十多年在学校的实地调查，可以确定地说，中国校园里的校园欺凌的直接主因是成人社会的暴力崇尚与暴力行为的影响以及孩子在家庭与社会中的暴力体验。这种暴力体验的主要途径包括：

一是学生在家庭中的暴力体验。虽然当下父母对孩子的暴力大为减少，但暴力在家庭中并未绝迹，总体上从未对自己的孩子使用暴力的家长很少，家庭成员间的暴力面更广。一些孩子在家庭中遭受的暴力还可能来自保姆或父母以外的其他家庭成员。不少家庭成员在对孩子使用暴力时常常处于无意识的忍无可忍状态，打了孩子后成人或许早已忘记，孩子却铭记在心，这成为孩子对其他同学实施欺凌的行为基础，遇到适当时机就会爆发出来。

二是在社会上的暴力感知。这种感知包括儿童身边的直接感知和通过媒体传播的间接感知。当下几乎每个儿童都有机会直接感受到暴力，尤其是各种遇到问题便拳脚相加的现象，很多时候还是社会强势一方对弱势一方随意使用暴力，比如城管当着孩子的面对其父母施暴或相互打斗，这种生活中的暴力很容易引发儿童天性中的生物竞争冲动，在一定条件下就会转化为校园欺凌。通过媒体传播的暴力主要是通过游戏、音像途径被学生感知，在儿童心中留下不良影响。

三是校园里的成人暴力。这一途径被很多人忽视了，或无人敢正视。校园里的暴力主要通过教材、学校管理、师生交往三种途径传播给学生。现在中小学教材中还有不少暴力内容，实际当中给学生产生一种误导：有一种暴力是属于英雄气质、正义勇敢的行为。在儿童没有足够的道德判

断能力的情况下,就会误导产生校园欺凌。在学校管理上,管理当事人会在有意无意间使用暴力手段,或流露出暴力意向。在师生交往中的暴力也时有发生,在同学中也存在恃强凌弱、以大欺小的现象,这些构成校园里的成人暴力。

成人社会的暴力不仅以直观的方式影响儿童行为,而且由于它在实际社会生活中确实"有效"而使得学生错误地认为,用暴力手段是最为便捷有效地解决问题、实现自己意愿的手段和途径,从而根本不想与别人协商、沟通,不想通过讲理的方式解决问题,也不想依据相关的法律法规消除分歧。

暴力崇尚意识是产生校园欺凌的漫无边际的意识渊源。这种意识从成人社会影响到儿童社会。唯有社会崇尚法治、崇尚讲理、崇尚平等协商,才有可能逐渐澄清这种暴力崇尚意识浸入学生内心。

(二)间接主因:现实环境中的不平等对待和层级差距

在看到校园欺凌的直接主因的同时,还有必要深挖中国校园欺凌的间接主因,或者说找出其历史根源、社会关系、家庭生活、教育教学管理与评价等方面的深层原因,主要包括:

首先是思想观念上做"人上人"的等级观念。因为这个观念导致很多人认为人与人之间是不平等的,在校园欺凌上直接影响表现为一部分人居高临下,不屑于与他人平等协商,动辄使用暴力;另一部分人感到受压制,又无处申诉表达,无处讲理,于是诉诸暴力以牙还牙。做"人上人"的观念体现在学生同伴中看到不同的人是有不同等级的,要以不同态度而非基于事实做出判断,这种观念影响着学生在校园中的行为。若能在更多人内心确立平等待人,尊重他人的观念,就能建立讲理的环境,就会从源头上大大减少校园欺凌。

其次是学校教育评价过于重视学业成绩,教师对学业成绩优秀的学生特别偏爱。只有学业成绩比别人好,才能在现有的评价体系中成为"人上人",被别人高看一等,升入比别人更好的学校。事实上,教师对学生的信任程度与学生的学业状况存在一定的相关性,通常教师会更加相信学业好的学生说的话,因此当学业成绩较差的学生遭到欺凌时往往会选择不告诉老师,于是在校园里面,当学习成绩好的学生对学习成绩差的学生欺凌时,很多人认为没有关系,教师也管得较松;而反过来的情况发生时却会引起全班的不满或公愤,以致老师不得不过问处理,同学也跟风站队。只看学习成绩的评价淡化了对学生为人处世的基本要求,在一定程度上学生学习成绩一好遮百丑,忽视了对所有的学生与他人建立良性关系的教育,导致校园暴力和欺凌愈演愈烈。

此外是"官本位"的社会体制激化了校园欺凌。"官本位"是社会等级的基础,也是产生特权的原因,它不仅把机构分等级,还把人分等级,这是产生暴力的体制性的原因。调查表明,校园欺凌发生在两类家庭的频率较高:一是家庭的背景强势,家长在与人交往中常常使用强势压制欺凌他人,或孩子在家庭中受到委屈乃至暴力,孩子便会将自己的感知复制到同学中,以校园欺凌的方式显现;二是明显劣势家庭背景的孩子,在家庭和社会甚至学校中均遭到暴力,因感受到被压制或不公,他们会首选暴力方式抵抗或对待他人。不消除"官本位"这种人与人之间的实际等级的体制基础,暴力就不可能在较大范围消除,校园欺凌的重大隐患就不可能消除。

最后是中国社会长期存在的对"生命"尊重意识不够。当人们不尊重生命的时候,就会有一些教师甚至校长认为"欺凌"只是学生间开玩笑而加以忽视或包庇。陶行知曾说:"中国要到什么时候才能翻身?要到人命贵于财富,人命贵于机器,人命贵于安乐,人命贵于名誉,人命贵于权位,人命贵于一切。只有等到那时,中国才站得起来!"[①]

由上可见,中国校园欺凌的主要原因比较复杂,包括思想价值观念到体制、社会管理、家庭生活、校园环境,等等。不要仅仅将校园欺凌当成教育范围的事,治理校园欺凌需要家庭、学校、社会共同参与,政府尤其应担当好自己应担当的责任,推动社会形成合力,从营造社会文明的整体出发去改善育人环境。

---

① 陶行知.陶行知全集・第2卷[M].成都:四川教育出版社,1991:134.

三、中国校园欺凌的整体解决方案

中国要切实有效而非走过场地解决校园暴力和欺凌问题,就应该看到中国校园欺凌特殊的原因,各种原因间的主次关系、远近关系、深浅关系、直接与间接关系,尤其不能忽视形而上的体制和思想价值原因。

美国或者其他国家,它们有它们的情况,中国有自己特殊的情况,其中欺凌有相同的因素,比如人的动物本性,强者和弱者之间相互攻击的行为,这点在世界各地都是比较普遍的,相同的。中国是什么样的情况呢?中国几十年长期存在校园欺凌问题媒体却不报道,这种习以为常本身就是问题,就是一种在生活中通过各种渠道传播到校园的暴力。

儿童暴力的根都在成人,包括他的父母、他身边所接触到的其他成人,以及所有的人都潜存于内心崇尚暴力的文化,认为暴力是能够解决问题的,认为暴力是有效的,暴力战胜别人,就能够出人头地。或许很多人不会明讲,但是内心意识和实际行为是这样的,孩子在生活中有一次感受后就会有暴力的倾向。

依据对中国校园欺凌特殊的原因分析寻找对策,确定和完善方案,中国的校园暴力才能解决。尤其是必须明了超出世界平均水平以上的那些校园欺凌发生的主因是什么,基于上述分析,设置一套适合中国实际的预防与治理校园暴力欺凌的整体解决方案才更有针对性。这一整体方案的内在关系如图:

中国校园欺凌问题整体解决方案图示

价值:消除敌对、斗争、等级观念,建立平等、包容、协商价值取向

体制:消除官本位和特权,建立法治社会,减少等级差距,形成扁平社会

技术:家庭生活民主、学校消除对立,心理干预,社区和谐

（一）价值层面：消除敌对、等级观念，确立平等、协商取向

首先，在思想理念上牢固确立人人平等的意识，明确教育目标应该从培养"人上人"转到培养"人中人"，在学生间渗透平等的观念，让学生认识到没有任何人比别人高一等，也没有任何人比别人低一等。现实中不少学校的班级都要树立一个让所有人学习的榜样，同时也会有一个让所有学生都不喜欢、讨厌的学生。很多老师认为这样方便管理，但这样的做法就是给学生分等级，使学生之间不和，产生不平等和特权的环境。当然学生所接触的社会也处处存在分等级的现象，事实上，社会的等级制通过班级是很难改变的，但应该要在班级内创造平等的环境，让班级中的每一个孩子都能感受到生活在平等的班级与学校环境里，而不是看他的家庭、他的成绩、他的表达以及其他因素。

其次，要消除在社会上有长期、广泛、深刻影响的敌对、斗争、等级观念，要消除单一对立倾向的观念。对立、冲突、斗争观念是校园欺凌的思想观念根基，这一根基在中国社会十分广泛深厚，并通过各种媒介无孔不入地渗透、传播给一代代新生儿童，消除这些观念的影响将是一个韧性、漫长的过程。

最后，要将平等协商作为解决不同人之间观点和利益差别的重要方式。要包容多样性，包容就是要承认人就是多样的，也就是要转换问题解决方式，减少斗争和暴力手段，扩大沟通协商，主要通过讲理而非用拳头解决问题。

（二）体制层面：消除官本位和特权，建立法治化的扁平社会

官本位和特权是造成诸多社会问题的体制基础，如果这种体制基础不改变，一方面由于它本身的不合理性会不断引发不同社会岗位的相关当事人之间的矛盾，这些矛盾自然会衍生到行政管理与学校，教师与学生以及不同学生之间，成为校园欺凌的引爆点；另一方面，它会随着社会的各种时机到来，随着社会和民众对公平诉求的提升而产生新的矛盾和冲突，波及校园。消除了官本位和特权才能从体制上对校园欺凌釜底抽薪。

从积极方面看,建立法治社会才可能使众多的社会矛盾通过程序化、理性、平稳的方式得以解决,从而减少成人社会的暴力对儿童的影响,减少校园欺凌。法治不健全,以人治阻挡法治是成人社会暴力总量居高不下的重要原因,所以建立法治社会虽然不直接与治理校园欺凌相关,却能从源头上降低成人社会暴力发生量,从而为解决校园欺凌创造一个更好的社会环境。

减少等级差距,形成扁平社会才能使社会各种人与人之间客观上更加平等,进一步巩固和谐的基础,减少冲突发生的源头。当然这是一个漫长的、动态的过程,但在整体解决方案中不可缺少。

(三) 技术层面:促进家庭民主、加强校园治理、实施救助干预

技术层面实际上包含每一个与学生可能接触的人,家庭成员、教师、学生能亲眼看见的社会成员;每一个与学生相关的组织与社会单元,其中学生生活时间较长的家庭、学校、社区关系最为密切;每一个学生可感知的对象,主要是教材、图书、影像制品及其他媒体,学生感知到的媒体应与社会真实具有一致性,但应尽可能减少过多直接接触暴力信息。

实践中,治理校园欺凌需要多种手段协调使用,多个方面同时展开。在各地校园欺凌事件频频被曝光后,有人嫌处理结果多为批评教育、道歉了事,依法惩处的数量不多,力度不及国外,于是提出加大依法惩治力度的意见,甚至有人以为依法严惩就能解决一切问题。仅仅指望批评教育或仅仅指望依法惩治这样的方案设计思考问题都过于简单,对于年龄达到有刑事责任能力的欺凌者,依据相关法律惩处的确是根治校园欺凌的一个关键点。对于所有的儿童都需要进行相应的教育,同时还应考虑到处理校园欺凌案件相配套的制度不够健全。不论是从国家立法的角度,还是从校园内部处理这类事件的相关具体制度上,或是相关政策都不够健全。要从法律的角度来解决校园欺凌问题,主要要从社会层面解决公民法律意识的问题,一旦出现此类事件就要严格依法处理。可是很多地方做不到这一点,事情发生以后,若长时间得不到处理就会出现不稳定的问题,其影响是长期的、持续的,尤其对被欺凌的孩子来说。

依法不能空谈,要从实际出发认真处理好每一个个案,才能真正解决校园暴力问题。用法治思维只是一个解决的途径,讲法治思维并不排除要看到校园暴力形成的整体的、各种各样的原因,主要原因就是社会文化的原因。必须要努力净化社会风气,清除"文化垃圾"的传播。用法治思维处理问题最关键的就是要把每个人放在平等的位置上来处理问题。法治就要求要了解事实、调查事实,弄清楚真相,调查的过程必须由专业调查人员完成,而不是只听领导说什么就是什么。

用法治思维解决校园欺凌也不仅仅意味着严惩、一罚了之。仅靠教育行政管理部门以及学校,而没有相关方面的有效配合、没有相关立法制度和执法过程的保障,很难从根本上解决校园欺凌问题。同时,在施行符合刑法的刑事处罚时又要防止用药过猛,尽管一些校园欺凌行为构成刑事犯罪,符合刑法的处罚条件,但是欺凌者仍然具有挽救的可能性;处罚完后还需要后续的跟进教育及其他措施。对中小学校中或者因为对应试教育课程的学习能力比较弱,或者受社会上不良风气的影响,抑或受家庭的不良影响,出现了不良行为或严重不良行为的孩子,还包括违法犯罪但年龄未到追究刑事责任的未成年人,要尽快完善和发展有针对性的专门教育制度。

从教育角度看,最为重要的是教育工作者要改变自己的"站位",不要做将学生分成三六九等的事;教育者要有判断"社会暴力"的意识,尽量消除暴力的影响;同时建设尊重、平等、包容的学校文化和班级文化。

四、中国校园欺凌治理的当下措施

校园欺凌的治理是一个长期的过程,也是极为复杂、专业性很强的工作,治理的目标是矫治不良行为,帮助这些孩子回归健康成长轨道。试图经过一两年运动式的方式就解决所有问题是不现实的,认识到当下中国校园欺凌的治理所处的阶段和特征,确定当下所应采取的措施,才能有效安排、推进和持续开展治理工作。

为此,当下需要采取的主要措施有:

（一）全面系统准确的调查

解决中国的校园欺凌问题必须对中国校园欺凌状况有整体、全面、深刻、准确的了解，这方面目前不仅没有权威的调查结果，而且开展全面系统的调查还存在不少障碍。

做调查需要突破的第一关是消除进行调查的各种阻力。受政绩观和维稳压力的挤压，各地政府和学校一出现校园欺凌就设法掩盖、隐瞒，媒体报道也受到阻挠，严肃的调查同样受到干扰。曾经有人做过局部的完整调查，当地非常有政治敏锐性的领导就不让这个报告面世，反而大力宣传当地学校开展综合治理的成效。

常用来阻碍调查的借口是校园欺凌是个别案件，以"家丑不能外传"为由，限制对真实情况的调查，于是从政治的角度保住了当地当政者的面子，而不是从真正意义上的儿童的角度来看待这个问题的，让学生承受着欺凌的痛苦。

当然，调查的前提是准确界定校园欺凌的概念，由此必须参考国际上对校园欺凌的概念的界定，考虑中国的实际，尽可能专业、可操作。没有调查支持的治理不仅走不远，也不能深入。

（二）对教育系统内的暴力源进行系统清理

教育系统内部的暴力隐蔽性较强，消除的难度较高。教育系统内部的暴力主要集中在教材中的暴力内容和教学与管理过程中的暴力行为，必须把解决这个问题提上议事日程。

对于中小学教材中暴力内容的危害性一定要有深刻的认识。中小学生的道德判断能力还不够，还很难判断现实生活中的是非，因此在中小学教材中关于暴力的内容都应该删除。

在教师的教学当中，一是通过教材内容的渠道传播暴力，二是以暴力的方式从事教学与管理。现有教育教学的体制、评价、课程与当下青少年学生的成长发展需求严重不相符，单一性过强，多样化、灵活性与个性化不够，过度强化应试让大量孩子处于压抑状态，这种教育本身就是对孩子的体制化暴力,让下一代中暴力的毒。

因此必须下决心从两个方面解决教育系统内的暴力问题。一方面就是尽量清除教材中的暴力内容;另一方面是要建立健康的校园生活,自主平等、相互帮助,遇到问题,遇到分歧的时候,学会通过商量达成共识和协议,让孩子感觉到用这样的方式来解决问题是更好更有效的,且是能够保证每个人尊严的一种方式。

(三)在学校生活中开展化解冲突创建和谐校园的教育活动

要引导孩子明了无论是谁都应该尊重别人。校园生活要理性应对冲突,冲突本身并不必然构成欺凌,不对等的冲突才构成欺凌。当学生对校园正义还存在信任的时候,就不会贸然采取暴力手段解决问题;当他从同学、老师和校长身上看不到维护正义的希望时,对校园正义失去信心的时候,就可能直接使用暴力手段达到自己想达到的目的。

学校要从引导学生正常交流开始,建立人与人之间的尊重和平等的意识,然后通过这些交往来降低不对等冲突产生的概率。即便产生冲突,由于孩子有平等、尊重意识,也能减缓暴力,避免多数人对少数人的孤立。要教会学生一些处理人际纷争的技巧,只有教给孩子沟通的方法才能学会共事,要让学生认识到"协商"的办法是最好的,而用"暴力"的办法永远都让人瞧不起。从幼儿园起教学生如何平等相处,如何与人分享、如何感恩,这方面可做的实际教育工作很多。课堂是解决学生暴力的一个方面,但不是最主要的方面,最主要的方面是在学生的日常教育中重视这一个问题。

学校还要教会孩子自我保护。自我保护教育是基于政府和有关方面对这个问题解决方式上的不足,相关的措施不到位,不得不需要儿童进行自我保护。提出儿童自我保护当然会遭受到社会上的批判,民众会责问政府干吗去了,让孩子们自己保护自己;政府也不乐意说让孩子们自己保护自己,难道政府保护不了他们吗?事实证明,每个孩子的自我保护教育在关键时刻能发挥重要作用,各方面不得不接受这个现实。

（四）把好家庭的第一道防线

校园欺凌的主要问题不是在校园，而是在成人社会。成人社会中与校园欺凌相关的有几类关键的当事人，首先就是父母，一般校园欺凌都与父母有比较大的相关性，主要体现在父母平时可能以比较暴力的方式对待孩子，还有父母在平时可能会以不平等的方式对待其他人，比如父母是有权力的官员，或是有钱人；或者恰好相反，父母处在社会底层，长期被别人看不起，就会以仇视眼光来看社会。处在社会两极的群体，可能以不平等的方式来观察社会，容易用暴力的方式来解决问题，也就成为校园暴力的逻辑源头。

在校园欺凌治理中，学校只能够从学校这个环节起作用。一个孩子在自己的家庭是放任的，在社会上是相对受约束的，学校里面的规范是比家庭和社会上都严格的，学生可能发生暴力的场所依次是家庭、社会、学校。学校总体来说对孩子欺凌是相对比较强的防线。如果在学校里面有欺凌行为，就是突破了家庭和社会上这两道关口。如果孩子突破了家庭与社会两道防线发展到校园欺凌，在社会上是完全可以去欺凌别人的，在家庭里面也完全可以是欺凌别人的。所以治理的次序是家庭、社会、学校，如果能够把家庭环节的问题解决了，至少现在的校园欺凌中的较大比例就会消失。在家庭里面不会欺凌别人怎么会到社会去欺凌别人呢？在社会上不欺凌别人，怎么会到学校里面去欺凌别人呢？所以总体来说，需要社会去关注这个问题，包括政府、社会和家庭，不要仅仅是教育行业去解决，学校不是万能的，教育不是万能的，只有把层次关系理清了，各个主体解决自己要解决的问题才是更好的解决方案。

家庭教育原本有自己的职能，就是使孩子有正常情感发育的空间，对孩子进行养育、情感呵护，让孩子学会人际交往准则，形成规则意识、民主意识、责任意识，学会平等互助，而非功利地成为学校应试助手，治理校园欺凌需要让家庭教育回归其原本功能。

目前治理校园暴力实际上第一个关键性的环节是在家庭，无论是欺凌者还是被欺凌者，他们的家庭教育一定是出问题了。如果家庭这一关把住了,校园欺凌就不可能发生。很多校园欺凌的孩子和他父母的为人是有关系的,和他的家庭生活状况是有关系的。如果父母是有暴力行为的人,包括对这个孩子使用暴力,这个孩子对别人使用暴力的可能性也大得多。家庭环节的问题没有解决,学校去想各种办法的作用是有限的。

家庭和学校要教会孩子与人相处的能力,远离这些被欺凌的场所,帮助未成年人面对冲突,尤其是当冲突已经形成时,在欺凌的事件发生时,躲避不是唯一的办法,在第一时间学会自我保护和求助。家庭与学校之间信息互通、理念相近、行动协同,家校合作,可以使家校双方在预防和处理未成年人冲突、化解和遏制校园欺凌上加强合作,形成合力。

综上所述,治理校园欺凌需要学校、家庭和社会建立更多的联系。中国要解决校园暴力确实需要借鉴世界各国的先进经验,但更重要的是要找到中国自己的校园欺凌问题的主因,根据中国的情况制定方案,采取解决的办法。现在的主要问题是很多人还不敢正视家庭、校园、教材中的暴力问题,只有正视这些问题才有可能真正解决校园暴力。

向更好教育改进
EDUCATION

校园欺凌综合治理迈上新台阶*

校园欺凌现象在中国校园里存在时间长,原因复杂,治理难度大。解决校园欺凌问题事关一代代青少年学生的成长与身心健康,又与千千万万家庭的幸福和社会和谐稳定息息相关,近期已成为社会舆论关注的焦点。

几年来,国务院教育督导委员会、教育部以及各省政府都先后发文要求对校园欺凌进行治理。然而,由于对校园欺凌的概念没有获得各方共识的清晰界定,缺乏完整、系统、准确的调查,对校园欺凌的真实状况认识不完整,政府部门的相关文件又存在执行主体不明、过于抽象、可操作性不强、专业性不够等问题,校园欺凌治理的效果与民众期望之间存在差距,政府、社会、家庭、学校对校园欺凌的应对都明显准备不充分。

面对这样的现实,教育部等十一部门制定并印发《加强中小学生欺凌综合治理方案》(以下简称《治理方案》),在总结前些年校园欺凌治理的工作经验基础上做出了新的整体设计,将会促使校园欺凌的综合治理迈上新的台阶。

新的《治理方案》首次对校园欺凌的概念做出较为规范的界定:"中小学生欺凌是发生在校园(包括中小学校和中等职业学校)内外、学生之间,一方(个体或群体)单次或多次蓄意或恶意通过肢体、语言及网络等手段实施欺负、侮辱,造成另一方(个体或群体)身体伤害、财产损失或精神损害等的事件。"这个界定有助于各地在治理时厘清校园欺凌的边界,避免对校园欺凌的泛化理解而产生的混乱,也可成为对校园欺凌进行调查、统计、研究的参考依据,促进相关的研究规范进行,获得更准确的校园欺凌

---

* 本文发表于教育部网站,2017年12月27日。有改动。

基本信息。

《治理方案》对当下中国校园欺凌现象的成因、特征、范围等所做出的判断较此前更为精准,以此为基础所确立的治理原则"教育为先、预防为主、保护为要、法治为基"比较符合实际。多项调查表明,中国当下的校园欺凌是社会法治不健全,成人社会中暴力发生率较高在校园中的体现。暴力发生原因在于众多人未能形成人人平等的观念,未能学会遇到矛盾冲突通过协商解决的处事方式,不能正确处理好人际关系,不能正确认识到自己与别人的责任与权利边界。将综合治理的重点放在教育和预防上,抓住了这个关键,教育的范畴不仅需要在学校中深入开展思想道德教育、法治教育、心理健康教育,还需要提高所有社会成员的思想觉悟、道德水准、文明素养,提高全社会文明程度。

《治理方案》强调"切实保障学生的合法权益,严格保护学生隐私,尊重学生的人格尊严。切实保护被欺凌学生的身心健康,防止二次伤害发生";强调按照"宽容不纵容、关爱又严管"的原则,对实施欺凌的学生予以必要的处置及惩戒,体现了学生为本的基本理念。作为未成年人,受害者需要保护,施害者在需要惩戒的同时也需要保护。《治理方案》确立的这些原则为受害者与施害者的保护与惩罚划出界线,可防止双方当事人的偏激与过度行为,确保对所有儿童的基本权利的维护,避免伤害事件发生后出现连锁反应。

法治是减少校园欺凌所必需的社会大环境,当下中国校园欺凌成因主要是成人社会存在的尊重他人意识不够,平等观念淡薄,法治观念不强,"法治"既是对校园欺凌的归因,也是治理校园欺凌的思路和措施,对因欺凌产生的各种社会问题需要在加强法治的大框架中解决,整个社会都需要加快法治进程,杜绝暴力以各种方式传播,尤其是要清除教材、课堂、教学过程中的暴力内容,不以任何借口将暴力内容保留在教材和教学中。解决校园欺凌问题也需要从成人社会着手,建立平等、法治、相互尊重的社会。

《治理方案》在注重建立健全防治学生欺凌工作协调机制,综合治理的同时,对各机构的职责进一步加以具体明确。特别是要明确落实家长的监护责任,明确家长要增强法治意识。众多校园欺凌问题的源头在家庭,欺凌孩子的背后常常会有一个有问题的家庭,或家庭中存在有问题的成员。父母要学会尊重孩子,理性对待自己的孩子,在孩子发生各种问题的时候要耐心讲道理,尽可能不使用暴力对待孩子;要教育孩子平等待人,无论对方尊卑或智愚,都应平等相待,这是阻止校园欺凌发生的第一道防线。《治理方案》甚至细化了校长、教师、少先队大中队辅导员、教职工、社区工作者等的职责。

引入专业第三方机构定期开展针对全体学生的防治学生欺凌专项调查是《治理方案》中首次提出的新举措,也是整个教育管理与评价过程形成良性教育生态正在发育成长的新机制。事实上,专业机构在校园安全方面不只是要进行调查,还可以进行事前评估,及时查找可能发生欺凌事件的苗头迹象,防控风险,教育行政部门要积极自觉成为专业第三方机构的用户。

明确执行主体使得《治理方案》增强了可操作性,明确学生欺凌事件的处置以学校为主,要求"原则上学校应在启动调查处理程序10日内完成调查,根据有关规定处置""县级教育行政部门成立机构处理申诉请求"。"涉及违反治安管理或者涉嫌犯罪的学生欺凌事件,处置以公安机关、人民法院、人民检察院为主"。着眼建立长效机制,通过培训、考评、问责、依法治理,明确部门的职责分工,加强督导检查。完善这些细节将提高治理工作的有效性。

当下,贯彻落实好《治理方案》是确保中小学生欺凌防治工作落到实处,把校园建设成最安全、最阳光的地方的重要任务;同时又必须清醒认识到,彻底消除校园欺凌绝不是一个《治理方案》就能实现的,需要政府、家庭、社会、学校等各方面共同努力,做长期、艰难、细致的工作,路还很长。

教育经费如何管好用好[*]

教育经费支出占比实现国内生产总值(GDP)的4%已近一年。教育部提出,今年是教育经费管理年,一定要用好教育经费,努力办好人民满意的教育。

随着教育财政投入的大幅增加,用好管好教育经费的任务显然十分艰巨,要求更迫切,社会关注度也更高。因此,如何解决目前教育经费管理所存在的问题,进一步管理好教育经费以促进教育事业科学发展值得我们探讨。

一、教育经费管理存在的问题

2012年,中国年度财政性教育经费支出总额超过2万亿元,占GDP比重首次达到4%,增加的经费与原有不太完善的经费管理体制间的反差凸显出教育经费管理存在诸多问题。这些问题集中表现为:

规范、体制不健全。由于我国尚未有《预算法》,行政文件的效力有限,虽然在一些地方有了预决算过程,也有其他各种制度形式,但在实施过程中依然存在过多的人为干扰因素,执行不够严格,没有形成严格的经费管理制度。甚至出现了一些地方政府将上级教育专项支出打入当地财政收入户头的明显违规行为。还有一些地方资金分配和拨付不够及时,导致年底还有大量资金未能使用,该年度应该做的很多事却未做起来,不只影响下一年度的预算,更大的损失在于贻误了与之相关的一大批教育当事人的成长发展机会。

---

[*] 本文发表于《光明日报》2013年11月4日。有改动。

绩效目标不明确。教育财政经费用来干什么，这是很多地方至今不甚明了的。加之现有教育管理体制存在条块分割、多头管理、层次多、环节多、运行成本高、效率低等特点，不少人想当然地认为增加的经费应由每个部门都分一杯羹，政府教育财政投入总目标被淹没、模糊了。不少地方仅仅将政府的宏观政策作为经费投入的由头和框框，缺少依据当地实际情况解决当地教育实际问题的具体方案和目标，缺少对当地经费需求的全面了解和系统深入的分析，从而导致教育经费使用的绩效不合理，花了大量的冤枉钱。例如，说到教师培训重要，某地教委所属十五六个部门就都争着花钱做教师培训，这个培训班主任，那个培训团干部，还有部门培训党员骨干，又有部门培训教研骨干或青年人才……其结果是政出多门、交叉重叠、低层次重复。计算出培训总量，则该地所有教师一年要拿出超过一半的时间参加各种培训，似乎教学工作都不需要做了，未能满足教师成长发展的真实需要，却花掉了大量教育经费。

分配使用过程不透明。教育经费从根本上说是纳税人的钱，它的分配和使用过程至少需要让纳税人看明白，现实的状况是多数地方难以做到这点，因此成为公众关注的热点。教育主管部门也曾要求财务公开，但较多关注的是学校内部的财务公开制度建设，作为一级地方政府的教育财务公开程度远远不够，一些地方在项目经费里大量列支正常的办公经费，拓展"三公经费"的支出空间，由此引发一系列社会质疑，有损政府的信誉。由此，一些地方提高生均经费的积极性不高，项目经费却有很大的增长，而项目经费不只在分配环节不够透明，而且主要使用在优质学校上，导致教育均衡的问题不但没有解决，反而有所加剧；此外，由于各地发展学前教育的财政经费进入私立幼儿园存在障碍，被大量投入在公立园和示范园上，不仅难以实现《国十条》的普惠目标，政府没有很好地担负起"保底"责任，还导致一些地方幼儿园间的差距进一步拉大，加剧了"入园难"。这些都在一定程度上与经费的分配和使用不透明直接相关。

鉴于上述问题，今后一段时间内管好用好教育经费不再是相关人员是否尽心尽责的问题，也不再是提出一些一般性的原则或财务纪律要求所能解决的问题，而是要转换教育经费的管理模式，结合政府管理体制改革,在建立透明、有效的政府管理基础上去管好用好教育经费。据此,当前最为急迫的是强化绩效目标管理,建立透明的教育财政管理、分配体制。

二、强化绩效目标管理,把钱用在刀刃上

强化绩效目标管理,简而言之就是要把花钱与做事以及所做的事能否达到预期的效果密切结合起来,改变长期以来钱跟人走的经费分配方式,转向钱跟事走,用钱去有效地办事。

事前绩效评估即是在明确了绩效目标后编制出实施方案,由独立的第三方专业机构对其实施的必要性、可行性、有效性、可持续性、存在的风险等进行公开、公平、公正、科学、规范的评估,对方案预算安排等方面进行综合的评估,从而推进经费投入和管理科学化、精细化,提高经费使用的合理性和预算的科学性。

过程监督主要是对经费使用过程的关键点进行监督,要求经费的使用方严格按照经过论证、评估的方案用钱,防止"跑冒滴漏"、偏离目标、偷工减料、改变用途、弄虚作假等。事后审计则是依据此项工作方案以及过程中的记录材料对全过程进行审核、检查、总结,并对责任人的工作做出评定,若未实现目标或过程中发现违规则应追究责任。

有了这些制度保障,才能有效地保证教育经费使用得当,同时也能控制成本、节约经费,提高经费使用的效率和效益。但目前国内仅有少数地方开始建立和使用这些制度,例如北京自2010年开始试行教育经费使用的事前评估,由财政部门委托有资质的第三方公司出面请相关专业的专家、人大代表、政协委员对教育经费支出项目进行事前评估,并初步取得明显的效果。目前各地多数地方尚未开展类似的制度建设,使得加强教育经费的管理缺少落实的制度基础,缺少规范的工作模式,难以保证经费投入与政府政策目标一致,也难以保障财政资金投入的有效性、可行性,也难以有效控制经费投入风险。

三、建立看得见的教育财政管理、分配体制

教育是基本民生,政府在教育方面提供的是公共服务,其中义务教育阶段提供的更是纯公共产品,教育经费的分配、使用各个环节是没有什么不能公开的,也是应该向纳税人公开的。公开教育经费分配和使用过程是推进政务公开,提高预算安排的透明度,提升政府公信力的有效措施之一,也能有效推进教育的公平和均衡,提高教育行政部门和学校的工作效率。在这方面应着眼于大局和长远,积极推动以下制度的建设:

一是对社会质疑的回应制度,如乱收费、择校收费、不同学校间的经费分配不均之类社会质疑的热点,应由相关学校或部门直接公开相关情况,以回应社会的质疑。

二是逐渐推动学校和教育主管部门建立面向社会的年度财务报告制度。让纳税人明明白白地知道教育的经费来源、使用多少、如何使用、效果如何。报告应提供本年度经费收支的明细,从而有效防止各级政府或相关部门对教育经费的恶意截留、挪用、侵占,防止各种灰色的教育经费收支,让教育上的钱用在明处,这本身也是教育自身健康在行为上的一种必要体现。

三是进一步严格教育经费的预决算制度。使政府和学校的收支行为得到有效的规范和监督,把全部的教育经费列入预决算程序,制定全口径精细化的教育财政预算,尽力减少直至最终取消各类教育专项经费,保障公众对教育经费预算的知情权,让教育经费预算变得更加公开透明。

四是建立公众通过一定的程序参与教育经费的分配、使用和过程监督工作的制度,转变政府是唯一决策主体的观念,改变长期以来教育决策过程中"受益人缺席"状态,让有代表性的各个利益相关方表达诉求,直接参与教育经费的决策,将会有效提高教育经费决策过程的合理性,也能有效促进教育公平的共识产生。

由上可见,改善教育经费的管理,提高经费使用的有效性,严明的财

经纪律是基础,强化政府绩效目标管理是突破口,建立透明的教育财政管理、分配体制是保障,必须从上述三个方面同时发力,才能收到公众期望的效果,才能真正办成人民满意的教育。

向更好教育改进
EDUCATION

规范学校收费制度的调查与政策构想*

教育乱收费已成为一个久治不愈的老问题，虽然近年来国家实行了各种高压政策，下决心治理，不但效果甚微，而且形成治理—膨胀—再治理—再膨胀的恶性循环。人们或许认为随着新义务教育法中免费义务教育政策的实施，教育乱收费的问题将自然消失，然而现实调查与理论分析都不会得出这样的结论，教育乱收费问题将长期存在。现依据在全国各地的实地调查对建立规范的教育收费制度的必要性、可行性及制度设计本身加以讨论。

一、实施免费义务教育后教育经费不足问题的思考

2006年6月29日，全国人大通过新修订的《中华人民共和国义务教育法》，并于9月1日开始实施。该法明确"实施义务教育，不收学费、杂费"（第二条），实现了由收费义务教育向免费义务教育的彻底转变。新《义务教育法》的颁布实施，对推进基础教育改革与发展具有重大的意义，是我国义务教育发展史上一件具有划时代意义的大事。2007年各地已经开始实施免费义务教育。

从新《义务教育法》在各地实施的情况看，由于一些地方相关措施没跟上，教育经费仍然面临困难，无论是东部还是西部都有比较多的地方存在免费后教育经费不足问题。西部地区由于历史债务，造成资金压力，而在东部地区很多转制、改制学校也同样存在经费短缺问题，或因免费标准与当地教育发展水平存在差距而出现教育经费不足。

---

* 本文发表于《新教育》2007年第2期。有改动。

免费义务教育实施后出现教育经费不足的情况有以下几种：一是新《义务教育法》实施取消学杂费以后，有些地方还没有实现省级政府统筹，经费落实不到位，学校运转困难；二是在有些贫困地区，中央和省里资金到位了，但地方配套资金很难落实；三是虽然强化了中央政府和省级政府在义务教育投入方面的责任，这不过是投入渠道的改变，学校义务教育经费总量没有实质性增加，在一些学校还出现了教育经费总收入下降的现象；四是一些学校的欠账无法偿还，例如，前些年贷款买计算机的学校，当时可以收费来还贷和维修保护计算机，但是现在不能收了，而生均经费里又没有还贷的钱，这类遗留问题比较严重，有些学校因为欠债时间过长，被告上法庭；五是以前主要靠吸收社会资金运行的学校，由于新《义务教育法》保障机制明确规定不能收费，造成资金压力太大，新机制与旧机制形成了冲突。

实施免费义务教育后教育经费不足问题的出现，根本原因在于各地所确定的义务教育免费标准与当地义务教育实际经费需求之间存在差距。进一步分析可以看出，受多种因素影响，即便在同一区县内的不同地方、不同学校、不同家庭、不同学生对义务教育有着不同的诉求，这种不同诉求是造成义务教育经费需求差异的源头。

解决免费义务教育实施后义务教育经费短缺的问题存在三种选择：一是政府提高义务教育免费的标准，扩大免费的范围；二是承认不同人对义务教育的不同诉求，在限定免费标准和范围的同时，准许并规范超出范围的收费；三是坚持义务教育免费的标准的统一性，不承认不同个体对义务教育的不同诉求，不允许任何收费。

第一种选择是最理想的，但受到政府财力的限制；第二种选择是比较现实的，但规范的难度比较大；第三种选择是最不理想的，一方面使学校面对众多困难，另一方面难以满足义务教育受教育者的多样性需求。

对于免费后义务教育学校经费不足的问题不应采取简单遮掩的态度，而应采取实事求是的态度，承认其存在，并采取措施加以解决。首先各级政府应依据当地的经济发展水平、文化教育发展状况、人民群众对教育的期待值等确定适合当地实际的义务教育经费标准，尽可能使这一标准满足当地绝大多数人对义务教育的期望;同时对一些具体问题要具体分析,寻找个别的解决方式方法,不能一刀切。

实践说明免费义务教育政策的实施,并不会导致教育乱收费的问题自然消失,而且更应该谨慎地对待新出现的暗中、无序的教育收费问题,使教育收费走向透明、规范。

二、对"一费制"实施效果的调查与分析

"一费制"是指《教育部、国家发展和改革委员会、财政部关于在全国义务教育阶段学校推行"一费制"收费办法的意见》(教财〔2004〕7号)所确立的收费政策。这一政策提出的背景是:社会矛盾比较尖锐,老百姓尤其是农民不堪重负,教育致贫现象大面积存在。"一费制"的政策意图在于减轻农民负担、保障社会稳定、防止教育上的腐败,采取的主要措施是统一标准,一次收取,公开监督。它的政策前提假定是"学校经费来源必须坚持政府投入为主、学生交费为补充"的原则,事实上它是转型时期为减轻农民负担而采取的阶段性措施。

(一)"一费制"实施的效果

"一费制"实施的效果如何?依据其出台的政策意图衡量,它实施的效果可以简要归纳为:在一定程度上减轻了农民负担,保障了社会稳定,但没有从根本上消除教育腐败。依据对浙江桐乡、江苏徐州、黑龙江哈尔滨动力区、安徽岳西、安徽石台、安徽铜陵、河南滑县、青海互助、河北涞源、山西柳林等10个区县进行的调研,"一费制"实施效果可归纳如下:

1. "一费制"对限制中小学乱收费起到一定作用,但只是抓住了若干"小鬼",放走了一个"大妖精"——择校费。择校费是教育乱收费的大头,应作为教育乱收费治理的重点。"一费制"确实为不少农村家庭减轻了经济负担,一年能为学生家长减少二三百元(有两个以上子女上学的则倍乘),这对于贫困的农民来说是个不小的数字。但众多家长感到更难以承受的是择校收费,而且由于这种收费大多有政府的红头文件作依据,更不

合理。例如:某中等城市小学收择校费1万,初中收3万,其中40％上交市政府,30％交市教育局,30％留在收费学校,学校承担了收费之名,实则是政府变相收费。

2."一费制"实施后对义务教育阶段教育经费的影响分为几种情况:一是对那些原来经济发展水平比较低的地区,"一费制"的收费标准和原来规定的标准差别不大,个别地方"一费制"的收费标准还高于原来的收费标准(如山西柳林),"一费制"实施对经费的影响不大;二是对那些政府确实能够保障教育经费足额到位的地区,"一费制"实施后对教育经费的影响不大(包括东、中部不同地区);三是对那些经济发展比较好、政府教育经费不能足额到位,或当地财力不足的地区,实施"一费制"后教育经费出现严重紧缺。

3."一费制"对义务教育阶段的入学率、巩固率、教学质量等没有显著影响。"一费制"对义务教育阶段的入学率、巩固率、教学质量等有一定影响,但不显著。对于那些确实因贫困产生的辍学,"一费制"实施可以发生积极的影响;但对于因厌学等原因产生的辍学则不会发生作用,所以"一费制"实施后初中阶段的入学率提高了,但同时辍学率也升高了。

4.对一些贫困县,即便实行"一费制",仍有相当一部分家庭支付不起上学的费用。如河北涞源、安徽岳西等,都有相当一部分家庭在实施"一费制"后仍然因贫困无力支付孩子的上学费用。即便是在人们认为老百姓比较富裕的浙江仍有近二成农户认为实施"一费制"后教育负担仍很重。对这部分家庭,如果仍然采取降低收费标准的措施则会因小失大,妨碍大多数人接受正常教育,因此只能采取诸如减免费用或助学金之类的其他的方法解决问题。

5."一费制"的突出优点在于公开透明。它使收费和交费方都明确费用的数量与用途,社会效果很好。但由于所收的费都标明用途,对于学校来说也就成为一笔"死钱",在一定程度限制了学校管理和经营的空间,也在总体上降低了教育经费使用效益。

6."一费制"不能从根本上抑制教育腐败。教育上产生腐败的主要有三个环节:一是收费;二是经费的运行(上下拨付);三是经费的使用。目前这三个环节的腐败都存在。收费确实可以导致腐败,"一费制"在教育收费环节堵住了一些漏洞,对防止不正之风和腐败有一定作用。但收支两条线的做法也使不少地方以统筹的方式截留或延时、折扣拨返教育经费(包括书费),这样抑制了学校的腐败,却为一些地方政府的腐败提供了条件。

(二)"一费制"中存在的局限性

"一费制"自身的逻辑不清晰,并且产生了一些新的问题。

"一费制"的局限首先表现为其制度本身的逻辑是不清晰的,表现为:

一是"一费制"对教育正常收费的界定缺乏周延。在"一费制"政策出台的同时,又有"三限"政策,即限分数、限人数、限钱数的择校收费政策。这两项政策同时使用在逻辑上是相互矛盾的,前者要求所有学校所有人依照同样标准收费,后者要求对一部分人可以收数万元的"择校费"。有人说后者仅对高中而言,但现实中上初中、小学收择校费的大量存在。"一费制"政策所确定的收费项目也未能真正涵盖学生在校期间的正常支出,它是一个随学校办学水平和当地生活水平变化的概念,比如说安全费用、体检费用在一些学校可能列不进正常开支,在另一些学校则为必需的支出。

二是"一费制"规定在一个省市自治区内仅分城乡两种情况确定收费标准,这种规定难以符合实际需要。即便是同一个省市区内部,经济发展水平和消费水平差距都是明显的。而且教育发展水平在各地还不完全一致,教育发展水平高的地区教育收费标准也自然相应地高些。因此在一个比较大的区域内仅仅依据地理范围规定教育收费的统一标准是不切实际的。

三是仅仅由政府确定教育收费标准在程序上是不周全的。教育费用是在学校教育教学中发生的,它的相关当事人是学校、学生、家长、政府。学校收费标准至少应由以上几方参与,共同确定。

四是在出台"一费制"政策的时候,对全国教育经费的情况缺乏基本的估计,以致在这一政策出台后,学校处于既不能收费,又没有政府拨款的经费严重不足的尴尬境地。

从逻辑上说,加大义务教育经费的政府投入是前提,在此基础上规范收费才可能有效。

(三)"一费制"不能从根本上解决教育乱收费问题

规范教育收费必须明确教育乱收费的根源。调查表明教育乱收费的原因十分复杂,主要有以下三个方面:

第一,政府教育投入不足是根本原因,更有甚者,一些地方政府借教育来解决经费短缺问题。由于政府对教育投入总量严重不足,导致许多学校为了生存而乱收费。调查发现,不少学校连续多年未从政府获得公用经费,同时,确有一些地方政府借用教育之手来收费,地方政府参与对教育收费的分成。因此,解决这一问题的根本在于加大政府的教育投入,使政府对教育的投入及时、足额、均衡到位。

第二,教育政策导向失误。功利观念的驱动在教育政策上产生巨大的影响,使得教育资源配置向非均衡化方向恶性发展,导致城乡、地区、学校和教师之间差距拉大。教育主管部门在政策扶持与资源配置上向大学、城市、城市中的重点学校、示范学校、优秀学校倾斜,造成优质教育资源供给与需求的极度不平衡及择校的不可遏制,收费不断攀高。功利观念导向把学校办成了"学店",加剧了教育乱收费。

第三,严重的行业垄断体制。某些地方政府、教育主管部门、名牌公办学校校长和教师客观上已形成了一个利益共同体。规范、治理教育乱收费直接影响到这个利益共同体的利益。调查发现,在教育上的违规收费的行为主要发生在那些将教育作为自己实现工具价值的人身上,包括地方政府的一些部门在背后怂恿着教育收费,他们想借教育来获取、维护自身的利益。以教育为长期利益基础的教师大都不赞成乱收费,反对以此玷污自己心灵的神圣。

上述原因说明治理教育乱收费是一个长期的过程,必须依据乱收费问题产生的根源寻求解决乱收费治本的方法。保证政府充足的义务教育经费投入,消除教育上功利观念的影响是解决乱收费问题的根本。不能奢望"一费制"能根治教育乱收费。

（四）"一费制"实施衍生的新问题

1.使得不足的教育经费更加紧张。"一费制"从两个方面导致教育经费更紧张：一是收费减少；二是学校经费使用的自主性降低。"一费制"实施后不少农村学校实际生均可支配经费不到20元，依靠这点钱交水电费、购置教学设备、维修等显然不够，以至大量学校因经费困难而无法维持运转。对于那些因建设投资已经有债务的学校来说，学校经费更为紧张。

2.影响学校的教学质量，成为阻碍教育发展的束缚。"一费制"对教学质量的影响反映在以下方面：首先，教师的"奖金"不能兑现，教师教研进修受到经费限制，教师校内工作的轻重优劣无法通过薪酬体现，乡村学校的青年教师向外流失，无人愿当班主任，无人愿意多上课。这对教育发展是最为致命的打击。其次，学校失去展现其个性特色的基础。学校的各种特色活动因不能收费而陷入困境，例如：学生的兴趣小组。由于"一费制"限制了在校内开展活动，为校外更高收费的滥办班开了方便之门，最终损害的是学生的发展和家长的利益。不少家长担心现在少交几百元，将来可能需要多交几千甚至几万元才能弥补孩子成长所受的损失。再者，学校的图书仪器设备添置失去保障。教学中所使用的辅导资料无法统一订购，需要学生自己买，因此费时多、版本多、盗版多，教学不方便，从而影响到教学质量。此外，还造成一些已有教学资源不可用。比如，一些学校斥巨资建了微机室，但依据"一费制"规定不准收上机费，学校又无力支付高额电费，以致信息技术课停开，微机室闲置。

3."一费制"产生的其他社会效应。一是给家长带来新的不便，他们不得不到处为孩子寻找不在收费范围内的书籍簿本；二是为社会上的各种复习资料泛滥提供了机会，一些廉价盗版资料大行其道；三是由于经费不足影响到教学质量，最终伤害学生和家长的利益。

由上可见，"一费制"推行是一个用行政手段解决教育问题的典型案例。它解决了"透明"的问题，却没有解决"公平、合理"问题；它能实现政府的政策意图,却有违教育的内在特征与规律。教育的管理需要运用行政手段,但教育本身又是一项专业工作,用简单的行政方式难以真正解决问题,或只能产生"摁下葫芦浮起瓢"的效果。"一费制"本身的局限决定着它只能作为一种特定时期教育收费的政策存在,它不是一种成熟定型的教育收费制度,有待以实事求是的科学态度,立足于标本兼治,建立更为完善、规范、公平、符合实际,有利于教育健康发展的教育收费制度。

三、建立规范的学校收费制度的初步构想

对"一费制"实施过程的分析和免费义务教育实施后教育经费短缺问题的存在,都说明建立规范的学校收费制度不仅在现在依然是必要的,而且可行。这里依据调研的实际对此加以探讨。

(一)对教育收费问题的基本分析

首先,学校收费将长期存在。于2006年9月1日实施的新义务教育法第二条规定"实施义务教育,不收学费、杂费",即便如此,教育上的收费行为在一定时期和范围内仍然存在。主要原因:一是免费所免是有一定范围和额度的(如学费、杂费、书本费、午餐费、住宿费、搭伙费),在规定的免费范围之外,又确实为教学双方所需要,能为双方提供方便的收费不可避免地还会存在。二是全民免费义务教育是以工业化为社会背景提出来的(这点与班级授课制相同),它的前提假设是所有人都可以同样的成本受同样的教育,这个前提假设在理论上是存在问题的,因为信息社会要求培养有个性的人。在实践上也难以行得通,无论是学生还是学校,都要形成各自的特色,千人一面、千校一面的教育肯定不是好教育,不是能够满足人民和社会发展需要的教育。特色可以建立在相同的教育费用之上,但多数情况下实施特色教育不同个体和学校的花费都有所不同。这种应对教育需求的不同而产生的花费差异是教育收费的现实基础。三是非义务教育阶段教育经费供求矛盾日趋激烈,迫切需要制度建设加以规范。

其次,学校收费问题需要得到体制上的解决。第一,通过"一费制"方

式解决教育收费问题,仅把它当成减轻农民负担的措施,是对教育收费功能的理解过于单一、片面,忽视了收费在调节教育及社会各种关系上的其他功能,如教育的供求关系、社会资源的总体效益、教育的发展对群体利益的影响关系、基本需求与优质服务的关系。因此,需要建立一种全面权衡而非从单一方面考虑的教育收费制度。第二,"一费制"只是政府出台的一项政策,它发挥作用存在时空局限性,不可能从根本上解决教育收费这一长期存在的问题,需要有长久的制度设置来解决教育收费问题。

再者,建立规范的学校收费制度是化解各方面矛盾的治本之策。"一费制"存在问题,但不等于说在教育收费方面就不需要制度和规范;相反,"一费制"过于粗糙、过于机械、过于简单,不适用于教育这样一种极为复杂的社会活动。如果教育收费没有一套严格的制度和规范,不仅对于家长和学生不利,而且对教育自身的发展也不利。家长和学生需要收费的制度和规范,是因为任何家长和学生,无论你的经济政治地位多高,相对于学校这样一个庞大的系统,在现在和将来永远只是弱势(在历史尚未形成庞大的学校系统之前不是这样),规范的收费制度是家长和学生与学校对话不可或缺的机制;学校需要收费的制度和规范,是为了在教育系统内部不同学校间创建公平、平等、规范、透明的学校发展规则,现在的学校发展严重缺少这样的规则,迫切需要建立更加严谨、规范、符合实际的教育收费制度。

学校作为复杂社会关系中的一种组织,它的发展需要充分运用家庭、政府与社会的资源,在此基础上培养人才为社会服务。规范教育收费制度本身应尽可能满足民众对优质教育的需求,符合教育特点及其发展的趋势,教育当事人通过这一制度可以充分发挥创造性来满足民众的要求,同时要真正切实从民众的角度维护学生和家长的长远和根本利益。规范的学校收费制度可以成为社会各种个人与组织在涉及教育经费的获取、分配、使用和监督上的依据。

(二)规范的教育收费制度的内涵

规范教育收费的内涵较"一费制"应更为周密完善,本文所考虑到的主要是：

第一，规范的收费制度应该包括对所有与教育相关的收费项目设置规范。包括择校、捐助等，还应包括助学金制度（因为将收费标准定得再低都还有上不起学的人）。

第二，规范教育收费的目的在于使教育收费准确反映教育实际支出，准确反映教育主体的实际需求，并提供有效满足教育主体需求的自主性空间，做到尽可能公平、合理、透明。

第三，收费标准由收费与交费双方依据实际需要协商决定。由于教育（尤其义务教育）是公共产品，需要政府投资，因此一所学校收多少钱应由家庭、学校、政府三方面确定，并由政府的相关部门予以监督。

第四，教育的收费及其使用过程必须透明。"一费制"对此已有规定，但教育经费运行的各个环节仍有不明朗之处。比如政府拨给学校的经费分配状况，其中间环节仍然模糊。

第五，确立分项可选择的教育收费标准。在教育收费中区分必要费用和选择费用，必要费用由学生缴或由政府及时足额拨付学校，选择费用主要由学生及家长依据自身需要自主选择支付或不支付。政府有责任为每个人平等地享受教育权利提供条件；同时，每个人对教育的需求是个性化的，应提供可选择性，需求不同，收费不同。

第六，政府必须有与收费相关的配套政策与措施。如政府设立教育专项经费，并保证经费及时足额均衡到位，保证教育的均衡发展，学校布局合理，能就近入学等。

第七，确立听证制度。应召开听证会，广泛听取社会各界的意见。"开前门，堵后门"，合理收费。所有收费一律对社会公示，接受社会各界特别是广大人民群众的监督。要充分发挥人大、政协、发改委、物价局和新闻舆论的监督作用。

第八，确立问责制。对教育乱收费现象，真正分清性质，落实到责任单位和个人，依法追究相关单位与责任人的责任，真正实施问责制。

（三）规范的教育收费制度的建立原则

建立规范的教育收费制度是教育发展的客观需求，但它需要一个过程，不会一蹴而就，政府尤其是教育主管部门应从确保中国教育事业快速、稳定、持续和有序的发展的高度重视这一制度建设。在这一过程中应遵循的基本原则有：

1. 专业的设计而不是简单的行政命令。从哪些项目该收费，收多少费，到全社会教育收费整体设置，再到教育收费制度的本身，都应通过专业的调查研究得出结论。

2. 着眼于教育长远发展而不是解决短期问题。在规范收费制度基础上构建适应市场经济发展的教育利用社会资源模式，从根本上打破教育部门垄断。扩大教育投入的主体，鼓励有远见、有使命感、有责任心、有实力的民营资本和社会力量参与教育。积极扶持和大力发展民办学校，提高办学效率，降低民众的受教育成本，满足不同社会阶层、不同家庭条件者的不同需求，形成公办与民办及其他各种办学主体、办学形式有序竞争、协调发展的格局。

3. 与相关法律法规衔接，严格依法办事，真正做到依法治教、依法治校。应依据相关的法律法规和各地的实际情况，确定如何建立规范的教育收费制度。

综上所述，建立规范的学校收费制度应成为解决学校收费问题的长久性策略，实现从依靠行政手段为主向依靠规范的制度为主行政手段为辅的转变，建立和完善符合学校工作特征、反映教育内在特性的学校收费制度应成为今后工作的重点。

陶行知与中华教育改进社

中华教育改进社虽于1921年12月23日成立，但日常办公尚未健全。依社章规定，总事务所设在北京，主任干事陶行知于1922年3月底到京着手组织，于1922年4月12日正式成立，社址暂借前几道的美术学校，不久即迁西帝王庙内，后又迁至石驸马大街二十二号。在此前后北洋政府曾试图任命陶行知为武昌高等师范校长，也曾有人联络聘他回金陵大学任校长，陶行知却选择了任中华教育改进社主任干事。他在这个舞台上，以开阔的视野审视中国教育问题，以更快的步伐迈向既定的目标，演奏出中国从泛义的新教育向目标更为明确的平民教育、科学教育转化的非凡乐章。

1922年4月14日，陶行知与胡适、陈筱庄共同拟定了中华教育改进社第一届年会的规则。接着以改进社名义，致函全国各省市调查教育状况，通知定于7月3日至8日在济南召开第一次年会。5月与胡适、凌冰合译《中华教育改进社简章》，拟出英文本和汉英对照本以资宣传。

1922年7月3日至8日，中华教育改进社第一届年会在济南举行，全国18个省区，47个都市参会。主任干事陶行知在开幕典礼上报告该社社务，分为四项：一、调查，调查一个地方的教育状况，调查一个问题的事实，必须经充分调查后可得真相，把调查的结果报告出来求得进一步的解决为有用。二、研究，目前我们中学的科学教育最为不良，推士先生一来，对于中学科学教育必有贡献。三、编译，调查与研究所得，决不能秘而不宣，必须公布于国人，编译工作不可缺。四、推广，调查、研究、编译还须实行。同心协力，不问党派，抛弃地方主义去实行。同时，鉴于该社想做积极的、联络的、互助的事业，虽能力不足，但有这个志愿，为此他倡导大家效法武训的办学精神:"在我们眼前所挂的是武训的遗像……世人以为无钱不可以办学,但武训不是这样想。他说就是穷到讨饭也要办教育,他是已经照这话实行的。武训死了,他的办学精神是永远不死的。"

1922年7月5日,为发展中国固有文化,呼应"山东问题"的解决,在年会高等组第三次会议上,由主席蔡元培提出,陶行知与王柏秋共同提议《创办青岛大学案》并获通过。高等教育组讨论中,陶行知还与蔡元培提出《国立大学与省立大学分别设立案》:建议国立大学为全国高深学术之总枢,全设文、理、工、农、医、商、法、美术、音乐各科;并设大学院及观象台、动植物园、历史、美术、科学诸博物院等。省立或区立大学,"以大学为本省或本区各种教育事业之总机关"。先设地质、生物学、化学、心理学、社会学、教育学等研究所,皆须有相当的实验室、图书馆、陈列所。对于中国教育的现状,陶行知认为教育界的人把教育问题看得太普遍、太浮泛了,"彼此的见解,不相上下,都犯了一个博而不精的毛病",认为分门别类的专深研究"是教育进步之母"。6天的会议共议决百余件议案,"确可以代表现代中国教育界的思潮信仰"。

中华教育改进社是当时中国最为前沿的教育家群体展现才干共同合作的舞台。为提高工作效率,提倡科学工作方法,陶行知为改进社确定了八点《办公原则》:"唯事的",非唯人的;"科学的",非墨守成规的;"效率的",非浪费精力与时间的;"教育的",进步的,非保守的、倒退的;"美术的",办公室布置适宜,文件柜整洁;"卫生的",设备合于卫生,工间宜略休息;"兴趣的",办公事有兴趣,能增加工作效率;"互助的",开诚布公,合作互助。以上八端,乃治事之标准,勉励同人共同做到。这样就将改进社与官僚办事衙门区分开来。改进社总事务所,1923年下半年后还包括中华平民教育促进会总会在内,约五十人,职员们在一起不感到是同事,而感到是同在一个学校上学的同学,学习的机会多,学习的东西多,四年多里面向全国干了不少事。虽有董事会、董事长的设立,但他们不驻会办公,实际上是主任干事陶行知当家,开了四次年会,做了多项调查,编制多种测验,编辑多种刊物,主办教育图书馆、教育展览会、科学教员暑期讲习会,出版多种教育调查报告及中外文科学专著,等等,对中华教育改进、平民教育促进事业,起了积极推动作用。

1922年9月6日,陶行知代表中华教育改进社根据济南年会讨论学制改革的意见,向教育部提出有关学制改革问题的八条议案。

9月10日,陶行知主持在南京邀集多位东南大学、南京高等师范学校教授与美国教育心理学家麦柯尔讨论智力与教育测验计划的进行;18日,在北京召集北京大学、北京师范大学有关教授学者,与麦柯尔讨论智力与教育测绘计划的进行,商定测验地点以北京、南京为南北两大中心。

9月22日,中华教育改进社接受了美国学术团体的捐款,开会讨论美国科学家推士的调查和改良中国理科教育的计划。23日,在改进社欢迎推士和麦柯尔的大会上,介绍二位的简历,陶行知赞成并代表改进社支持推士的科学教育的考查与改进以及麦柯尔的智力与教育测验的进行。

9月25日,陶行知参加"筹划全国教育经费委员会"会议,担任该会总书记。

改进社一建立,经费就成为开展一切活动的基础,以1922年为例,当年社费实收二万一千元。特别捐当年有黎元洪总统捐洋一千元,教育部捐洋一千元,周子庚捐洋一千元,许世英及安徽省署同仁捐洋一千二百元,朱其慧捐洋五千元(专为发展女子教育之用),孟禄捐金洋四千元,洛氏基金会捐金洋五千元,国际教育会捐金洋三千元,斯梯雷底捐金洋一千元。此外,交通部发各路火车免票,通火车之地社员都可享受;招商局的轮船折价,使能通轮船区域的代表都可享受。然而,要将这些费收起来,不容易,四年后改进社的散伙正是由于政局动荡导致经费难以筹集所致。

就在1922年,陶行知任职的东南大学在交社费上就遇到麻烦,陶行知不得不于1922年10月28日和11月14日两次写信给校长郭秉文,"改进社社费,万万不能以千二百元了事。他校均照三社社费总数担任,本校何能独异?若因此牵动他校援例,本校岂能免于破坏改进社之责言。孟禄先生尚如此尽力,吾辈自谋,岂能后于外国之师友乎?事关学校信用,务请嘱行政委员会诸公兼筹并顾,重加考虑。且相差不过一千二百元,只需大家出点力,是不难弥补。吾校在这个团体中,万万不能失信。"

1922年12月6日,南京高等师范学校并入东南大学,陶行知任东南大学教授、教育科主任和教育系主任，17日，出席并代表两校参加改进社在上海召开的第七次董事会，依决议由主任干事陶行知主持筹备教育陈列所，教育图书馆及教育陈列所获得捐洋二十一万元的基金。22日，陶行知参加在北京总事务所召开的京津董事会。

陶行知在23日下午改进社成立周年纪念会上报告该社办事精神、组织系统、学术研究、社员情况、经费来源等，向社会公开，使社会了解，争取多方面的赞助。提倡互助的精神和分析的精神。学术研究是改进社的中心工作，包括：一是研究，张仲述博士负责中学课程改造研究，初等教育委员会负责小学课程改造研究，推士博士负责科学教育研究，麦柯尔博士负责心理测验之编造，在南京正在编造24种测验。此外尚有31个学术委员会，已组织成立24个，正在组织还没有成立的委员会有7个，分门别类研究教育上各种问题。二是调查，分年度进行全国的教育调查；选点进行地方的教育调查，如无锡、济南、南京、北京等，如《京师教育概况》已出版。三是编译，除《新教育》月刊，由中等教育委员会参加中等教育协会办《中学教育季刊》，初等教育委员会担任编辑《初等教育季刊》。尚拟编《中华教育改进社丛书》及《中国教育革新纪实》，用英、日、法、德四国文字著述。四是推广，本社研究员在各地考察时演讲教育上各种问题，以引起教育界之注意。暑假尚拟开科学讲习会，拟举行玩具展览会，还想承受学校的委托，通信讨论种种问题。教育图书馆与教育物品陈列所亦正在进行组织。到1922年底，改进社有机关社员119个，个人社员479人，以全国各省而论，贵州、新疆、热河、四川、蒙古、西藏尚未有社员。研究员方面有推士、麦柯尔、张仲述三先生，各委员会的委员分类研究。由于社务扩充需宽大处所，董事熊秉三（希龄）商请内务部借用帝王庙作为社址。当天晚上，陶行知参加中等教育委员会北京部委员的会议，提出修订会章、拟定经费计划、补充代表等建议。

为了推进女子教育，陶行知在改进社成立不久就创设女子教育委员会，朱其慧任主任委员，陶兼任该委员会副主任委员。当时适逢清华学校决定停送女生赴美学习，该委员会两次向清华和外交当局提出抗议，均未得复。1922年12月27日，陶行知参加该委员会会议商讨办法，随后代表改进社向英文报纸《北京导报》记者发表谈话，支持抗议。在1925年8月召开的改进社第四届会议上，他又与人联合发起并筹备中华女子教育促进会，以求在更大范围内促进女子教育。以致那段时间中国女子教育"进步的敏捷，实可令人惊叹"。

1923年1月，陶行知领导改进社举办国民音乐会，提倡以"国民音乐"来陶冶国民精神。

筹备参加本年6月28日至7月6日在美国旧金山举行的"万国教育会议"成为改进社1923年的一项重要任务，以便让世界了解中国新教育运动的进展，谋求中国教育在世界的应有位置。2月，陶行知即着手撰写英文版《中华教育改进社之历史、组织及事业》作为会议资料。

改进社设有"国际教育组"（后改为"国际教育委员会"），专事国际教育相关事宜，参加"万国教育会议"以及改进社加入世界教育联合会是其具体工作任务。1923年4月25日，改进社国际教育委员会联合北京国际教育研究会召开联席会议，就《万国教育会议宣言书》中的提议，以及中国代表的应对方案等问题，进行了详细的讨论。陶行知报告加入万国教育会议的准备，会议"决议推举名人分途担任"具体事项：(1)推定程湘帆、张仲述、查良钊、凌冰、林砺儒、余天休、陶孟和、付佩青、汪典存研究公民学问题；(2)推定朱经农、陶行知、郑芝园、刘廷芳、孙世庆、徐则陵、程伯庐研究教科书问题；(3)推定张伯苓、郭秉文、胡适之、秦景阳研究互换教师及免费学额问题；(4)推定袁希涛、陈筱庄研究促进义务教育问题；(5)推定汤爱理、戴志骞、洪有丰、沈祖荣研究交换印刷品问题；(6)推定王仲达、欧阳祖贻研究世界恳亲会研究办法问题。议决了中国代表的与会提案；议决推定蔡元培、范源廉、黄炎培、郭秉文、张伯苓、胡适、汪兆铭、陶行知八人出席。定于6月4日由沪乘船起程，并预定于8月20日以前回京，以便在第二届年会上报告。后陶行知因要筹备8月20日至26日在北京清华学校举行的改进社第二届年会而未赴会。改进社为此次会议准备的材料多达17种，其中包括陶行知所写《中国之教育行政》《中华教育改进社之历史、组织及事业》以及他与薛鸿志共同完成的《中国教育之统计》，其他参与写作者包括胡适、刘伯明、陆志韦、郭秉文、朱经农、廖茂如、朱斌魁、黄炎培、郑宗海（晓沧）、俞庆棠、庄泽宣、晏阳初、麦克乐、麦柯尔、戴志骞、梁启超、张彭春、邹秉文等，均为当时中国教育各个领域走在前沿的专家。

中国代表的大会发言与提案引起了与会代表的高度关注，代表团领队、改进社董事郭秉文还当选为"万国教育会议"副会长，并且成功争取到了下届年会（指第二届）在中国举办的机会，尽管后来的实际开会地点移至加拿大，但当时中国受关注的情况可见一斑。为了等待参加"万国教育会议"成立大会的代表回国并在年会上演讲，改进社将原本在7月召开的第二届年会的会期推延到8月。在这届年会上，还表决并一致通过了由国际教育委员会议决的关于改进社加入世界教育联合会的提案。

1923年3月6日，改进社召开会议讨论英、日两国庚款问题，到会的有新任董事长熊希龄（蔡元培此时辞去董事长，仍任董事）、陶行知等九人。开会目的：一是欢送朱念祖、陈延龄两先生代表政府赴日磋商庚款用途；二是讨论英、日两国庚款用途之方针。年前济南年会曾议决有用途大纲油印供大家参考。陶行知发言反对英、日两国利用庚款进行文化侵略。陶行知与汤中被推举起草对各国退还庚款用途的总办法。

1923年4月，改进社为研究教育学术，增进教员知识起见，在总事务所筹设一教育图书馆。曾致函国内外各大书局征求图书，先后收到的中外图书甚为丰富。

1923年8月20日至26日，中华教育改进社第二届年会在清华学校举行，到会社员及来宾700余人，由熊希龄与陶行知联名发表书面欢迎词，在总结了上年成绩后，慨叹："教育自教育，国运自国运，其间关系觉得太薄弱。我们办教育，竟无补于国家之大局，岂不是最令人反省的一件事！如何办理教育，使他与国家命运息息相关，是我们教育界的根本问题。"

陶行知报告社务时提出三点：一是关于本社方针，教育为互助合作的事业，本社务求在教育进行上得有合作之机会，重在分析研究。二是社务进行，教育事业如医病，必先知病状，诊断始确，调查即观察其现状，观察其优点，以发挥光大之；而其劣点则须研究设法补救。有调查，有研究，必亲去行医，故调查研究所得，必待专家之传播与提倡，则力量大而效益广。

并就该社进行的参与"万国教育会议"、心理教育测量、提倡平民教育、中学教育研究科学调查等情况做了报告。

陶行知在谈到改进社社务进展时,说一是快乐,事业进行均得各方面及各社员之赞助,与董事部之指导,获有今日之结果,诚为欣欢无量;二是恐惧,自己所任东南大学教育科主任及教育系主任一职无人代理,只得两方兼顾,故一人精力,三分之一在东南,三分之二在改进社,奔走驰驱,不遑宁处,屡向东南大学辞职,迄未见许。后来社务日益繁剧,而东南大学进行亦速,以一人之身,安可当两方重任,再三向郭校长辞职,幸得其谅解,允给长假,遂得专心社务。本次年会上,陶行知提出了《地方教育行政机关应编教育概况统计案》等提案。

1924年3月,改进社确定第三届年会于7月3日至9日在南京东南大学召开,这次年会增加了与东南大学教育科合办全国教育展览会,陶行知任筹委会副主任,向包括南洋华侨学校在内的全国学校征集展品。这次年会上力谋收回教育权、促进蒙古教育、推进平民教育成为重要的议题,陶行知、范静生、章太炎、马寅初等做学术演讲。在年会期间,陶行知的主任干事任期届满,6日,董事会议决请陶行知连任,全国教育展览会成为这届年会的看点,展览由徐则凌(养秋)、陶行知任会长,展览经费由中华教育改进社担负,展览内容分教育行政、高等教育、中等教育、师范教育、小学教育、幼稚教育、乡村教育、童子军、义务教育、儿童玩具、教育经费、中等学校心理仪器、教育书报、学校训育、教育统计、卫生教育、美育、教科书、学校建筑、图书馆教育、科学教育、青年会教育、蒙古教育、日本教育、英美教育、南洋教育、特殊(聋盲哑)教育、教会教育、职业教育、农业教育等三十组,这是中国历史上第一次举办如此大规模的教育展览,使与会人士用最短时间就近参观全国教育状况,获比较观摩之益。10日,改进社董事讨论推举出席下届世界教育会议代表,并筹划旅费,议决先推蔡元培、郭秉文、张伯苓、陶行知四人为代表,所需旅费请政府补助。

1924年8月7日,改进社设立的全国教育经费委员会在东南大学开会,董事长熊希龄、董事蔡元培、主任干事陶行知等二十四人到会,讨论庚款及收回教育权问题。赵叔愚报告接洽美国退还庚款情形,范源濂报告日本庚款问题。议决推范等拟抗议书并由改进社致函请政府交涉取消《日本对支文化事务协定案》。郭秉文报告英国庚款问题,议定由郭等拟抗议书,年会第一次学术会议上讨论范源濂、陶行知等提议组织日本研究会,免除以往国耻纪念蹈空之弊。

1924年底,陶行知主持制定改进社下年度工作计划,提出"适合本国国情,满足生活需要"的方针。

1925年1月,汪精卫为代表的国民党鼓吹"党化教育",陶行知1月16日在《申报》发表致教部电:"国家教育经费出于各党人民共同担负之赋税,断不能视为一党之武器","大学为研究学术之机关,对于各党党纲、政策,均应抱持虚心研究审查批评之态度,与党化运动绝对不能两立。既是大学,即不能党化;既受党化,即不成其为大学。"1月18日,陶行知又在《时事新报》发表《国家教育与党化运动》一文,进一步阐明教育不能党化的逻辑。

1925年7月28日,陶行知被聘为中华教育文化基金董事会干事执行秘书,掌管美国庚款分配工作。在7月召开的改进社董事会上,陶行知再次被推为出席下届世界教育会议的代表,后因筹备改进社第四届年会,未能出席世界教育会议。

1925年8月17日至23日,中华教育改进社第四届年会在中国义务教育的策源地山西太原举行,到会者2000余人,陶行知在开幕之日发表感言,先就顾正红惨案发表意见说:"自上海惨案发生,中国教育之优点、弱点都一齐发现,中国教育无论怎样腐败,确能培养爱国的觉悟。这种觉悟容或是教员给他们的,容或是学生自己学来的,但自己学来的是更为有价值的教育。这一点能增加我们对于教育的信仰。中国要想得到国际上之平等教育地位,非办教育不可。"陶行知称本届年会满、汉、回、蒙、藏"可算是全家五个兄弟团圆了。我们深信五族教育之机会均等是五族合作、五族共和之基础"。说改进社的精神"一为合作精神;二为科学精神",改进社所办事业"一为科学教育,二为乡村教育"。

这届年会上陶行知等人提出组织国家教育政策委员会、筹备成立中华女子教育促进会、统一学校统计报告时期、请山西省行政长官指定一相当之县城办教育统计等提案。年会还约请袁观澜、叶恭绰、马寅初、黄炎培等人演讲。陶行知在学术会议上做《中国教育政策之商榷》的演讲,提出二十二项政策,主张"正式学校教育为国家之公器,应超然于宗教、党纲之上","保护教育机会均等","鼓励专家研究试验符合国情适合生活需要的各种学校教育等"。

1925年9月,陶行知与高仁山、赵廼抟、查良钊、孟宪承、汪懋祖、王希曾等发起创办《新教育评论》周刊,参办单位有北京大学教育科、北京师范大学、东南大学教育科、北京清华学校、中华平民教育促进会、香山慈幼院、中华教育改进社等,主办者郑重声明:"我们在一切讨论里,不愿意掺杂任何个人的问题,也绝对没有任何党系的作用。我们只是根据着证明的事实和公认的原则来做我们的批评和主张。我们大胆地说老实话;说错了,希望大学也一样对我们说老实话,加以订正。"他们"深信一个国家的教育,无论在制度上、内容上、方法上不应当靠稗贩和因袭,而应该遵照那国家的需要和精神,去谋适合、谋创造",而"现代国家的教育,要本着民治的精神、科学的态度,去建设他的制度,分析和估定他的内容,发明和实验他的方法,而考核他的效果"。以谋教育之改进。

1925年12月4日,《新教育评论》第1卷第1期出版,在《本刊之使命》中提出教育界确有联络的必要,最应当联络的是试验学校与一般学校。"试验学校是教育上新知识的来源;一般学校是应用这种新知识的场所。""本刊愿做一座水塔,谁要用水,还愿为他通根水管。""我们愿意大家借这个机会把各个各干各的教育界渐渐地化为一个通例和做的教育界","我们只愿讲理:是的说是,非的说非,是非未明,决不轻下判断。""谁寻着真理,双方都应当乐意承受。""讲理的人应当'毋意、毋必、毋固、毋我'。而'我'关尤宜打破。"

1925年底,由于国内政局和社会环境的动荡,陶行知感到中国教育和中华教育改进社都进入到一个艰难的时期,于是他写下《四年前的这一周》,陶行知认为1921年12月19日至26日是"中国教育界最可乐观的一个时期",当时三个机关自动组合起来建立中华教育改进社,"这种决心,到现在几乎没有机会再见了。现在教育界的四分五裂是无可讳言的"。

而这四年当中,物价暴涨,教师薪金却逐渐拖欠,"在这种情形之下,教师如何能维持生活?不能维持生活,如何能维持专业的精神"?他对教育界由于经费冲击造成的危机,以及通力合作精神与专业精神"业已消磨殆尽,最堪痛心",希望年终大家"共同的创造一个新纪元,给教育界一个新生命"。

1926年3月17日,陶行知与马叙伦联名致函阐述改进社对英国处置庚款法案的立场,劝庚款咨询委员会的中国委员勿就职,以维护主权,22日,与教育界同仁联名发表《对于英国处置庚款办法之宣言》。

1926年春,陶行知被推为改进社"国家教育改革委员会"及"促成宪法中制定教育专章委员会"委员。此后,改进社的活动相对减少,但还是极力维系,1926年6月参加在美国费城举办的世界教育博览会,"展品获得一大奖",其意义如同郭秉文电告:"此次教育产品参展成功,实为我国教育在国际上之荣誉。"

中华教育改进社以调查教育实况,研究教育学术,力谋教育改进为宗旨。同仁矢志"教育改进",在当时"国无宁岁"而"教育之发展,尤形阻滞"之际,以改进教育相倡导,通过"请进来""走出去"的方式开展教育交流活动,敏锐地跟踪世界教育新潮,并据此反思国内教育症状与寻求解决策略,并推行过智力测验、教育测验和道尔顿制等,引领着当时国内的"新教育"运动,深化了国人对于国际教育关系的认识,加速了中国教育的近代化步伐。时人评论道:中华教育改进社虽仅有四年多的历史,"对于中国教育之改进,功绩甚大"。

1926年春发生的"三·一八惨案"死伤200余人,陶行知奋起控诉当局"杀人如虎",当局还打算对百余文教界进步人士加以捕杀,并内定了黑名单,文教界知名人士纷纷南下广州或沪宁,陶行知在这股潮流中怀抱着乡村教育的理想回到南京。改进社具有较浓的自由、理性气息,党派政治色彩较淡,1926年有人问及改进社的"色彩",陶行知于12月27日郑重宣言:"本社是透明的,不是白的,不是黑的,不是红的,不是灰的——是透明的,水晶样透明,使各种光、各种颜色都能透出真面目。"显出陶行知追求的一种境界。

北伐战争开始以后,中华教育改进社组织事实上无法开展活动,1926年12月14日,陶行知给中华教育改进社同事凌冰(济东)的信中道:"来书说到本社经济情形,已是山穷水尽,这是事实,谁也不能否认。本社已是山穷水尽,本社同人应当怎样呢?我们应当在山穷水尽的时候,找出一条生路来!本社之所以山穷水尽是因为中国教育已到山穷水尽了。我们倘不能为中国教育找出生路,决不能为本社找出生路。所以我们要拼命地为中国教育找生路,即所以为本社找生路。""我和叔愚兄所担任的乡村教育运动,现正在杀机四伏中努力进行。我们已经看见光明,前途有无穷的希望。""好一个山穷水尽!这是天帝给我们另找生路的唯一机会。我们应当欢欢喜喜地接受这个机会,共同为本社找条生路;为中国教育找条生路。"陶行知与赵叔愚等人发起成立中华教育改进社乡村教育同志会,全身心地投入办乡村教育。

1927年4月5日,中华教育改进社发出紧急通告,致函全体社员:"本社本年全体大会照山西大会议决应在武昌或杭州举行,刻因时局未靖,交通阻梗,无法筹备,由董事会建议本年暂行停止,特此奉达。"中华教育改进社此后即未举行过年会,社务无形停顿。6日,张作霖在帝国主义怂恿支持下,派军警包围东交民巷,搜查国、共两党的北方领导机关,逮捕李大钊等共产党、国民党左派共60人。《新教育评论》主要编辑、北京大学、北京师范大学教授、北京艺文中学校长高仁山亦同案被捕并壮烈牺牲。陶行知在《新教育评论》第4卷20期一连刊出两则重要启事,讣告天下,征求高仁山先生教育遗著,以悼念这位战友——为革命而牺牲的烈士。《新教育评论》不久亦被迫停刊,中华教育改进社在北方的事业被迫终结,但一直到1930年4月12日晓庄试验乡村师范学校被封闭,陶行知都还花一定的时间和精力在中华教育改进社的社务上。

从教育改进到乡村改造[*]

——陶行知乡村改造的初心与立意

陶行知1917年从美国回来后,曾一度把主要精力集中在教育改进上。1921年中华教育改进社成立,使得他教育改进的意愿有了实施的组织基础,他自己连任了两届中华教育改进社主任干事,是中华教育改进社从建立到停止活动期间唯一的一位主任干事。由于中国时局和战争的影响,1926年后中华教育改进社原来形态的活动不得不停止,但中华教育改进社改进教育的意志并没有中止,而是转到乡村改造,发表了《中华教育改进社改造全国乡村教育宣言书》,创立中华教育改进社晓庄试验乡村师范学校,并在此基础上形成陶行知的生活教育理论。对于这样一个过程,学者研究得还不够充分。

一、从教育改进到乡村改造的转折点

陶行知任中华教育改进社主任干事期间,经历了不断调查教育实况,研究教育学术,力谋教育改进的过程。随着他调查的范围扩大和认识的加深,他对教育改进关键性问题的判断也有所改变。1921年,他把主要精力放在推动理科教育和教育统计;1923年,他转而把更多的精力用在推行平民教育上,因为他发现平民教育影响到的面更大,教育的受益者更多。而在推行平民教育的过程中,他又发现平民教育主要还是在城市里开展,而中国更多的人口在乡村,他明确地认识到"中国人口百分之八十以上居住在农村,乡村教育应该受到最密切的关注,这是一件头等重要的

---

[*] 本文为作者在中华教育改进社与北京大学教育学院于2016年10月18日举办的"陶行知与中国乡村改造"座谈会上的发言。有改动。

事情"。①

1926年12月12日陶行知应上海的中华教育改进社社员之邀,做了著名的"中国乡村教育之根本改造"演讲。这是陶行知个人的思想意识从相对广义的教育改进转入到主题更为集中的乡村改造的转折点。事实上,在这一段时间里,陶行知还在上海青年会等其他多个场合就中国乡村教育改造发表了演讲,主要观点基本一致,内容有所增减,都是强调:"中国乡村教育走错了路!他教人离开乡下向城里跑,他教人吃饭不种稻,穿衣不种棉,做房子不造林;他教育人羡慕奢华,看不起务农;他教人分利不生利;他教农夫子弟变成书呆子;他教富的变穷,穷的变得格外穷;他教强的变弱,弱的变得格外弱。前面是万丈悬崖,同志们务须把马勒住,另找生路!"②这些演讲既是他的观点表达,也是在寻求认同者,邀集志同道合者一起去行动。

如果陶行知仅是发表这些演讲,还不能够成为转折点,称这些演讲为转折点,是因为自此之后,陶行知用行动证明自己真的把主要精力投入到乡村教育改造。他脱下西服革履,穿起布衣草鞋到南京郊外创办试验乡村师范学校,并于1927年3月15日正式开学,由此开启了他的乡村教育运动。在这段时期发生了许多动人的故事,比如他与赵叔愚一同步行寻找并确定校址,在新春之际和牛大哥同铺,等等。

陶行知的乡村教育改造运动,由于1930年晓庄学校被封闭而受到挫折,陶行知流亡日本回国之后在上海郊区所创办的工学团也属于乡村改造范畴。后来陶行知把主要精力转入开展普及教育运动,也时常对乡村教育和乡村改造发表自己的观点,却没有把主要精力继续投放在乡村改造中。

以上是陶行知从教育改进转入乡村改造的大致过程,在时间跨度上大约从1917年到1931年期间,是陶行知思想转变跨度较大的一个时间段。对于其内在的转变尚需进一步深入探讨。

---

① 陶行知.陶行知全集·第6卷[M].成都:四川教育出版社,1991:335.
② 陶行知.陶行知全集·第1卷[M].成都:四川教育出版社,1991:100.

二、为何要从教育改进转到乡村改造

陶行知从教育改进转入乡村改造是他在自己的人生目标导引下,行以求知知更行的自然过程,是由当时中国社会问题的轻重缓急和复杂性及其因果关系所决定的。

首先,这种转变是由陶行知的人生历程决定的。

陶行知1911年任徽州府议会秘书的时候,曾参加过当地的武装暴动,说明他当时还相信通过武力改进社会。经过若干年的思考,1916年,他在写给J.E.罗素的信中道:"余今生之唯一目的在于经由教育而非经由军事革命创造一民主国家。鉴于我中华民国突然诞生所带来之种种严重缺陷,余乃深信,如无真正之公众教育,真正之民国即不能存在。"[①]他相信教育是改进社会的途径,所以回国后面对存在诸多问题的中国教育,他提出用实验主义加以改进。正如他自己所言:"我从前也是把外国教育制度拉到中国来的东洋车夫之一,不过我现在觉得这是害国害民的事,是万万做不得的。我们现在要在中国实际生活上面找问题,在此问题上,一面实行工作,一面极力谋改进与解决。"[②]陶行知对教育改进的意愿,遇到中国教育和社会的实际问题,必然产生新的想法,中国乡村教育问题之大,影响到当时百分之九十以上的人群。这对从乡村走出来的陶行知而言,是不可能避而不见的,也不可能见而无动于衷的。从教育改进到乡村改造,便是陶行知的人生取向在中国社会生活实践中的自然选择。

其次,显示出陶行知对中国教育与社会问题的认知由宏观到微观,由浅入深的认知过程。

当陶行知从美国回来的时候,他认识到旧的教育存在问题,他的改进措施仅仅是从他身边所能感触到的问题开始,把教授法改成教学法,提倡教学合一,再到提倡教学做合一;废除学监,倡导建立学生自治会负责学

---

① 陶行知.陶行知全集·第6卷[M].成都:四川教育出版社,1991:614.
② 陶行知.陶行知全集·第2卷[M].成都:四川教育出版社,1991:356.

生的自主管理和品德修行。后来他的视野进一步放宽到女子教育,教育行政管理,学制等方面的改进。进入中华教育改进社以后,考虑得比较多的还是从全国宏观层面的教育问题着手,寻求改进的方法。待到他开展平民教育以后,初步意识到仅仅从面上解决教育问题的局限性、不彻底性和时效性的不足,所以他动员有条件的家庭开设平民教育读书处、问字处,尽可能使自己的教育改进措施有效落地。

在中华教育改进社几年的工作中,陶行知确实有效地推进了中国教育的整体改进,但是对于乡村教育以及乡村社会关键性的问题,缺少有效的解决办法和成功的个案,也缺少系统的理论和见诸实践的先例,依然没有找到切实有效的解决办法。在他这些年对中国教育各方面问题的了解和分析的基础上,他逐渐意识到,中国教育最关键和最深刻的问题所在,以及这些问题之间的因果关系,它们的源头何在。乡村教育和社会改造出现在聚焦点上,陶行知便以"我不下地狱,谁下地狱"的决心,亲自去开辟一条中国乡村改造之路。

再次,这种转变也是由教育改进和社会改造的可行性路径决定的转变。

陶行知回国后,在南京高等师范学校的工作经历让他感受到一个具体的教职岗位对改进中国教育的局限,于是到中华教育改进社这个当时全国最大的教育社团任职。确实在这个岗位上,他改进教育的意愿得到充分实现,他的才干得到充分发挥。但是社团的存在和作用发挥都与当时的社会环境直接相关。中华教育改进社在创立的时候显示出各方面的齐心协力,经过五六年后,社会各方的矛盾在改进社成员身上打下不同的络印,也使得改进社内部人员之间不再像当初那样齐心协力。从外部环境看,原来的捐助者所能提供的捐助越来越少,政府提供给历届年会的参会人员的交通免费也由于时局和战争的原因难以兑现。运行改进社这一庞大的组织,所需要的成本与产出之间越来越难以相称,通过教育改进社实现教育改进的效能大大降低,就如同当年改进社的主要骨干凌冰在给陶行知的信中所言,中华教育改进社到了"山穷水尽"的境地。陶行知正是在中华教育改进社处于"山穷水尽"的境况下向死求生。改进教育的路径不再是维系改进社的庞大机构,而是要找到一个真实有效地解决问题的抓手。创办晓庄试验乡村师范学校便是杀出重围的一种新的探索。

类似的体验,本人在学习陶行知的过程中也曾有过。1985年,我们参与陶行知教育思想与农村教育改革的研究,提出农科教结合,并在安徽徽州地区建立实验区,一两年内工作效果明显。1988年时任农业部部长何康到安徽调查,对"农科教结合"给予赞赏并向国务院写报告倡议在全国推广,后来国务院以及不少省、市、县成立了专门的农科教办公室。农科教作为一个理念,确实在更广大的范围内推广了,也取得了一些成效,但同时也由于这些机构不断地发文,不断地要提交材料,不断地开会,不断地出简报,使得原初状态的农科教结合发生变异,与所要解决的问题越来越远,农科教结合的实际效能也在下降。

可以看出,一个微观的机制性改变比宏观的体制性改变更为可行,从中华教育改进社的教育改进到晓庄试验乡村师范学校的乡村改造的转变,正是从可行性较低向可行性较高的一次转换。这两种方式在常态的社会各有价值,最好能够相互配合,但是各有时机。在宏观体制的变革难以推进的时候,不妨从微观个案上实现突破。陶行知的这次转换也是在这种情况下所做出的选择。

三、教育改进与乡村改造的内在关联

从教育改进到乡村改造的转变,并不是一种抛弃和背叛,而是沿着教育改进方向前行进入到一个新的阶段和环节。与陶行知此后所开展的普及教育、国难教育、战时教育、全面教育、民主教育形成一个连贯的整体,在所有这些阶段,教育改进的意图贯彻始终。

陶行知之所以能够从教育改进转入到乡村改造,最为关键的是他对教育内涵的理解。他认为教育就是社会改造,就是教人去创造理想社会,"我以为教育上最重要的事是要给学生一种改造环境的能力。"[1]他创办晓

---

[1] 陶行知.陶行知全集·第8卷[M].成都:四川教育出版社,1991:28.

庄试验乡村师范学校的目标是："依据乡村实际生活,培养有农人身手,科学头脑,艺术兴味,改造社会精神之教师,以为农民服务。"①他进而认为："不能训练学生改造眼前的乡村生活,绝不是真正的乡村师范学校。"②也就是说教育必须包含改造社会的内涵,而不包含改造社会的教育就不是陶行知所说的教育。教育改进也只是改造社会的一项具体内容。从教育改进到乡村改造原本就是互通的。

具体而言：

1.教育改进的理念在乡村改造中得到实施和具体化。陶行知在改造中国教育中十分注重以平民主义做教育目的,以实验主义做教育方法,晓庄试验乡村师范学校本身就是一种实验,它所使用的方法是陶行知所主张的教育改进的基本方法。即便对于整个的乡村改造,他也主张普遍使用试验的方法,他说:"中国地方广阔,民情各异,必须多立试验中心,以资研究,方能推行无弊。若以一种方法施之全国,便难免削足适履之讥。"③

2.乡村改造是更鲜活的教育改进,陶行知到了晓庄以后,他提出要为农民"烧心香"。他的穿着、语言、行为都明显地与村民接近,并倡导学生要有一颗农民甘苦化的心,他所使用的校歌《锄头舞歌》便是用当地民歌填词而成。学生们所跳的舞蹈也大多根据当地的舞蹈改编。这些都让陶行知的教育改进与乡村改造鲜活地结合起来,深深地扎根生机勃勃的乡村生活之中。

以上说法与他早期在东南大学做教授时所表述的教育改进言词有明显的差别,这些言词大多是沿用书面的学术语言,也就是他自己所称的"洋八股""拉洋车"。深入分析这两种表述,在思想理念上具有连贯性,但是表述方式以及它们所产生的影响和能够被农民接受的程度显然不同。比如他在晓庄时说："从事乡村教育革命必须有农夫的身手,反对农夫的身手就是反革命。"④这个说法显然逻辑上不严谨,甚至有些过激,但在农

---

① 陶行知.陶行知全集·第8卷[M].成都:四川教育出版社,1991:276.
② 陶行知.陶行知全集·第8卷[M].成都:四川教育出版社,1991:296.
③ 陶行知.陶行知全集·第8卷[M].成都:四川教育出版社,1991:187-188.
④ 陶行知.陶行知全集·第2卷[M].成都:四川教育出版社,1991:351.

民的话语体系里,它明白易懂,能够有效地激发人的行动。

可以看出陶行知的乡村改造在很大程度上依然使用的是教育改进的理论和基本方法,但进入乡村改造之后,这些理论不再是抽象的,而是在与实践结合的基础上创立了陶行知个性特点的生活教育理论,即"生活即教育,社会即学校,教学做合一"的生活教育理论。这些方法不再是摆设而是通过真实的试验发出改造社会的效力。整体上把教育改进推进到一个与中国乡村实际中的各种力量博弈的鲜活阶段,丰富发展了教育改进的理论和实践。

四、乡村改造仍是中国教育改进的重点和难点

陶行知从事乡村改造距今已经九十年了,在这九十年中,中国的城市化进程已经跨过了很大的步子。依据国家发改委的数据,2015年中国城镇化率达到56.1%,城镇常住人口达到了7.7亿①,一些地方也开始启动户籍制度改革,不再区分农业和非农业户口;但同时我们也看到教育的城镇化率达到74%,高于人口的城镇化率近二十个百分点,显示出农村教育问题的严重性。这些数量上的变化显示,从质性上看中国社会的乡村问题依然未能得到有效解决,尤其是随着最近二十年来村民的流动和留守问题的出现,一些问题在一定程度上还加剧了。

陶行知确立的村民主体性的目标仍未实现,陶行知办乡村教育立足于培养主人。他认为教育"要教农民自立、自治、自卫",使村政成为"村民自有、自治、自享的活动"②,他在参与乡村教育活动中,以当事人而非救助者的身份参与,将乡村的民主建设与乡村教育当成一件事来办。长期以来,乡村教育主要还只是对乡村的学生或村民进行文化知识的教育,所以乡村教育对乡村社会的改进所起的作用很小,反而使村民的自主意识和自主能力在城市化进程中变得越来越弱。陶行知所办的乡村教育与乡村生

---

① 赵展慧.我国城镇化率已达56.1% 城镇常住人口达7.7亿[N].人民日报,2016-2-1.
② 陶行知.陶行知全集·第1卷[M].成都:四川教育出版社,1991:101.

活是密切联系的,他致力于提高村民的生活力,改进乡村生活的环境。

一切乡村教育必须为农民谋福利的境界仍未达到。陶行知曾写文《一切乡村建设必须为农民谋福利》,强调:"我们从事乡村教育的同志,要把整个的心,献给我们三万万四千万农民。我们要向农民'烧心香'。"①明确提出反对救苦救难的天使派、教训村民的夫子派、建一个示范的模范派、主张城乡隔离的桃花源派、摧残民权的绅士派、救济农村破产的济富派、希望把农民当成获利工具的养猪派。当下农村教育从数量和规模上看,确实较九十多年前有很大的发展,如果从为农民谋福利的角度看,依然存在较大的差距。

为乡村造血而非抽血的教育尚未真正办起来。陶行知办乡村教育主张村民要有改造乡村社会的精神和能力,而不是被动接受改造或教育,乡村教育的目的在于农人和农人小孩的成长与发展,在于提高他们的生活力。他反对使乡村越来越贫困的"分利"而非"生利"的教育,主张乡村教育要为乡村生活和社会发展"造血"而非"抽血"。乡村教育不在于使乡村为城市服务,也不在于将乡下人简单地转化为城里人,城乡之间应形成平等互动的良性生态关系。当下由于城乡教育的差距,市民与村民的受教育权利不平等,造成了城市教育对乡村教育的巨大抽吸和控制作用,消耗了乡村的生机和活力,使乡村失去了长久的自主发展的能力。改变这种现状仍困难重重。

当下有一种认识,以为随着城市化进程的加快,乡村的问题就会越来越少。随着人口的进城,乡村的教育问题也就越来越少。这种认识仅仅从片面的数量视角观察,而没有从长久的发展和源流关系上考虑,没有看到城乡是常态社会下互补的两种社会形态,乡村社会在很多的时候是城市生活的源头。忽视解决乡村社会的问题,忽视改善乡村的教育,将给未来的整个社会发展带来一系列的负面效应。因此,对乡村教育改进以及乡村社会改造的关键性和艰巨性依然不能够忽视。

---

① 陶行知.陶行知全集·第1卷[M].成都:四川教育出版社,1991:87.

东亚文化之根与教育再造*

当今世界发展正进入一个必须对已有的东西方文化进行重新评价的时期,东西方文化和教育很难用先进、落后,集权、分权,社会本位、个人本位……诸如此类的两极思维进行评价,后现代思潮在对东亚给予合理肯定的同时,也促使一些人对东亚文化采取简单肯定的态度。事实上我们需要的是立足于整个人类已有文化,面向人类发展的未来目标,创造出人类未来发展所需要的文化,并依据这样的需求再造东亚的教育。

一、对东亚文化之根的认同

东亚是一个具有悠久的共同历史文化传统并且相对独立的地域,是指以中华民族为中心的华夏文明所覆盖的中心地带以及这一文明所能够辐射的周边地区,包括东南亚的越南、老挝、柬埔寨、新加坡和东北亚的韩国、日本及蒙古。

东亚文化是人类历史发展过程中形成的多元文化存在,自秦汉始,思想界就产生了天下一家的期望,到魏晋时期,经历胡汉磨合,东亚文化的包容特性进一步生成;隋唐时期,中华文化的先进性使东亚文化具有巨大的凝聚作用,为东亚文化兴盛提供了条件,使其核心影响范围逐渐扩展至越南、高丽、日本等地。

现今的朝鲜在西周时期受封殷之宗室,西汉时期,汉之外臣燕人卫满驱逐箕子在朝鲜称王,后设乐浪、真番、玄菟、临屯四郡。魏晋南北朝时期,高句丽仿中国设立太学,传播汉字、儒学、佛教、阴阳五行思想。百济

---

* 本文发表于《河北师范大学学报》(教育科学版)2008年第3期。有改动。

也设立太学,新罗汉化虽晚但后来居上。唐代朝鲜半岛建立了统一的王朝,并在政治、经济、文化上全仿唐制,派人到唐留学,设立科举制度,考试内容采用中国经典。

日本与中华文化同源同根,佛教、儒教、易学、历算及医学都先后由中国传入日本。隋唐时期,日本的各项建设都直接吸收中华文化。在制度上,天皇的名称、日本国号、中央及地方制度皆仿唐制,在建筑上,奈良、京都均仿唐长安城而建,此外还传播中国式佛教、围棋、书法、音乐、舞蹈,假用汉字等,明治维新以后才出现"脱亚入欧"潮流。

越南在从汉武帝(公元前11年)至五代末(公元939年)大约一千年左右时间内属于中国统治,此后很长时期均沿袭中国政治制度和文化,东亚文化对其社会影响深远。

由此在人类历史上形成了包括现今中国、韩国、朝鲜、日本、越南为核心区域的东亚文明区,或称东亚文化圈,形成了与东地中海(包括埃及、巴比伦、亚述、腓尼基、希腊等)、南亚次大陆文明区(包括印度及其周边地区)、中南美印第安文明区(包括玛雅、阿兹特克、印加等)特质不同的文化区域,与西方基督教文化、东正教文化、伊斯兰文化、印度文化文化流派不同的文化体系。

东亚文化的共同要素主要有:汉字、儒学、中国式律令制度与农工技艺、中国化佛教。这些要素给予东亚诸国的语言文字、思想意识、社会组织结构、生产力发展水平以深刻影响。人们认为:"中华文化向朝鲜、日本、越南的传播有三个层面,并衍生出维系东亚文化圈的四根纽带。三个层面是:(1)物质文化:主要是中国向这三国的民族迁徙所伴随的汉字以及稻作文化的传播;(2)精神文化:主要是儒学和佛教的传播;(3)制度文化:主要是官制和法制的传播。四根纽带是:(1)汉字的使用奠定共同心理基石;(2)儒学促进精神文化整合;(3)汉传佛教维系共同信仰;(4)天朝礼治体系维系区域政治秩序。在古代东亚,文化较为先进的中国与三个文化近邻互相促进,共同构建了一个具有同质文化丛的东亚文化圈。"[1]

---

[1] 石源华,欧阳小刚."东亚汉文化圈与中国关系"国际学术会议综述[J].新华文摘,2005(20).

东亚文化在人类封建文明形态达到鼎盛时期步入鼎盛,这一特定的历史耦合决定着其历史形成中的特性。明治维新后,东亚文化发生了深刻的裂变,但作为一种深入生活各领域的价值存在,东亚文化仍在它存在的区域内发挥着特定作用。这成为现今讨论东亚教育面对的共同问题的文化基础。

简言之,以中国传统文化为中心,东亚各国在数千年发展中对中国古代文化的基本要素——汉字、儒学、佛教以及道教产生共识和认同,这是东亚文化的牢固基础。

二、东亚文化基础上的教育特征

从内涵上说,现今的东亚文化已经大不同于隋唐时期的东亚文化。尤其是19世纪以来东亚文化圈内受日本"脱亚入欧"及日本对亚洲其他国家侵略扩张的冲击,外受西方列强的侵略与西方文明的冲击,发生了深刻的裂变。东亚一些国家和地区,在不断反省自己的传统文化和维护东亚文化基本价值的同时,学习、吸收西方优秀的文明成果,用以振兴东亚。各自都在通过总结经验教训,不断超越自己,融汇东西文化,加以扬弃,但至今仍保留着一些共同的特征。

(一)东亚文化的基本特征

1.包容与自我中心并存

在过程上,"天下同归而殊途,一致而百虑"。人类文明的发展,在前进中保持差异,在差异中又可以沟通,在文化上应百家争鸣。东亚文化的主干是中华文化,中华文化是在与东亚文明区以内的文化广泛交流,而与此以外诸文化相对隔离的情况下独立形成的,具有鲜明的独特性和自主性。中华文化的发展水平在相当久远的历史时期领先于东亚诸国,产生出巨大的文化辐射力;同时,疆域相对封闭的格局为这一文化提供了独立发生、发展的前提,也使这一文化价值内涵有"自我中心"的暗喻。

在内容上,东亚文化的思想基础和核心是中国哲学。战国时期,儒、墨、道、法、名、阴阳、纵横百家争鸣,孔子根据时势提出"和而不同"的多元文化观。《中庸》说:"万物并育而不相害,道并行而不相悖。"秦代尚法家,又盛行神仙之术。两汉时儒学盛行,并逐渐定于一尊。魏晋以后,中国文化对印度佛教大规模吸收,使佛、道、儒相融合,成为异质文化交融的典范。佛教后来又通过中国流传到东亚其他国家,与各国文化相结合,形成东亚佛教文化圈,与儒家文化圈重叠在一起,成为东亚人的两大精神支柱。六朝隋唐时,儒释道并举,有时释道居先。宋以后理学对社会上层的意识形态曾长期起支配作用。理学以儒为表,释道为里,熔三者于一炉。整体上看东亚文化经历了多次百家争鸣和定于一尊的反复。这一过程就生成了这一文化包容与自我中心并存的品格特征。

2. 社会本位对个性尊重不足

在东亚文化传统中,把人看成是群体中一分子,人与自然应和谐相处,倡导仁爱贵和、敬业乐群的精神。儒家从仁道爱众的精神出发,主张社会和平与人际和谐,追求民族和国家的稳定、团结及民众的安居乐业,反对不义战争,也不赞成内部的压迫和争夺,尊王抑霸。在人际关系中倡导"忠","己欲立而立人",关心人,帮助人;"恕","己所不欲勿施于人",即体谅人、尊重人。这种社会道德的基本原则是社会稳定的根本保证。孟子强调:"天时不如地利,地利不如人和。"所谓"人和",就是内部团结、步调一致。《易传》提出"保合太和"的理想境界;《礼运》追求大同世界,特点是天下太平、社会富足、道德优良。这种友爱和谐的思想成为东亚民族群体的相对稳定的追求。

同时,这种文化也在较大程度上造成对个体和个性的不重视乃至有意扼杀。

3. 自强不息、刚毅不屈

"士"的精神是东亚人格的典型品格特征,在儒、法、墨等哲学思想熏陶下形成了"士"的刚健有为、自强不息的精神。这就是《易传》所称的"天行健,君子以自强不息","刚健文明,应乎天而时行",孟子所说的"浩然之气"。这种精神,重视人格的独立和尊严,社会责任感和不屈不挠的奋斗精神,崇尚志士仁人,支撑着东亚社会的正气,一直激励着东亚各民族奋斗不息,使东亚社会走向振兴。

(二)东亚教育的现状及特征分析

东亚教育是东亚文化中的一个组成部分,东亚教育不只是现在才有的概念,历史上已经形成了客观存在的东亚教育圈,包括汉唐学校教育、韩国古代的学校教育、日本古代的学校教育、越南古代的学校教育等[①],在东亚经济发展和地区化进程中发挥作用的文化因素更多地来源于传统的东亚文化,而不是现代的东亚文化;在东亚教育的发展中更是如此,东亚教育自古就有相同的特质和相似的制度基础,现今依然是传统文化发挥着更为重要的作用。东亚教育在未来如何发展在一定程度上决定着东亚的未来发展,就其现有的特点来说,主要表现为:

1. 他主性明显

由于在近现代世界发展过程中,西方在经济社会发展的各方面占据主流地位,东亚向西方学习也成为近代东西方文化关系的主流。在教育上由历史上曾经顶礼膜拜孔孟转为信仰夸美纽斯、赫尔巴特、杜威,这种转变有其合理性,东亚向西方学习也是十分必要的;但这种转变给东亚教育带来深刻的他主情结,甚至对自己的教育失去信心,对自身的教育过多乃至一概否定,如此则走进了自毁长城的陷阱。这种偏向不仅对东亚文化的传承和教育的发展不利,对整个人类文化和教育的多样性发展也是巨大的损失。

2. 应试倾向突出

受东亚文化传统、现有教育制度和激烈竞争的社会现实等多重因素影响,东亚教育中的应试竞争激烈程度是世界上最为突出的。

应试教育不仅在中国大陆及台湾地区存在,日本、韩国等也受其影响。日本高考就是人生命运的转折点,应届高中毕业生学习任务异常繁重,除了完成正常的高中课程之外,还要参加各种类型的补习班,往届落榜生被称为"浪人",已经升入大学但想再考一个好的大学而参加高考的

---

① 高明士.东亚教育圈形成的历史[M].上海:上海古籍出版社,2003.

学生被称为"假面浪人"。韩国虽在高中阶段实行"平准化教育",不满足于现行高中教学水平的学生家长纷纷呼吁举办质量更高的优质特色高中,名牌大学和社会精英也积极响应,应试的压力依然沉重。日本、韩国都试图改变这一状况,但依然是"考试第一",高考仍然是重要的指挥棒。韩国的义务教育非常均衡,但韩国家长用于补课的投入,比政府用于基础教育的钱还要多。这一观念和传统甚至已被东亚学生和家庭带到他们所生活的欧美国家,导致欧美国家的亚裔补习教育渐成系统。

3. 行政性较强

从社会条件看,东亚的政府在经济社会生活中扮演了更为重要的角色。东亚教育大多是"国家主义"或政教合一的,这一"现状"本身是"历史"的延续。东亚历史上受儒家文化影响,强调国家和集体利益,重视等级和秩序,重视政府官员的品德和责任。至今许多东亚国家没有照搬西方民主政治模式,而是相继建立了高度中央集权的体制。1991年,新加坡在政府白皮书中提出五大原则阐释"亚洲价值",其内容为:国家先于社会和社会先于个人;国之本在于家;国家、社会要尊重个人;和谐比冲突更能维持社会秩序。总的说来,与西方强调个人主义的价值不同,东亚对集体主义更为重视。"从儒学立场看,更重要的是平等而非自由、同情而非合理、礼让而非法律、人情而非个人主义,这看起来与启蒙运动的价值取向直接相悖。"①

由于受社会本位思想影响,东亚教育原本普遍重视国家和政府在教育中的绝对主导作用,国家成为教育的主体,个体对教育的作用和选择性相对较低,个体自主的教育需求得到满足的程度也相对较低。一方面将个人的"修身"与"治国平天下"紧密联系在一起;另一方面国家意志和政府的行政手段几乎触及教育的每一个环节,使得教育中从观念到课程、教学、管理、评价的各个环节普遍存在"大一统"现象。

近代以来,圈外文明冲击和圈内经济文化发展程度与圈外的倒置,并没有减轻反而加强了圈内教育的行政性。在西方列强入侵,东亚文化发

---

① [美]杜维明.对话与创新[M].桂林:广西师范大学出版社,2005:163.

生剧变之际,各国文化交流不再以辐射状倾向中国,中国也无力继续保持自己的核心地位。东亚文化圈内部的联系和交流在各国的对外联系和文化交流中已失去原先压倒性的优势地位。随着全球化程度的加深,各国源于中国的共同文化传统将与日俱减,学习西方已成为各国的潮流,西方文化主导的趋势逐渐形成。在这一过程中,行政作为在教育上的一种"安全"手段被强化到历史上少有的程度。

4.重视知识,培养创造力不足

这一点在道德教育方面表现尤为突出,"过于注重从构建一个完整的道德体系的角度展开道德知识的传授,有强烈的道德知识化倾向。与此同时,再配合应试教育,注重分数而不关注日常操行的培育,使道德教育的目出现了偏差,目标定位不准造成教育效果不明显。东亚道德教育主要是通过封闭式的国家主导方式,形成一个完整的道德教育的自立系统,经过单一的、自上而下的教育途径,因而不可避免地强化了道德教育的灌输功能,忽视了道德教育的认同和信任功能。在现代化发展的今天,东亚道德教育与其他知识教育的重大差别,就是时代感、现实感不强。"[①]

东亚教育重知轻能在各科教学中都有明显体现。有人做过一项研究,发现东亚及前社会主义国家的学生事实性知识比较好,但解决不可预测性问题的能力比较差;欧美学生有些虽然常用字词也认不全,但遇到应急情况时能迅速做出比较正确的决定。这一现象背后反映的是教育理念和方法不同产生的结果不同。

三、东亚教育再造

经历过对传统文化近一个多世纪的激进否定与坚守的交锋,现今越来越多的人认同"现代化建设须以自己的民族文化为根基,传统在现代性中继存,新的社会形态必然受到历史背景和民族感情的制约"[②]。目前东

[①] 刘卓红,王夏冰.关于东亚道德教育的思考[J].探求,2006(5):72-74.
[②] 李文.东亚的现代化与民族文化[J].当代亚太,2006(12).

亚文化圈的国家和地区，如中国（包括香港、澳门、台湾）、韩国、日本、新加坡等，是全球经济发展最有活力和最有竞争力的地方，东亚文化的共同特质决定着东亚教育面临着一些共同的问题。在这样的大背景下思考东亚教育如何对自身加以再造，如何才能为东亚社会的良性发展发挥作用及诸如此类的一系列问题是有极强现实需求的。

（一）东亚教育再造之目标

东亚的政治文明、社会进步、可持续发展有赖于先进的、真正能够发挥个体创造才能并形成群体合力的教育。面向21世纪的东亚教育需要新的教育哲学和教育理想，确定清晰的价值和目标。其中基本价值或目标至少应当包括：

1.扩大公民教育的普及。培养具有良好素质的现代社会的合格公民是教育最为普适性的目标。通过更大程度地实现"教育机会均等"，从而提高民众素质，满足经济增长和社会发展对教育的需求，增进和扩大社会民主是东亚教育的首要目标。除个别国家，东亚传统教育都不重视公民教育，实践证明公民教育是西方开展道德教育的成功经验。[①] 公民教育的教育主体即教育对象，通过主体的自主性将道德观念内化于主体思维之中，更能达到道德教育入心的目的，更能为广大民众所接受。人们逐渐意识到东亚当前已基本具备开展公民教育的社会环境和主体基础。"实践公民教育的前提有三：独立的现代民族国家；个人主体性的觉悟；教育民主理念的倡导。而这三大前提，东亚国家或者已经具备，或者正在追求。"[②]开展公民教育的过程实质就是推动东亚道德教育及人的现代化过程。

2.在竞争中实现教育公平。现代教育的经济功能、科技发展功能受到较多的重视，它的社会发展功能比较隐蔽，也较少引起关注。全球化进程已经将人类置于激烈竞争之中，为实现社会和谐的目标，就必须促进社

[①] 刘卓红,王夏冰.关于东亚道德教育的思考[J].探求,2006(5):72-74.
[②] 刘鑫淼.中国"现代化"语境中的公民教育[J].浙江社会科学,2004,(6):108-113.

会公平和教育公平的实现,使之成为现实的发展目标。东亚政治体制和社会结构存在着比较多的产生不公平的条件,建立足以保障教育公平的制度、法律法规、公共政策体系显得更为急迫。

3.提高教育的民主性。东亚教育缺乏民主性是长期历史积累的结果。早在60年前,陶行知在抗战胜利后接受日本记者小野三郎的采访时说:"以前的日本缺少一个重要成分,那就是民主,这是带来不幸的根源。"①他提出希望日本的教育向着民主化的方向发展。60年后的今天,整个东亚教育在这方面做得都不理想,目前突出的教育的不公平问题绝大多数是在缺乏监督的教育行政权力的运行中实现的,逐渐实现教育乃至整个社会的民主不仅是东亚教育的发展目标,也是东亚社会改进的目标。教育民主不只是空洞的概念,它意味着重建教育的公共性,更好地满足受教育者的成长与发展需求;意味着通过制度创新,分散和下放管理权力,促进办学体制的灵活性和多样化,使教育重新成为全社会共同参与的生机盎然的事业;也意味着在教育多元化、社会化、地方化的格局中,重建教育在社会生活中的主体性;意味着需要确立学术自由、学术自治、师生平等、社会参与等价值;意味着确立学人的学术权力和在教育、科研中的中心地位;建立科学化、民主化的教育决策体制和机制;建立学校与家长、与社区紧密联系的参与机制;等等。

4.增强教育的人文性。现代教育具有人力资源开发和人的发展这样相辅相成的作用,必须在教育的功利和非功利的两种价值之间保持恰当的平衡,重视教育育人、文化传递、社会整合等非功利价值,防止经济主义、科学主义、能力主义、急功近利的短期行为对教育的戕害,防止教育的失衡和异化。使各级学校成为社会和社区的文化中心,使教育成为社会文明和道德的灯塔,成为文化传承和繁荣的源泉。

5.确立以人为中心、以人为本的教育价值。从学科中心、考试中心的价值陷阱中走出来,依据青少年生长的实际需要进行双向互动的、民主的、有活力的、有创造性的教育。长期以来东亚学校教育理论与实践、学

---

① 陶行知.陶行知全集·第4卷[M].成都:四川教育出版社,1991:811.

校与社会、学生与社会生活相脱离的弊端特别严重。教育的实用性、适用性仍然是必要和重要的追求,教育应能适应社会发展和经济生活的需要,满足青少年成长的实际需要,能够切实地改善人的生存处境和提高生活质量,能够为人充实职业生涯、实现人生幸福提供条件和机遇。

(二)东亚教育再造之路径与措施

东亚各国进行教育再造面对着带有共性和各自个性的问题,因此在路径和措施上应有所不同。就共性而言,应采取的措施包括:

1. 唤回自主意识

日本京都大学滨下武志曾尖锐地指出:中国知识分子目前有点像日本明治维新时期的知识分子,有一种"脱亚"向西方,尤其是向美国"看齐"的趋势。他认为应超越那种从西方看东方的唯一模式,建立从亚洲或东方看西方或世界的模式,从而形成多元的可能性,重视而不是忽视亚洲的历史和亚洲的世界地位与作用,从亚洲视角来看世界,确立全球化中亚洲的特色地位。[1] 可以理解,"当落后国家的知识分子对自己所处的环境强烈不满时,很容易将在他们看来比较先进的国家与制度理想化,而这种对先进文明无条件认同的态度,往往会使人们失去自我独立判断的能力"[2],以中国为典型的东亚教育当前最紧要的确实是唤回自主意识,重视研究东亚教育的实际问题,找到在全球化进程中解决东亚教育问题的切实可行的方案。

2. 确定指向人类未来发展目标

东亚教育的再造不是要回到历史上曾经有过的东亚教育,而是要创造出在未来全球发挥积极作用的东亚教育,构建东亚与全球多向开放的教育体系。因为历史上已经经历过多次东西教育的不均衡带来的人类发展指向的转换,在设计东亚教育再造的路径时必须考虑到未来可能发生新的转换,因此要与人类各种文化进行自主的全方位交流,并在此基础上

---

[1] 石源华,欧阳小刚."东亚汉文化圈与中国关系"国际学术会议综述[J].新华文摘,2005(20).
[2] 钱理群.追寻生存之根:我的退思录[M].桂林:广西师范大学出版社,2005:9.

确立指向全人类未来的教育发展目标。

无论东亚文化在未来世界文化中的格局如何,我们必须正视一百五六十年间东亚文化内部发生的剧变,并站在全球性的立场上,正确看待东亚文化的内外部的各种联系,寻找到它的未来发展方向。面对激烈的国际竞争和旺盛的教育需求,进一步开放教育,激活人性内部活力;同时,要充分利用信息技术和网络为主的各种新的教育方式和途径,在终身教育的视野中,构建适合在学习型社会中有效运行的教育制度。

3. 恢复文化创造力

东亚文化的创造力在近两百年间与欧美拉开了差距,恢复东亚文化的创造力是今后奋斗的目标,同时也是再造东亚教育的手段,推动东亚地区经济发展的原动力,也是化解东亚地区社会、政治、经济、文化和军事等领域危机的润滑剂。由于中国国土面积、人口数量以及历史上的核心地位,其他国家无法取代中国成为东亚文化的核心,中国能否尽快恢复自身教育的创新能力就显得极为关键。

4. 进行彻底的体制变革

在任何国家不能置身其外的全球化进程中,东亚一体化只是迟早和快慢的问题。在经济上中日韩经济联系的日益密切和人民旅游往来的快速发展,已经在某种程度上预示着东亚文化与教育关系的日益紧密。彻底的体制改革应包含两层含义:

一是在全球化的进程中形成开放的教育体系,建立打破国家界限、共享相近教育资源的"东亚教育共同体"[①]。通过倡导教育的联合,达到区内资源共享、成果交流、民族特色文化融合的目的。如前所述,在这方面东亚各国已经具有数千年的基础,当前各国都有迫切要求开展交流的愿望。建立"东亚教育共同体"更为重要的目的是通过交流和融合,形成"规模效应"和对外强势,实现教育的开放性、实效性、互动性、创造性,在文化教育的"全球化"过程中处于有利地位。

二是各国内部要花大力气进行适应教育发展需求的体制变革。包括

---

① 刘卓红,王夏冰.关于东亚道德教育的思考[J].探求,2006(5):72-74.

教育行政制度、高等学校管理体制的变革,公共教育财政制度的建立,基础教育管理体制改革,现代学校制度的建立,考试、评价和用人制度改革,决策科学化、民主化和社会参与制度的建立等。其中最重要、最核心的是遵循有限政府、依法行政等行政体制改革的原则对教育行政制度加以改革,改变高度集中、大一统的教育管理体制,使教育主管部门的行政职能从管理型、计划型向指导型、服务型转变,通过政府教育管理权的下放,落实学校办学自主权,重视受教育者成长与发展的实际需求,以恢复教育的活力、创造力和多元化,实现学校的自主性、学校管理的民主化。

东亚教育再造是以东亚既有文化为根基艰难困苦而又漫长的生长过程,它必然是东亚未来发展的活力之源。

向更好教育改进
EDUCATION

亚洲教育的新定位*

亚洲教育曾经在世界上一度辉煌,中国、印度、古巴比伦等国家和地区的经济文化和教育曾长期居于世界领先地位,而百多年来,亚洲教育未能走在世界前列,这是值得亚洲人思考的问题,尤其值得亚洲教育当事人深入思考。

一、受文化和体制的制约难以走出追随

纵观全世界各地,亚洲国家对教育的重视程度远远高于其他地区,但百多年来为何在长期高度重视的情况下未能走在世界前列呢?

回答这个问题不能不将百多年来领先的欧美教育与亚洲教育作比较。做这种比较的时候人们也不得不提到欧洲文艺复兴运动和工业革命。文艺复兴的核心是人文主义精神,也就是要以人为中心,抛弃以神为中心,肯定人的价值、尊严和权利,倡导个性解放,将人作为目的和创造的主人。欧美教育正是以此为价值基础在百多年来领先世界。

仔细观察,欧美教育领先并不是一个一成不变的过程,而是大量不同的教育先贤在不同国家和地区不断争先的过程,如夸美纽斯、赫尔巴特、卢梭、裴斯泰洛齐、蒙台梭利、福禄贝尔、杜威等,新人新思想层出不穷。

从教育革新运动看,普鲁士的义务教育实施和柏林大学建立与洪堡进行的改革,一下子使德国成为全世界所景仰的人类教育高地。但英法乃至美国在学习的同时,不忘以自己为主地批判与创造,欧洲兴起的新教育运动和美国兴起的进步主义教育运动不仅对原有的德国教育进行了评

---

* 本文为2016年在博鳌亚洲教育论坛上的讲稿,发表于《北大教育评论》2017年第3期。有改动。

判,也进行了超越,形成新的教育思潮。

这样的超越却未曾发生在亚洲的任何一个国家。相比较而言,亚洲教育在百多年来也有所变革,尽管不同时期变革的内容和方式各不相同,深入考察不难发现,这些变革的基本特征是跟随或追随。以这些变革中被公认为成就巨大的明治维新为例,其教育变革的主要方式是:仿照西方教育,加大对外开放,吸收外国文化,发展义务教育,选派留学生到英、美、法、德等国家留学。在变革同时,当时教育机关颁布《教育敕语》又灌输包含孝道、忠君爱国等思想来贯彻狭隘盲目民族主义观。

由此可见,亚洲教育自身的某些特质才是阻止亚洲教育步入世界前列的真实障碍,这些特质主要集中在两个方面:

一是对原有文化的黏着。亚洲文化有多个源头,其中东亚文化立根于数千年前,兴盛于隋唐时期,裂变于明治维新之后,蕴含着人类未来发展和复兴的潜在规则和重要价值,同时又带有浓厚的专制特性。这些特性使得东亚文化对当今社会的发展具有正负两面效应,这种效应也深入细致地体现在教育的各个方面和环节。尽管对文化用先进、落后诸如此类的两极思维进行评价是不合适的。亚洲教育对文化的过度黏着在一定程度上阻碍了教育对人的主体性的认识和尊重,更不要说确立以人为中心的教育价值观,因而阻碍了教育更快速地前进。

二是对政府管理体制的依附。亚洲多数国家都曾经历过政(治)教(育)合一、(宗)教教(育)合一。在这两种情况下,教育都处于从属依从的地位,甚至在中国,还曾以吏为师,直至当下的中国要实现教育的"管办评"分离依然是一件难事。于是教育的自主发展严重不足。教育需要在人、财、物,政策、法规、制度乃至思想观念等各方面依赖政府,而依赖常常与限制和伤害并存,政府习惯于对教育实行包办和垄断,常常以加强领导和重视发展教育的名义摧毁教育自身发展的活力。

对政府管理的过度依附主要集中在学校管理和教育评价两个方面。在学校管理上,学校成为行政机构的下属和复制品,依据办学者选择的理念自主办学和依据不同学生真实的成长发展需求进行教学设计受到严格限制。在教育评价方面,非专业的政府部门抓住教育评价权力不放,评价的专业性不高,以单一的考试分数去评价个性差异巨大的不同学生,既限制了学生依据其天性发展,又加重了学业负担,中国、韩国、日本的学生都不同程度地陷入考试地狱之中。在这种情况下师生都只能匍匐生存,内在的创造潜能难以发挥,教育自身的生机与活力严重不足。

正因为此,亚洲教育在被原有文化黏着的情况下缺少清醒的自我意识,在政府的束缚下缺少生机活力和自主性,在考试的指挥棒下丢失自己的天性。于是只能从多个方向不断跟随:一方面要跟随本地的政府,一方面亦步亦趋地学习欧美的教育,缺乏自信,难以走出尾随和追随的状态。

二、更大的自主才能生成新的定位

教育不能自主是教育难以正常发展的重要原因,1920年中国不少教育上的有识之士就对此看得很清楚,并于1922年2月发起组建全国教育独立运动会,当时的诉求还主要是教育经费独立、教育行政管理体制独立,没有涉及教育理念和价值的独立。这些努力当时无果而终。后来蔡元培、胡适、陶行知等人试图进行中西结合的教育自主性探索,受制于当时的环境也遭遇挫折。1950年后,中国教育一边倒学苏联更是严重摧毁了中国教育的自主性,以致数十年后难以恢复。1980年,实行开放政策引进了众多国外的教育文献,却未能改变中国教育当事人自主性严重不足的状况,对这些文献资料和理论只能简单搬用,缺乏分析、鉴别、自主选择,更不要说创造和超越了。

自主性是教育向前发展的强大动力,师生都能自主才能推进教育快速发展,控制性与自主性是矛盾的一对。在过度控制之下,教育不仅专业性难以充分发展,而且新的定位难以产生,而只能被动地以政府对自己的定位为定位,或以教育出资人的定位为定位。

让学生成为学习的真正主人,教师成为教学的真正主人,才有可能生成基础牢靠又能满足学生成长发展实际需求的新的定位。实现新的定位生成转变具体而言有以下三方面。

一是相对于欧美教育有更大的自主。"当落后国家的知识分子对自己所处的环境强烈不满时,很容易将在他们看来比较先进的国家与制度理想化,而这种对先进文明无条件认同的态度,往往会使人们失去自我独立判断的能力"[1],亚洲教育当事人要了解欧美及全世界各国的教育发展,综合利用人类有史以来的教育遗产和思想与专业资源,但不要简单模仿或跟随。要理解亚洲历史,知晓亚洲教育的问题,明了亚洲教育的需求,确立亚洲教育的目标,寻求亚洲教育发展的路径,实现亚洲教育适合自身条件的自主发展。

二是相对于当地政府有更大的自主。教育当事人不能满足于听从行政指令,要确立自己的教育专业人格,探索并遵从教育规律,从教育专业发展的视角选定适切的教育理念,根据所面对的学生真实的成长发展需要制定教学方案,用多元自主的专业评价替代单一的知识测试。尽可能摆脱非专业的力量对教学目标、内容、方式、评价等方面的干扰与控制。

三是相对于本地文化有更大的自主。教育需要以文化为基础,教育过程也是个以文化人的过程;但教育人不能沉湎于文化,而要做文化的主人,做有文化素养的自觉自主的人。

实现了上述的转换,亚洲教育必然会发生新的变化,生成新的定位。

三、立足人类未来引领当地社会发展

几十年来,亚洲地区的中国(包括香港、澳门、台湾)、韩国、日本、印度、新加坡等是全球经济发展最有活力和最有竞争力的地方,顺应这种发展亚洲教育急需调整不协调的定位,对自身加以改造,为亚洲社会的良性发展和居民的福祉发挥更为积极的作用。

亚洲教育急需要实现的转变是从跟随转换到自觉自主地引导当地社会发展。未能实现这种转换也可能确立新的目标,但不可能在人类教育中确立经得起时间检验的稳固定位;只有实现了由跟随向引导的转换才有可能确立为世人所公认的新定位。至于新的定位是什么,并不存在现

---

[1] 钱理群.追寻生存之根:我的退思录[M].桂林:广西师范大学出版社,2005:9.

成的标准说法(答案),需要由有了更大自主的亚洲教育当事人去探索和确认。

可供参考的是,联合国教科文组织2016年发布的《反思教育:向"全球共同利益"的理念转变?》特别强调了教育要以人文主义为基础,强调尊重生命、人类尊严、权利平等、社会正义、国际团结,为创造可持续的未来世界承担共同责任。这些方面恰恰是倾向功利,注重知识和严酷考试的亚洲教育所稀缺的。

据此可以确定亚洲教育新定位的几个大的方向:

一是要实现亚洲人的幸福和创造力的充分发展。需要走出教育看教育,关键是要抛弃教育的工具论。教育不能离开政治和经济,但教育不是政治和经济的工具,过去长期以来将教育当作工具的状况需要由一批教育的当事人加以改变。教育的目的是为人的健全成长发展服务,是实现教育当事人的幸福。如果说教育存在工具性,那它仅仅是相对于人而言是工具,而不能成为其他任何社会部门的工具。教育的实用性、适用性仍然可以追求,教育应能适应社会发展和经济生活的需要,满足青少年成长的实际需要,能够切实地改善人的生存处境和提高生活质量,能够为人充实职业生涯、实现人生幸福提供条件和机遇。

二是更为明确地确立以人为本的教育价值取向。从学科中心、考试中心的价值陷阱中走出来,依据青少年生长的实际需要进行双向互动的、民主的、有活力的、有创造性的教育,把学生从繁重的课业负担中解放出来。大多数亚洲学生坚信成功主要是勤奋的产物,而不是天赋,这种信念让社会在灌输成功的教育价值观时有了土壤。日本学生们不仅相信他们有能力控制自己的成功,而且随时准备为此努力,他们不会面对困难采取放弃态度。亚洲教育要更多地相信和尊重人的天性,而非过于信奉"一分耕耘一分收获"地要求学生拼时间,让他们有时间和机会去亲近自然,了解社会,避免学生与社会生活相脱离,由此进一步激活人性内部活力。

三是重建教育的公共性以实现实质性的教育公平。实质性的公平意味着更好地满足不同受教育者个性化的成长与发展需求,亚洲现有的教育管理体制是难以实现这一目标的。必须通过制度创新,分散和下放管理权力,促进办学体制的灵活性和多样化,使教育重新成为全社会共同参与的生机盎然的事业;在教育多元化、社会化、地方化的格局中,重建教育在社会生活中的主体性;确立学术自由、学术自治、师生平等、社会参与等价值;确立学人的学术权力和在教育、科研中的最终决定性地位;建立科学化、民主化的教育决策体制和机制;建立学校与家长、与社区紧密联系的参与机制。

四是增强教育的人文性。有人认为教育的本质是人的生产和再生产,这一表述未必准确,但相对于把教育仅仅限定于培养人才、增加人力资源更加人性。韩国、日本、新加坡、中国香港都非常重视培养学生的算术和阅读等基本技能,而不知道社会生活中还需要沟通、合作、创新能力、领导力、情商、团队合作、企业家精神、全球公民意识、问题解决能力,更高的价值观与道德标准。人的健全发展才是教育所应追求的目标,保障每个人受教育的权利是教育应当具备的基本条件。现实中,必须在教育的功利和非功利的两种价值之间保持恰当的平衡,重视教育育人、文化传递、社会整合等非功利价值,防止经济主义、科学主义、能力主义、急功近利的短期行为对教育的戕害,防止教育的失衡和异化。使各级学校成为社会和社区的文化中心,使教育成为社会文明和道德的灯塔,成为文化传承和繁荣的源泉。

简言之,亚洲教育要从人类发展的历史长河中找自己的定位,与人类各种文化进行平等、自主的全方位交流,并在此基础上确立指向全人类未来的教育发展目标,构建亚洲与全球多向开放的教育体系,创造出未来能在全球发挥积极作用的亚洲新教育。

第三篇 行　动

2011年度中国教育改进报告[*]

2011年,中国教育在贯彻《国家中长期教育改革和发展规划纲要（2010—2020年）》(以下简称《纲要》)的过程中,有了一定改进;同时,阻碍教育改进的惯性与力量依然强大,教育改进的状况和力度与人民对教育的需求之间仍有较大差距。

一、2011年中国教育的年度改进状况

2011年3月,温家宝总理在政府工作报告中提出:"推动教育事业科学发展,为人们提供更加多样、更加公平、更高质量的教育。"依据这一要求,2011年中国教育改进主要体现在幼儿教育发展较快、民间教育改进力量与政府的互动局面初显、教育舆论环境进一步宽松等方面。

(一)学前教育快速发展

在《纲要》所确定的各方面教育改革与发展目标中,学前教育的发展绩效最为明显。教育部成立了学前教育三年行动计划推进工作领导小组,各地普遍建立了政府分管、领导牵头的学前教育联席会议制度,以县为单位编制了学前教育三年行动计划,进入全面实施阶段。教育部会同国家发改委启动"中西部农村学前教育推进工程试点",2011年农村学前教育推进工程试点资金增加至15亿元,资金安排重点向贫困落后地区和少数民族地区倾斜,试点范围扩大到中西部25个省,规划建设幼儿园891

---

[*] 本报告由本书作者主笔,吸纳项贤明、袁桂林提出的意见进行修改,2012年初以中华教育改进社名义发表。有改动。

所。上海等少数地方学前教育事业经费接近年度教育事业经费的9%。各地采取了一些幼儿教师培养和提高其地位的措施,完善发展幼儿教育的政策法规。2011年学前教育毛入园率有望达到63%(注:实际为62.3%)。

同时,学前教育发展中由于政策上囿于大力发展公办园、大力发展乡镇中心幼儿园,不公平的问题凸现;对公办园与私立幼儿园的政策不平等也正酿成新的体制性问题;收费高、教师待遇低、普惠未落实、公益性体现不够、大班额与小学化问题严重。亟待调整政策、制度,建立公平发展的基石。

(二)西部"普九"攻坚取得重大进展

2011年,新疆维吾尔自治区、四川省、青海省、甘肃省、西藏自治区所有县(市、区)先后通过"两基"国检,"普九"任务全面完成,全国范围内已实现基本普及九年义务教育,基本扫除青壮年文盲,"两基"人口覆盖率达到100%。

(三)民间教育改进力量与政府互动局面初现

2011年,以若干事件的发生为契机,初步形成了民间教育改进力量与政府互动的局面。由民间公益组织发起的免费午餐项目,获得政府的认可,中央政府财政安排160亿元用于农村义务教育阶段学生免费午餐。民间教育公益组织在乡村教育、农民工子女教育、心理援助、支教助学、艺术教育、资源共享等方面的活动,也逐渐获得各级政府的认可和支持。

(四)教育舆论环境进一步宽松

经过《纲要》公开征求意见的过程之后,公众和媒体对教育的关注度日益增高,网络及各种新媒体的发展为公众对包括教育在内的公共事务的监督提供了更有利的条件。2011年,无论是教育部和相关部门发出相关政策文件后,还是与教育相关的热点事件发生后,《人民日报》《光明日报》《中国青年报》《新京报》等各纸媒和各网络媒体从多个不同角度报道或评论,比较充分表达公众和专业工作者的声音。在改变教师准入制度、校车事故以及《校车安全条例》征求意见、"打工子弟学校被拆"、"绿领巾"、"师德考核"、"药家鑫"、"虎妈狼爸"、"不孝不能上北大"、"五道杠少年"等若干热点问题上,不同主体的多种声音得以发出。这种相对宽松的教育舆论环境有助于教育在一个相对开放的环境中逐渐完善提升,有效地避免了各项政策在制定和执行中出现不公和不必要的失误。

(五)教育质量提升得到重视

2011年的全国高考录取率已增至72%。高考录取率北京市达86%,江苏达83.6%,山东近九成考生上大学,各地高考报名人数和录取人数的一降一升,宣告着高校招生正进入"低分时代",提高教育质量成为高等学校和各级学校的急迫任务。

《纲要》把提高质量作为教育改革发展的核心任务,2011年4月24日,胡锦涛主席在庆祝清华大学建校100周年大会上讲话指出:全面提高高等教育质量,必须始终贯穿高等学校人才培养、科学研究、社会服务、文化传承创新各项工作之中。7月27日,教育部、财政部决定在"十二五"期间继续实施"高等学校本科教学质量与教学改革工程",教育部将制定约100个本科专业类教学质量国家标准,如果高校相关专业不能达到教学质量国家标准将停止招生。9月底,北京大学、浙江大学、武汉大学等高校相继公布了各自的2010年《本科教学质量报告》,作为对《纲要》"建立高等学校质量年度报告发布制度"的具体落实,也是转变高等教育评估方式的积极尝试。各级学校的质量都有一定程度的改善。

(六)教育经费投入进一步增加

国务院于2011年6月印发《关于进一步加大财政教育投入的意见》。2010年下半年以来,国务院先后出台了统一内外资企业和个人教育费附加、全面开征地方教育附加、从土地出让收益中按比例计提教育资金等加大教育投入的政策。国务院要求各地各部门采取有力措施,确保2012年财政性教育经费支出占国内生产总值比例达到4%的目标按期实现。

2011年，中央财政下拨20亿元补助资金支持由教育部、财政部共同实施的"支持高等职业学校提升专业服务能力"项目，重点建设1000个高职专业。财政部和教育部两部委又专门追加了食堂建设专项资金100亿元，重点用于营养改善计划试点地区的农村学校的食堂建设，改善学生的就餐条件。2011年财政教育经费投入约为1.5万亿元。

同时，教育支出占据家庭整个消费的比例仍然很高，网络调查表明超三成家庭月均教育账单在1000元以上，其中，中小学课外辅导费以19.9%的份额高居榜首。

二、2011年中国教育改进不足之处

2011年，民众对教育期待已久的众多问题依然未能得到解决，其中一些问题还在继续加剧。

（一）做人教育亟待改进

首先是公民意识教育严重滞后。国民不了解自己有哪些权利，也不了解作为社会成员应该对国家和社会所承担的责任和义务。不少人简单将这种责任和义务等同于服从，甚至将服从等同于爱国；或认为自己只需对自己的家庭和亲属关心，遇到问题采取情感为主理性不足的双重标准对待，对非直接相关人所遇到的困难和遭受的苦难漠不关心；或认为自己没有获得应有的权利，于是就放弃本应承担的责任。这些都与公民意识教育不够或不当直接相关。

其次是信仰教育方式方法不当。长期以来，教育领域以功利的眼光忽视信仰教育。没有信仰就缺少自我约束，就没有精神支柱，就会在社会行为中凭个人意志行事，忽视道德和真理，忽视公平和正义。更为可怕的是导致人的精神空虚，没有罪恶感，遇到矛盾分歧时，便显出人性中的残忍和冷漠，衍生一系列社会问题。信仰教育亟待开展。

再者，心智健全的基本要素不齐备。主要表现为科学素养不足，勇气、胆量、正直和诚实的品性不足，科学与理性思维欠缺；法治观念淡薄，

人情高于法律观念导致的徇私枉法、贪赃受贿、法律不公正现象较多；普通民众体面和受尊敬的体验不足，不懂得如何为了个人和社会的福祉去进行富有成效的生活。"面子"重于"里子"的心理阻碍着人接受真理并尝试富有意义的生活，没有勇气追求自己认为正确的事情，缺少从错误中筛选正确事物的能力；过于依赖运气或身边的权势，不愿探求规律并一步步付出努力；缺乏冒险精神，不想经历风险寻求完善内心和改善自己的生活机会。这些都与过于功利和片面的应试教育长期盛行相关。

（二）公平状况亟待改善

2011年，多起与教育公平相关的事件引发全社会关注，"寒门再难出贵子"成为网友评出的最热关键词，反映出社会对教育公平问题的极大关注。"血色校车""15年免费教育""打工子弟学校被关"也在一定程度上与教育公平相关。日益稀薄衰败的农村教育和城市教育等级化显出教育公平问题仍在恶化。

2011年，中国各级政府和社会为实现教育公平采取了一些措施，启动"农村义务教育薄弱学校改造计划"，实施"农村义务教育阶段学校教师特设岗位计划"，2011年共聘用特岗教师49870人，覆盖21个省份的16536所农村学校。但整体上教育公平状况依然不平衡，在一些局部地区和领域公平状况有所改善，在另一些局部地区和领域公平状况则继续恶化。令人担忧的是，实现教育公平的体制与机制并未稳固建立，社会贫富与权力差距体现在教育上的择校现象愈演愈烈，北京等多个城市的择校费额度比上一年进一步提高。一些地方的择校由"小升初"延伸到"幼升小"，甚至从选择幼儿园开始，一些中小学就近入学的学生比率不到20%。一些地方在"城乡一体""教育现代化"的口号呼吁下，只办城里的学校，大幅度撤并乡村学校。上述事实表明教育公平问题依然严重，恶性择校现象亟待消除。各级各类学校均应体现公平，均应阻止权势、财势在入学中的作用和暗箱操作的公共资源占有行为。

实现教育公平的关键在于优秀教师的均衡配置，促进优秀教师流动的关键在于在公平理念下建立足以引发教师流动的补贴和激励机制。

(三)民众对教育改进的信心亟待提振

《纲要》颁布实施后,民众期待教育改进,而身边的教育改进状况与期待相比显得缓慢,一些地方和学校的教育改革仅仅是"书面改革""报告旅行""文字游戏"。部分民众对教育改革信心不足,很多家长选择让孩子出国留学,学生参加"洋高考"出现井喷势头。据中国教育在线的网络调查数据显示,近两年来,北京、上海、南京等城市放弃高考选择出国留学的学生以每年20%左右的速度递增;在2011年报考托福的考生中,18岁以下的考生比例增长一倍多。同时出国留学显现低龄化趋势。据教育部统计,从2007年到2010年四年间,出国留学人数从14万多增加到28万多,翻了一倍。据国际教育协会和美国国务院教育及文化局联合发布的报告数据,中国每学年被美国大学本科录取的学生由2006到2007学年的9988人,增加到2010至2011学年的56976人,本科生在中国赴美学生中的比例从14.7%增加到36.2%。

三、2012年中国教育改进期望

2011年公众对教改的信心有所丧失,中国教育需要改进之处仍然很多,各种问题归集起来主要为公平、管理体制、学生学习自主权三个大问题,公众期待2012年在这些方面有突破性的进展。

2012年最为急迫的是健全教育价值取向。教育是为了实现人类更好的发展,是为了寻求真理、改善生活质量、完善人格,以便教育当事人生活得更加幸福。改变当下教育中的功利价值取向,彻底改变师生仅仅通晓考试却很少关心真理和美德的状况。切实将教育定位为基本的民生,使它促进人的美好天性获得弘扬而非遭到毁损,使它成为民众追求幸福的现实路径。

(一)改善教育公平状况

2012年,人们渴望平等地接受教育的需求将会更强烈,不公平的教育本身就是对全社会的一种具有强大负面效果的教育,而改善教育公平状况依然阻力重重。第一个难点就是如何实现学校间的均衡,切实消除实际上已经存在的学校"多轨制",使平民子弟无障碍享有现有的优质幼儿园和中小学乃至高等学校教育。第二个难点在于如何保障城乡义务教育资源均等化,改变乡村教育资源日渐稀薄,乡村儿童被资源差驱动进城入学,城镇学校大班额的失衡态势。第三个难点是如何打破教育资源的垄断,实现公办学校与私立学校、公办教师与民办教师之间的平等,以保持教育的多样性、适度竞争性和可选择性。

在解决教育公平问题的过程中,既有优势的权利与既有劣势的权利不平衡导致那种完全寄希望于通过增量实现公平的愿望不切实际,也远远不够。如果不解决人与人之间的权利平等问题,真实的公平永远不会实现。在教育公平上亟须解决的具体问题有:农民工随迁子女流入地升学问题、农村中小学合理布局和师资均衡配置问题、高校招生公平问题。上述问题都必须在相关当事人充分参与的基础上,从发展规划、办学条件、教育经费、教师配置、教育质量、评估标准等方面采取一系列有效措施才能得到适当的解决。

(二)加快教育管理体制改革进度

教育管理体制改革的关键在于准确定位政府的角色。现有教育体制对教育资源的垄断性与管理单一性决定着它难以服务于社会个体对教育的多样性需求。它的过度行政化特征决定着它难以切实遵循教育的内在规律。在这样的教育管理体制下,时代所急需的创造性个体难以多多涌现。彻底实现公共教育的管理、评价、办学三种角色分离,才有可能办出多样性、公平性、个性化的教育。

《纲要》提出了推进教育体制改革的工作要求,各地也组织开展改革试点,但2011年各级教育管理体制改革进展缓慢。高等院校依照政校分开、管办分离的要求建设现代大学制度也仅仅发布了《高等学校章程制定暂行办法》,对两所部属高校试行校长公选。清理并纠正各类歧视民办教育政策未见明显成效。高考改革的路线图尚不明确,考生在高考中的选择权依然过小。在职业教育上政府的过度和不恰当参与以及企业的缺位成为职业教育健康发展的桎梏。教育管理体制改进的重点应是:一要完善民主决策机制,把公众参与、专家咨询、风险评估、合法性审查作为必经程序;二要建立健全的第三方评价体系,将专业评价作为检验政绩的依据;三要落实和扩大学校、教师、学生的自主权,推进管、办、评分离。

(三)返还学生的学习自主权

学生学业负担过重的根本性原因是在现有教育管理和评价体制下,学生的学习自主权被过度剥夺。学生没有时间和精力去做自己想做的事,玩自己想玩的游戏,生成自己的兴趣。不容许学生使用其学习主人的权利,久而久之,中小学生不只课业负担过重,还丧失了独立思考、实践创新能力。同时,教师的教学自主权和学校的办学自主权都远远不够。切实将学生成长发展的具体真实需要作为教学、管理和评价的第一依据,才能切实保障学生学习的自主权。

中国教育离人民满意还有不小的距离,2012年教育改革尚需努力。

2012年度中国教育改进报告[*]

2012年,中国民众对教育改革的期望明显低于此前两年,他们对贯彻《国家中长期教育改革和发展规划纲要(2010—2020年)》(以下简称《纲要》)的期待更为理性现实;同时,阻碍教育改进的惯性与力量在各方面显现得更为充分,教育改进的状况和力度与人民对满意教育需求之间的差距呈现继续拉大趋势。

一、2012年中国教育的年度改进状况

2012年是《纲要》颁布的第三个年头,贯彻和落实《纲要》是全年工作的重点。然而,总体上原来确定的一些涉及管理体制与教育评价重点领域的改革进展缓慢,随迁子女就读地高考比原计划进展得相对快速,证明民间力量是推动教育改进的强劲动力,充分发挥与有效利用它与政府形成良性互动是促进教育改进有效的现实路径。

2012年教育改进的主要方面有:

(一)随迁子女就读地高考取得积极进展

进城务工人员随迁子女就读地高考问题2008年就引发社会关注,在民间力量长期大力推动下,2012年"两会"期间,随迁子女就读地高考成为社会普遍关注的热点问题。2012年8月31日,中国政府网刊发了国务院办公厅转发教育部、国家发展和改革委员会、人力资源和社会保障部以

---

[*] 本报告由本书作者主笔,吸纳项贤明、袁桂林提出的意见进行修改,2013年初以中华教育改进社名义发表。有改动。

及公安部的《关于做好进城务工人员随迁子女接受义务教育后在当地参加升学考试工作的意见》,要求各地在2012年12月31日前出台异地高考具体办法。截至2013年1月1日,全国共有除青海、西藏、新疆、内蒙古等省区以外的27个省市公布随迁子女就读地中高考的方案,有效地解决了除京、沪、穗以外地区的随迁子女就读地高考问题。虽然京、沪、穗等地的问题尚未得到解决,但计划体制下形成的传统不包容的城市管理观念和体制有了新的突破,并对随迁子女给予了小口径包容。京、沪、穗以外地区的进城务工人员随迁子女就读地高考问题基本得到解决,成为有效推进全国范围内教育均衡新的杠杆,有巨大的积极意义。

(二)民众的教育自觉意识明显提高

2012年,以实行随迁子女就读地高考为契机,民间教育改进力量与政府互动的模式进一步成熟。民间公益组织与政府在免费午餐、校车、乡村学校布点调整、农民工子女教育等多方面实现了有效互动,各级政府进一步参与、认可或支持民间组织的教育改进行为。

公众通过多样化的媒体传播和表达逐步提高了教育的自觉意识,主要表现为:一是强化了教育的自主选择意识,无论是选择出国留学,还是在国内不同学校间的选择,虽然导致了"留学热"和"择校热"等新的问题,但民众的教育自主选择意识增强无疑是积极的变化;二是教育维权意识增强,越来越多的民众知道教育是基本民生,在农村撤点并校、随迁子女就读地高考等方面都出现了民众维权的身影,与此同时,大量的留守儿童基本权利得不到维护又显现出这方面仍需继续改善。

(三)教育经费投入达到GDP的4%

2012年,为了推动国家财政性教育经费支出占国内生产总值(GDP)4%的目标如期实现,国务院曾专门发出了加大教育投入的意见,实行统一内外资企业和个人教育附加、全面开征地方教育附加、从土地出让收益中按比例计提教育资金等政策。教育部会同财政部、发改委专门成立了"4%办公室",以加强统筹协调和督促检查。各地认真落实中央一系列政策措施,尽全力、大幅度增加财政教育投入。2012年底,汇总公共财政预算、政府性基金预算中安排用于教育的支出以及其他财政性教育经费,2012年国家财政性教育经费支出21984.63亿元,估计达到国内生产总值4%以上。

(四)教育舆论环境进一步多元

随着网络进一步普及,自媒体功能逐渐增强,教育舆论本身多元化的需求也逐渐增大,越来越多的教育热点事件首次以微博等方式发布,然后再被传统媒体关注,这就使得2012年教育舆论更加贴近民间诉求。

就传统的媒体而言,原本主要是教育和时政类媒体关注教育,现在发展到财经、都市以及与民生相关的各种媒体都从各自不同的立场出发关注教育,能够发出各不相同的声音,有利于促使公众在比较、分析的基础上独立思考教育问题。同时,包括教育部在内的相关部门也更加重视舆论工作,加强网站建设、改进报刊报道,传播公众和专业工作者的多种不同的声音。这种相对多元和宽松的教育舆论环境有助于教育在一个相对开放、多样选择、适度竞争的环境中逐渐完善提升,有效地避免了各项教育政策、措施和办学行为中出现不公和不必要的失误。

二、2012年中国教育改进不足之处

2012年,以人民满意为尺度,教育改进的期待依然很多。其中突出的问题具有长期性和连续性,诸如教育公平问题、教育质量问题、公民意识教育问题、国民信仰的养成、科学素养的提升、学生体质下降、一线教师待遇和素质、去功利化等问题需要长期不懈努力,这些问题的一些方面在2012年还在继续加剧。

(一)政府跟不上民众进步

由于信息渠道的增多,民众对教育状况的了解更加全面,人们的教育理念已从抽象、政治化的教育转向具体、生活化的教育。从全国到各省、

市、县、乡普遍存在政府在教育上跟不上民众进步的现象。首先是在教育观念上,有越来越多的民众比政府更加开放、前卫,更加讲求实际;其次是在教育政策上,长期积累下的一些教条难以根除,使得政府的政策与民众的需求之间的差距日益增大;再就是在教育管理体制上,存在诸多阻碍依据人的成长规律和教育本身的内在需求办教育的因素;还有在教育评价上,单一的评价标准和评价方式限制了民众对教育的多样性需求,阻碍了真正以人为本的教育实现。简言之,民众的自主性不断提高,教育权利意识不断增强,对教育的选择性不断增强,政府对这些应变不够,显得被动。正因为此,在家上学、出国留学、放弃高考、放弃进入高校的个案在2012年均有大幅度增长,政府主动应对显得不及时不得力。

(二) 社会对教育资源的吸入效应明显增大

由于目前中国的经济结构导致贫富差距悬殊,国家统计局公布的近十年中国居民收入基尼系数在0.47至0.49之间(相关研究机构公布的更高,如2009年北京大学中国社会科学调查中心公布的为0.514,中国人民大学中国调查与数据中心公布的为0.555;2010年西南财经大学中国家庭金融调查与研究中心公布的为0.61),这就使得在贫困地区或留守儿童及其他弱势人群中,教育相对于他们的安全和衣暖食饱等基本需求而言成为次要的需求,也就使得原本财政上用于教育的经费发生了功能转换,不得不用于安全、校车、免费午餐、贫困家庭资助、免除学费等非教育内质方面的投入,简言之,各种社会问题最终要使用教育经费买单。因此,虽然2012年财政对教育的投入增加了,但是教育投入对于实现教育自身的目标而言被摊薄了。由于用在教育内质部分也就是如何培养人这方面投入不足,用在教育外部条件的投入增大,限制了贫困地区师资和教育质量的有效提升。孩子进了学校,但是并不能保证真正受到良好的学校教育,关注了改善外部条件而忽视了内涵,这样对贫困孩子人生有所帮助的同时形成的问题也是亟需弥补的。越是相对落后地区,对教育投入的吸入效应越强,成为新的条件下发展教育不得不重视的实际问题。

这种吸入效应除了表现在公开的经费使用上的功能转换,在一些地方还表现为政府对教育经费的挪用和挤占,将上级用于教育专项的转移支付转为他用。分清职能,切实化解因宏观政策、资源配置、权力不公造成的社会问题,尽可能减少使用教育经费为非教育的社会问题买单的额度,才有可能真正提高教育的专业性和质量,才能实现真正的教育公平。

(三)不理性教育行为泛滥

教育的不理性在升学率的杠杆作用下变得日益疯狂,奥数、各种名义的升学考试改革、各地建立的教育园区、择校费的攀升、过度撤点并校、各种补习班的泛滥、"吊瓶班"现象、到孔庙等处烧香拜佛等都表明功利化的潮流仍在裹挟着政府与民众的教育理性。表明现有的教育管理体制和评价机制难以支撑社会依据人的成长规律和教育本身的内在需求办教育。

这种不理性在民间表现为,教育支出占据家庭整个消费的比例仍然攀高,主要用于支付择校费、课外辅导费、买学区房等方面,对孩子期望过高。在政府则表现为过于重视校舍建设以及各种看得见的教育外部性投入,建设形象工程,而对师资、课程、教育活动等内部性投入远远不够,对教育实质性的变革迟迟难以实施,成为制约教育质量和民众教育满意度的关键性障碍。另一种不理性的表现为将教育作为城镇化、房地产、地区财政等各方面发展的工具,忽视教育自身的自主性和内在规律。

(四)弱势人群对教育的自主利用能力继续下降

尽管中央政府在各种政策文本中提到"大力促进教育公平,合理配置教育资源,重点向农村、边远、贫困、民族地区倾斜,支持特殊教育,提高家庭经济困难学生资助水平,积极推动农民工子女平等接受教育,让每个孩子都能成为有用之才"。然而,现实中城乡之间的年生均教育经费仍有很大差距,一些地方的差距还在继续拉大;农村学校布点过于集中,乡村学校处于整个学校系统梯级不均衡的低端,农村教育出现了"城挤、乡弱、村空"的局面,师资力量尤其薄弱,导致留守儿童、在乡村无能力流动家庭儿童、家庭离当地最近学校距离较远儿童,由于住宿、吃饭、交通成本增加等原因,他们的受教育基本权利难以得到切实保障,利用公共教育资源处于被动状态,部分个案调查地区的辍学率高达20%,贵州毕节5名义务教育阶段学龄儿童钻进垃圾箱中取暖导致一氧化碳中毒身亡是这方面的一个极端案例。

(五)教育管理体制与评价改革进展缓慢

《纲要》在教育管理上确立的人才培养体制改革、高考招生制度改革、建立政校分开、管办分离的现代学校制度、办学体制改革、管理体制改革等方面的工作,除了教育部发文推动各高校制订章程、对个别高校校长和总会计师进行公开选拔外,其他各方面的改革未见突出成效。2012年实施的"国家扶贫定向招生计划"本身既强化了招生的计划性,又强化了行政权力在招生过程中的作用,在局部校正高考公平,改变农村生源在重点大学的比例日益走低局面的同时,带来更大的体制性问题。

(六)大学教学质量继续下滑

由于多年来高校未能建立专业主导的教学管理评价体系、未能建立正常的淘汰机制、高端生源外流的趋势扩大、低端生源进入高校的数量增加、就业压力干扰正常教学秩序、过度扩招导致高校内部生师比过高(一些高校高达35∶1)等多方面原因的作用,各大专院校的本专科教学质量继续有不同程度的下滑。青年教师负担过重、非本专业教师跨专业代课、课后学生就见不到教师、基建摊子大利益多负担重、教学则因利益小而被忽视等在各校成为普遍现象,在一些低端学校则出现了房子刚建起来又招不到学生的现象。

(七)第三次留学移民潮凸现教育信任危机

美国国际教育研究所(IIE)发布的2012年美国《门户开放报告》显示,2011至2012学年美国国际学生总数为764495人,较上一年增长了5.7%,其中,中国内地学生增长最快,总人数为19.4万人(占美国国际学生总数的25.4%),比上学年增加23.1%,就读本科人数暴增31%。多项研究得出一个共同结论,中国出现自改革开放以来的第三次留学移民潮。

这反映了中国教育领域问题很多,民众对短期内改善的信心不足。根据 2011 年的《泰晤士报》发布的全球大学排行榜,世界排名前 500 名的大学中美国有 103 所,英国有 52 所,德国有 42 所,澳大利亚有 21 所,加拿大有 21 所,作为人口大国、竞争更加激烈的中国仅有 12 所。教育质量的差距是中国教育的硬伤。与开放之初的出国潮相比,这次主要是父母在推动,带有更强的移民倾向,生源素质差异很大。出国潮显现出国内现有教育的危机。若不能采取果断的教育改革措施,重建国民对教育的信任,将会引发影响中国未来发展的一系列人力资源、经济和政治难题。

三、2013 年中国教育改进期望

自 2010 年以来,公众对教改的信心呈现逐年递减的趋势,外出留学人数的增长和留学的低龄化是其外在的体现。找准突破口推动可实现的改进依然迫在眉睫。从形而上的层面看,最为急迫的是健全教育价值取向,落实"以人为本"的原则,增强教育的科学性,使教育更加人性化、符合学生成长发展规律。教育是为了实现人类更好的发展,是为了寻求真理、改善生活质量、完善人格,以便教育当事人生活得更加幸福。改变当下教育功利价值取向,彻底改变师生仅仅通晓考试却很少关心真理和美德的状况。切实将教育定位为基本的民生,使它促进人的美好天性获得弘扬而非遭到毁损,使它成为民众追求幸福的现实路径。

在形而下的层面,各种问题归结起来主要为推进教育公平,建立更加适应现代社会发展的教育管理体制,从简单的行政化管理发展到按教育的特质来进行管理,也就是把教育当成教育,以人为出发点,符合人的发展规律的管理;在评价方式上,从行政主导向专业主导转变,在评价内容、评价标准上趋向灵活;切实保障学生学习自主权。公众期待 2013 年在这些方面有突破性的进展。

(一)推动随迁子女就读地高考问题的彻底解决

由于北京、上海、广东等地随迁子女就读地高考问题未能得到根本解决,随迁子女就读地高考的攻坚任务仍未完成。解决这一问题需要从整体上寻求系统的解决方案,即要立足于改变社会的权力结构、资源配置、发展模式,从而在全国范围内实现教育资源的均衡和教育机会的均等。同时在体制上要实现突破,一要改变现有城乡分割的户籍管理体制,实现城市管理对非本地户籍人口的有序接纳包容;二是改变计划招生制度,建立专业、公平、公正、透明的高校自主招生体制,依据各高校的发展方向和需求与考生进行双向选择,从而形成内在的平衡机制。用专业评价机制替代行政的计划指标分配。

(二)建全教育经费有效使用的机制

目前虽然在一些地方也已经对教育经费的使用开展了事前评估、过程监督、事后审计,但总体上教育经费的使用不当、预算决算制度不严、监管不力、公开透明程度不够、整体效益较低等问题依然严重。

例如,由于城乡之间教育投入不均衡,偏远地区教师工资远远低于城市教师,造成乡村留不住好老师,从而形成连锁效应,乡村学校无法留住当地学生,家庭条件稍微好一些的家长都把孩子送到城里去,这不仅造成城里教育资源的紧缺,也会使得此前在乡村已经投入建设校舍等基本设施的教育资源被浪费。这个例子说明科学合理使用教育经费需要有专业的组织把关和公众参与。

2012年各地教育经费的增长已经在一些地方出现"钱等事"的现象,为经费的不当使用提供了更大的可能,迫切需要从中央到各地方建立和完善教育经费有效使用的机制。要逐渐形成适当扩大统筹范围以保障均衡的机制,建立专业人员、行政部门与公众共同组成的拨款委员会以保障经费使用得当的机制,建立公开透明的财务监督体系以保障经费使用到位的机制,建立经费使用效果的评价体系以改进今后的教育经费的使用效果的机制。总体上要实现教育经费的决策、使用过程、使用效果全过程的公开透明与科学化,管理与使用相一致,政府与民间共同参与,整体提高教育经费的使用效益。

(三)健全民间诉求表达渠道以推动教育改进

近些年的改革实践表明,民间诉求是教育改革的原动力。健全民间诉求的表达渠道,使各种诉求能够通畅表达是落实以人为本的关键环节。依据近些年教育的民间表达日益增多的现实,需要以下方面加以改进:一是维护表达者的权利,实现多种群体与个人的充分表达、平等表达,事关教育当事人的各种决策必须听取当事人意见,经过票决程序;二是建立通畅的表达通道,使表达能够直通教育决策、教育行政和教育执行的各个方面,尤其要让各种反对意见能正常发出并发挥作用;三是通过科学论证及时依据民间表达改进教育,提高民间教育表达的有效性,并通过适当方式对不切实际、不符合人的成长发展规律、不可行、不合理的相关人群的表达做出合理的回应。为此,要充分鼓励民间社团在教育发展中发挥作用。

(四)对农村和城镇20%最贫困人群制定特殊教育政策

由于目前社会的两极分化严重,现有的从学前教育到研究生阶段完整的家庭经济困难学生资助体系仅适用于普通情况。在一些地方教育经费中支出的对贫困地区和贫困家庭学生吃饭、交通、住宿等生活性的资助本身已大于在当地的实质性教育支出,在这种情况下教育僭越了扶贫功能,当地学生依然营养不良、发育迟缓,也未能让这些学生获得真正质量合格的教育。因此,有必要对农村和城镇20%最贫困人群制定特殊教育政策,分清政府的扶贫和教育功能,让民政等相关部门切实解决好这些孩子的生活问题,以更好地实现教育公平。

改善农村教育的关键在教师,应将2012年国务院颁布的《加强农村教师队伍建设的意见》真正落到实处,全面落实城乡教师统一编制标准,改变长期以来对农村教师的歧视与不公,有条件的地区试行乡村教师年薪制定岗招聘,依据农村学校教学的实际需要确定岗位数,薪酬高于当地城镇教师一倍半以上,鼓励免费师范生以及持有教师资格证的优秀教师竞聘。

中国教育离人民满意还有较大距离,2013年教育改革尚需努力。

2013年度中国教育改进报告*

2013年,中共中央十八届三中全会通过的《中共中央关于全面深化改革若干重大问题的决定》(以下简称《决定》)将此前两年民众对教育改革日趋低落的期望再度提升,人们对制约教育改进的真实原因有了更加清晰、更加具体、更为理性的认识。2013年整体教育改进的实际行动不多,进展不大。教育改进在各方面遇到的阻力和挑战依然没有减弱,一些领域还出现公开化和对立化,人民对教育改进的需求仍处在不断积聚状态。

一、2013年中国教育的年度改进状况

2013年全面落实《纲要》绩效不明显,在考试招生制度、教育管理体制、教育评价等重点领域的改革进展缓慢。教育经费保障进一步到位,但教育经费管理亟待改进;随迁子女就读地参加高考在一些省市得到落实,在需求最为迫切的地区尚没有决定性进展;民间力量推动教育改进动力增强;教育公平公正问题依然突出,教育资源均衡推进缓慢,提高教育质量和效益路径不明确,政府促进教育改进思路与模式有待完善。

2013年教育改进的主要方面有:

(一)十八届三中全会《决定》再次提升民众对教育改革的期望

2008年启动的《纲要》引发了民众对深化教育领域综合改革的期望,

---

* 本报告由本书作者主笔,吸纳项贤明、袁桂林提出的意见进行修改,2014年初以中华教育改进社名义发表。有改动。

随着2011年后《纲要》贯彻落实进展不理想,民众对中国教育改革的期望逐年降低。2013年11月15日公布的《中共中央关于全面深化改革若干重大问题的决定》,再次为综合改革确定了方向,倡导人民主体,大力促进教育公平,描绘了公平、责任、信心、尊重的教育前景;提出逐步取消学校、科研院所等单位的行政级别,建立事业单位法人治理结构;推进考试招生制度改革,探索招生和考试相对分离、学生考试多次选择、学校依法自主招生、专业机构组织实施、政府宏观管理、社会参与监督的运行机制,从根本上解决一考定终身的弊端,深入推进"管、办、评"分离。这些提法成为政府的新承诺,再次引起民众对一直最关切的教育问题解决的期待,同时,民众对能否贯彻落实该文件精神信心不足。中国教育需要一场真正的、彻底的改革。

(二)教育经费投入得到基本保障

2013年底,教育部、国家统计局、财政部发布2012年全国教育经费执行情况统计公告。公告显示,2012年国家财政性教育经费为22236.23亿元,占GDP比例为4.28%,比上年的3.93%增加了0.35个百分点,历史性地实现4%的目标,意味着经过多年努力,教育经费投入得到基本保障。

2013年,中央一级教育经费投入仍有一定程度的增长,各省市增长不均衡,西藏2013年教育经费投入首次达到110亿元,同比增长14.6%,是增长比例较高的省区。

(三)考试招生制度改革起步

多方面零碎的实践表明中国的考试招生制度改革正在起步。

2012年底前,除西藏等少数省区未制定随迁子女就读地参加高考政策外,29个省市区制定了相关政策。2013年全国近20个省份不同程度地放开随迁子女就读地参加高考。但依据已有的10个省份数据,实际从这一政策受惠的人数有限,共计仅4800名随迁子女考生参加就读地高考,一些地方以户籍认定资格的政策受到质疑。

除十八届三中全会《决定》确定高考招生改革大方向外,2013年北京市公布了中高考改革方案,面向社会征求意见。2013年12月,英语四六级考试在CET考委会官方8月份公布改革统一题型后首次实施,引导学生加强英语实际应用能力的提升,首次实行同一考场内"多题多卷"。此外,确定并公布艺考提高文化课分数线。教育部于12月表示已经完成制定考试招生总体方案,即将面向全社会公开征求意见。改革举措包括拟对外语考试实行社会化,一年多考;报考高职拟可不参加高考,由学校依据其高中学业水平考试成绩和职业倾向性测试成绩录取;探索在义务教育阶段免试就近入学的多种形式,包括小学初中对口直升,合理划分学区,九年一贯制等。

(四)中小学生学籍管理实现"一人一号"

中国首部《中小学生学籍管理办法》从2013年9月1日起正式实施。其中第二章第五条规定:"学籍号以学生居民身份证号为基础生成,一人一号,终身不变。"学生学籍号将从幼儿园入园或小学入学时初次采集学籍信息后使用,直到完成学业为止,普通教育与职业教育、成人教育有机衔接,终身不变。学生学籍档案的基本内容,除学籍基础信息外,还包括学生的综合素质发展报告(含学业考试信息、体育运动技能与艺术特长、参加社区服务和社会实践情况等)、体质健康测试、体检信息、预防接种信息,学生在校期间所获的奖励信息、资助信息等。这一全国性的学籍信息管理系统的建立有助于解决学生流动不断增加情况下的"虚假学籍""重复学籍"等问题,获得更为准确、全面的义务教育统计信息。同时也为解决大城市择校、随迁子女就读、留守儿童管理等方面问题提供必要的参考数据。

(五)民众对教育问题的鉴别能力逐渐提高

2013年,随着网络发展以及教育舆论环境进一步多元,相对开放、多样选择、适度竞争的教育环境逐渐形成,民众对教育问题的鉴别能力正在逐渐提高。教育主管部门的多项政策出台或征求意见时,民众参与、态度更为积极,参与性进一步增强,依据自己的判断表达而非简单从众的成分在增加。越来越多的民众对宏观、抽象、一刀切的政策不感兴趣,而去寻找自己可控的教育改进途径和方式方法。各级政府越来越多地认识到民众参与、专业组织的支持是政府教育政策形成必不可少的环节。

民众通过多样化的媒体传播表达自己的教育诉求,敢于发出各不相同的声音,在比较、分析的基础上对教育问题有了更多的独立思考。由此引发教育的自主选择意识逐步提高,出国"留学热"与中小学不同学校间的"择校热"在一定程度上是民众的教育自主选择意识增强的反映,这些"热"中的理性成分在逐渐增加的同时,非理性的放弃学业、"不能输在起跑线上"的恶性竞争损害学生身心的现象还大量存在。总体上,民众教育科学素质尚处于较低水平。

（六）集中连片贫困地区教育扶持取得一定成效

2013年,由中央和地方财政分担,国家实施连片特困地区乡村教师生活补贴政策,为部分乡村教师提高了待遇,同时在一些偏远艰苦地区为农村学校教师建设周转宿舍,对改善农村特殊贫困地区的教育发挥了一定作用。

二、2013年中国教育改进不足之处

2013年,多年来积累的教育问题仍旧突出,诸如教育公平问题、教育质量问题、公民教育问题、国民信仰的养成、科学素养的提升、学生体质下降、减轻学业负担、一线教师待遇和素质、去功利化、农村教育等问题需要长期不懈地努力,在新的政治和社会环境下,其中一些问题在2013年有新的显露。

（一）教育腐败问题浮出水面,亟待斩草除根

2013年,在中央政府贯彻"八项规定"、反对"四风"的大环境下,教育部将加强反腐倡廉建设列为年度工作要点,提出完善惩治和预防腐败体系;深化党务、政务、校务公开,全面推进高校"阳光治校",重点加强科研

经费、学术诚信、基建和各种重大项目监督检查。"湖北劣质新华字典"事件后,2013年下半年,教育行业包括考试招生、科研课题、基建、后勤服务、职称评定、乱收费等领域的一桩桩贪腐案例随之浮出水面,涉案金额多者达数亿元,多名涉案人被捕或受到其他相应处分。教育系统的腐败不同于社会其他行业的腐败,若教育不能成为社会最后一块净土,就会成为社会腐败堕落的源头,它所造成的社会损伤远非经济账所能算得清楚的,它对人才成长和发展造成的恶劣影响将会延续数十年,所以亟待下决心斩草除根。

尽管教育腐败的形式多样,根本原因都在于现行教育行政管理体制和学校管理制度存在体制性缺陷,行政管理权力过度集中,监督机制不完善,教育单位内部民主制度不健全,原本属于师生的基本权利缺乏正常表达和维护渠道。具体表现为财政不透明、审计不严格、职能部门缺乏有效监督;学术权利得不到维护,科研的评价权与决策权过度集中在行政当权者手中,缺乏良好的纠错机制。消除教育腐败的治本之策是加快依法治校,加速去行政化的步伐,从根本上消除过度行政化,规范校长的遴选、任命和履职监督,将学术权交由真正通过规范专业程序组建的学术委员会,实现学校信息的透明化,实行真正意义上的学生自治,改变行政权力不受监督的现状。

(二)教育经费管理和使用亟待规范透明

尽管依据官方统计数据,2012年教育经费支出占GDP比例为4.28%,但由于一些地方存在将中央教育经费转移支付拨到地方财政后被挪作他用,或一些地方政府为了指标达标将部分经费打到教育账户之后又抽回这两种情况的存在,教育实际使用经费未能达到4.28%,需要建立可信的监督机制确认真实用于教育的财政经费数额和比例,保证教育投入真金白银的增长。

此外,在用于教育经费的名义下,越来越多经费用于解决贫困地区留守儿童及其他弱势人群的安全、衣暖食饱和交通等问题,各种社会问题最终要使用教育经费买单,非教育内质方面的投入增长事实上摊薄了教育财政投入的增加量,限制了贫困地区师资和教育质量的有效提升,严重影响了教育公平目标的实现。

更为严重的问题在于,尽管教育部将2013年定为教育经费管理年,采取了一些具体的措施,但整体上透明的教育财政管理、分配体制尚不建全,教育经费的刚性增长与当地教育实际经费需求的相互对应的程序未能规范,很多地方对教育财政经费用来干什么不甚明确,从而导致教育经费使用的绩效不明显。

上述问题都亟待解决,保障教育经费分配和使用的公开、透明、可监督,才能够有效推进教育的公平与均衡。具体而言,一是对于乱收费、择校收费、不同学校间的经费分配不均等社会质疑的热点,相关学校或部门应直接公开相关情况,回应社会质疑;二是逐渐推动学校和教育主管部门建立面向社会的年度财务报告制度,做到事前评估、事中监督、事后审计;三是进一步严格教育经费的预决算制度,尽可能将所有经费纳入预决算程序,在依法定程序的基础上扩大基层学校经费使用的自主权,减少由行政部门支配的项目经费;四是建立公众通过一定的程序参与教育经费的分配、使用和过程监督的制度。

(三)教育行政主管部门落后管理方式亟待改进

2013年教育行政主管部门禁令频频,包括禁止不合格教材进中高职课堂;严禁义务教育学校举办任何形式的选拔生源考试,严禁将各类竞赛、考级、奖励证书作为入学依据,严禁公办学校举办或参与举办"占坑班";高校毕业生就业招聘活动要严禁发布含有限定"985高校"、"211高校"等字样的招聘信息,严禁发布违反国家规定的有关性别、户籍、学历等歧视性条款的需求信息;严禁高校利用调整计划指名录取考生,严禁各省级高校招生办公室对"点招"考生违规投档;要求各地教育行政部门和中小学校要严格落实国家有关规定,禁止组织学生集体补课、有偿补课;坚决制止各成人高校片面强调经济效益,随意降低教学标准,减少授课时间等现象;小升初就近免试入学,严禁拿各种等级证书作为入小学和初中的敲门砖;严禁未经批准随意开会,严禁随意违规超标准开会,严禁到风景名胜区开会,严禁动用财政性经费举办校庆等礼仪庆典活动……

地方教育主管部门发现,不少禁令每年必发,如严禁补课从2000年起几乎每年都有,严禁"奥赛"也是从2001年就发布禁令,规定奥数不得与招生挂钩,也曾多次发文严禁学校铺张浪费,发通知反复禁止的还包括教育乱收费、研究生、公务员等各类考试,严禁占用学生上课时间,严禁教师挖苦、体罚学生,严禁高校违规录取,等等。而现实的状况常是这些禁令从中央发出,几乎所有的省市每年都在颁布同样的禁令,但是教育乱象禁而不止,某种程度上还愈演愈烈。这些禁令未必有错,但"一刀切"的禁令是否遵循教育的科学规律值得深思。以禁令维系的管理方式长期收效甚微,不只不能解决问题,反而在不断损伤教育管理部门的信誉。

解决这些问题首先在观念上要确立民众是教育主体,不是被禁或管束对象的意识,要摆正政府、民众、学校之间的关系。然后,一方面要找到解决具体问题的有效机制,"打蛇打到七寸上";另一方面要摈弃行政万能的思路,通过管理体制与机制改革,让学校从行政部门的附属位置上解放出来,通过实施依法治教、自主办学,让越来越多的师生和学校管理者走上自觉遵循教育规律、自主完善的道路。

(四)教育内部违法案例频现,亟待加强法治

教育行业当是整个社会法治建设的先进,校园能否依法行事,地方政府能否依法办案,是判断一个校园是否为法治校园、一个政府是否为法治政府的标志。在2013年,发生多起校园违法事件,因网络时代信息发达便利,传播快,广为人知。其发生当然与当地社会整体法治不健全直接相关。但相关部门处理总是高举轻放,淡化处理,或讳莫如深,或游移拖延甚至不了了之。有的还被淡化为"师德"问题,一些地方对明显违背《宪法》、《教育法》和《义务教育法》的现象没有阻止和揭露,助长了恶性发展。深层次地分析,教育内部的治理是存在问题的。

学校的职能是教育,担当言传身教职责的教师竟然以身试法是对法治的藐视。长期以来,教育内部治理主要依靠行政手段,内部自主管理能力不足,行政管理的规则和方法在实际操作中存在因管理者的性格、好

恶、情绪等个性特征决定的人治属性。遵循人的成长发展规律,从幼儿园开始培养孩子的自主管理能力是提高全民素质的需要。从建设民主社会的长远目标出发,让学生在民主生活中学习民主的方法和程序,培养法治和自律意识,是所有学校必须担当的社会责任。

(五)弱势人群的教育权利亟待保障

2013年"国家扶贫定向招生计划"扩大实施,继续实施"合理配置教育资源,重点向农村、边远、贫困、民族地区倾斜"等相关政策。然而,现实中6100多万留守儿童,以及部分流动儿童的基本教育权利依然未得到有效保障。单亲、离异、留守儿童学生中发生多起自杀事件,城乡之间的年生均教育经费仍有很大差距,一些地方的差距还在继续拉大;农村学校布点过于集中,乡村学校处于整个学校系统梯级不均衡的低端,农村教育"城挤、乡弱、村空"的局面未得到根本改变,全国范围内残疾儿童"普九"目标尚未实现,智残儿童的教育问题依然严重。

目前,虽然国家为了推动教育公平采取了"扶贫计划"等一系列措施,民间也有这样那样的"阳光行动""扶贫行动",但这些救济性质的措施,无法从根本上解决问题,由于缺乏制度层面的公平,效果有限。

(六)"留学潮"转为"海归潮"增大就业压力急需缓解

多年积聚的"留学潮"在2013年开始转化为"海归潮",截至2013年11月,归国人数比前一年全年增长了近50%。2012年,中国出国留学人员39.96万人,归国留学生27.29万人。而在国内,2013年全国高校毕业生699万,创历史新高,被称为"史上最难就业季"。这两股潮流相遇,使得今后若干年的就业形势变得更加严峻。实际上,社会中"用工难"和"就业难"同时并存。所以,一方面必须通过改善基础教育,提高出国留学生的竞争力,一方面落实和扩大学校的办学自主权,让国内大学办出个性和特色,形成高等教育和社会经济发展的良性循环,以共同化解未来长期存在的就业压力。

三、2014年中国教育改进期望

受党的十八届三中全会《决定》的激励,人们感到改革起步了,公众对2014年的教育改进充满期待。同时,不少人又有所顾虑,过去十几年形成的既得利益格局和总体性权力结构很难打破,《规划纲要》的落实状况成为前车之鉴,"太医开方、江湖郎中抓药"的局面是否又会再现呢?2014年也许是教育改进不确定性较大的一年。

在观念上,人们期待在"以人为本"基础上提出的"人民主体"原则能够成为教育价值转变的准绳,使人民满意的教育更加由人民加以界定,使教育更加人性化、符合学生成长发展规律、尊重人的人格和权利、满足人的成长发展需要,使教育更加准确地瞄准当事人的生活幸福。

综合改革是人们对教育改进形式的期待,在内容上,教育管理体制改革是中心,评价体制改革是杠杆,目标在于推进教育公平和品质提升。也就是把教育当成教育,以人为出发点,实行符合人的发展规律的人本管理;评价主体从行政部门向专业组织转移,在评价内容、评价标准上多元灵活;切实保障学生学习自主权。公众期待2014年教育改革在以下方面有突破性的进展。

(一)启动学生为本的考试招生制度综合改革

考生和学校是考试招生制度的主体,考试招生制度改革要转变高考招生的理念,高考招生要为人的成长发展服务,建立以学生为本的高考招生制度。高考招生的功能定位是服务器而不是指挥棒,要为培养具有独立思想、独立创造能力的创新人才服务。

考试招生制度改革的第一步是要改变"即使高考不完美,也绝不在制度设计中予以纠正"的观念。现行考试与评价的制度不只机制及技术落后,更大的问题在于观念落后,已经严重制约了中国教育改革与发展,成为学生学业负担沉重又难以身心健全成长的关键因素。高考招生需要建立独立的第三方专业评价,形成多元自主的评价体系,妥善调节国家发展需要和学生发展需要的关系,服务不同人才成长。要让考生和高校真正成为考试招生的主体,政府部门及其他各方做好服务;彻底放弃计划招生制度,用专业评价机制替代行政主导的计划指标分配。依据各高校的发展方向和需求与考生进行双向选择,从而形成符合市场运作规律的内在平衡机制,建立一个以学生为本的自主、专业、公平、公正、透明的高校自主招生制度。在具体环节上,要依法监督行政部门放权,防止相关权力部门在改革过程中暗度陈仓;要大力推进高校自主招生,建设好校内专业招生团队;要逐步完善普通高中学业水平考试、综合素质评价,提高其可信度。为此,仅由教育部的文件和地方探索是难以完成考试招生制度改革使命的,必须制定《考试法》,依法规范各方面的权责关系。

(二)推动去行政化的教育管理体制改革

政府与学校之间的关系没有理顺是教育领域诸多痼疾的主因。2014年,当顺应国家行政管理体制改革的要求,推动教育行政管理部门转变职能和简政放权,改变学校论行政级别的现状;推进教育管办评分离,改变政府的角色定位,减少行政审批,推进政务公开、校务公开;通过加快各级各类学校章程建设,建立现代学校制度,完善依法办学、自主管理、民主监督、社会参与机制,扩大并保护学校依法自主办学的权利;通过规范的专业程序遴选校长,并确保其在任职期间接受师生的监督;建立政府对私立学校财政补贴、公共产品购买、助学贷款、基金奖励、捐资激励等的合法渠道,促进办学主体多元化,依法保护私立学校法人的权利,消除对私立学校各种客观存在的歧视。

(三)提高教育经费保障、管理与有效使用水平

依据中国当下的经济社会发展水平及教育事业发展需求,5%的教育经费支出较为合适,所以,继续增加教育经费的支出比例仍是未来工作目标。近年,各地教育经费的增长已经在一些地方出现"钱等事"的现象,为经费的不当使用提供了更大的可能,而当地该做的事又未真正做好,迫切需要各级政府建立和完善教育经费有效管理和使用的机制。在管理上,

要严格财务管理,加大教育经费使用监管力度和透明度,引入社会第三方监督;在决策上,要规范预决算制度,减少教育财政资金在预决算以外的支付量,保障足量用到教育目标人群,要建立专业人员、行政部门与公众共同组成的拨款委员会以保障经费使用得当的机制;在过程上,建立公开透明的财务监督体系以保障经费使用到位的机制,规范事前评估、过程监督、事后审计,提高教育经费使用的有效性,建立经费使用效果的评价体系以改进今后的教育经费的使用效果的机制。总体上要实现教育经费的决策、使用过程、使用效果的公开透明与科学化,管理与使用相一致,政府与民间共同参与,整体提高教育经费的使用效益。

(四)充分尊重并落实民间诉求,推动教育改进

民间诉求是教育改进的原动力。近些年民间诉求对教育改进的作用日渐增大,当发生某一教育事件时,能够听到的不再是一种声音。同时一些教育主管部门闭门造车发文件、做决定的现象还依然存在,文件发出后民众发现还是"炒剩饭",或是一纸空文,或颇具"眼球效应"却不能真正落实,或因违背基本的教育规律而不能真正解决问题。一些政府主管部门觉得自己"需要"民主参与时才会给民间诉求提供空间,在他们的意识中,民主化还不是必要的和必需的,只是有用的。因而,具有巨大潜力和积极性的社会各界参与是被动的、听召唤的,缺少常规和顺畅通道,教育上依然有不少民众最关心、最直接的热点问题久拖未解,如共建招生、农村一线教师工资待遇、教育行政部门工作作风、行政权力僭越学术权力、干部任用和职称评聘中的民意表达渠道不畅等。

教育行政管理部门不能蛮横地贬斥不同的声音为"杂音""噪音",也不能用沉默表达自己的傲慢,而是要与之平等交流、对话,使舆论更理性、更多元。政府与民间在不断开放的社会环境中互动,政府、官员、学校、普通公众在互动中一起学习、共同成长,走向让教育更好的共同目标。公众与政府在政策制定方面探索建立良性互动机制,才能确保教育立法与政策的科学、公平。在社会理性参与、公众多元表达、政府与学校积极回应的过程中,对于民间教育诉求,要创造环境和条件让他们说得出,让不同

意见能说得出,让弱势人群的声音说得出;要听得进,不能推托;要见实效,教育当事人的各种意见如说出来不见效,以后就不会再说;要充分鼓励民间社团在教育发展中发挥作用,这是教育民主化、科学化的路径,也是办得更好的现实路径。

(五)依据专业的标准保障偏远农村和其他弱势人群教育权利

目前全国有6100多万农村留守儿童,他们中有近一半的父母双双外出,除了与祖父母或其他人一起居住,还有3.37%的留守儿童单独居住,高达205.7万单独居住的农村留守儿童需要特别给予关照。而依据《全面改善贫困地区义务教育薄弱学校基本条件的意见》,最大限度向贫困地区义务教育薄弱环节倾斜的措施也仅强调办好必要的农村教学点,城乡统一的中小学教职工编制标准。这虽然相对于以往是进步,事实上乡村的住居和交通条件决定着这样的标准依然难以保障特殊人群的教育权利。解决这些问题,首先需要从制度层面鼓励监护人履行子女教育职责,确保孩子能够在父母身边生活和接受教育,以保证孩子的身心健康和良好发展。其次需要进一步把工作做细,筛选出有特殊需要的儿童开展责任明确的个性化教育权利保障工作,并形成覆盖从出生到完成义务教育全程可持续的机制。要分清贫困地区和贫困家庭学生吃饭、交通、住宿等生活性的资助与教育权利保障的不同责任,避免以扶贫替代教育,在解决学生营养不良、发育迟缓问题的同时,也必须让他们获得真正质量合格的教育,以更好地实现教育公平。

习近平主席2013年9月在联合国"教育第一"全球倡议行动活动上发表的视频贺词中说:"努力让13亿人民享有更好更公平的教育,获得发展自身、奉献社会、造福人民的能力。"谨以此作为2014年中国教育改进的努力方向。

2014年度中国教育改进报告[*]

2014年,中国人对教育改进充满期待、焦虑,年初提出作为主要方向的教育综合改革在部分地方和学校迈出步子,但整体进展缓慢,年终对教育如何综合改革也不甚明了。举国上下期待已久的高考招生制度改革迈出步子,改革究竟能否改好,各方面都没有充足的信心。人们对《纲要》所提改革目标逐渐模糊,其中在考试招生制度改革方面所提的实行"招考分离"的大目标被《关于深化考试招生制度改革的实施意见》中缺少专业手段且比较抽象的公平所替代。教育经费保障水平进一步提高,教育经费管理和使用绩效亟待改进;随迁子女就读地参加高考总人数增加,显示需求巨大,在需求最为迫切的大城市相关政策则有所收紧;民间力量推动教育改进在部分地区的实践遇到阻力;教育公平公正缺乏专业的保障,义务教育的短板和漏洞依然较为突出,提高教育质量和效益未能取得明显效果。人们对制约教育改进的真实原因有了更加清晰、更加具体、更为理性的认识,民众对教育改进的需求仍在不断积聚。

一、2014年中国教育的年度改进状况

2014年教育改进的主要方面有:

(一)考试招生制度改革迈出一小步

2014年9月4日,国务院印发《关于深化考试招生制度改革的实施意

---

[*] 本报告由本书作者主笔,吸纳袁桂林、张家勇提出的意见进行修改,2015年初以中华教育改进社名义发表。有改动。

见》,上海和浙江率先启动了高考综合改革的试点,试行文理不分科、自主招生考试改到高考后进行、减少加分项目等举措。改革在上海、浙江率先试点。12月16日,教育部公布《关于普通高中学业水平考试的实施意见》和《关于加强和改进普通高中学生综合素质评价的意见》等配套政策,12月18日发出关于高考加分和高校自主招生的配套文件,明确提出"全科覆盖""分类考察""不分文理""两次机会""严格公示"等措施。由于《意见》中删去了《规划纲要》和2013年11月15日公布的《中共中央关于全面深化改革若干重大问题的决定》中确定的"探索招生和考试相对分离",被认为是改革的"半步"或一小步。

(二)教育经费投入继续增长

在2013年国家财政性教育经费持续增长的基础上,2014年教育经费投入仍保持一定增长。5月13日,财政部、教育部印发《关于下达2014年第一批义务教育等转移支付预算的通知》,2014年将农村义务教育公用经费基准定额提高40元,年生均中西部地区小学达到600元,初中达到800元;东部小学达到650元,初中达到850元。此外,从2014年起,在提高基准定额的基础上,进一步提高农村寄宿制学校的公用经费。11月25日,财政部、教育部、人力资源社会保障部印发《关于下达2014年第四批义务教育等转移支付预算的通知》,从2014年起调整完善中职教育免学费财政补助方式:公办学校的财政补助时间由原来的两年半调整为三年,民办学校的财政补助时间由原来的两年调整为三年。教育部、中央编办、财政部11月印发《关于统一城乡中小学教职工编制标准的通知》,提出将县镇、农村中小学教职工编制标准统一到城市标准,对农村、边远地区适当倾斜,重点对学生规模较小的村小、教学点,按照教职工与学生比例和教职工与班级比例相结合的方式核定教职工编制。

2014年,特教学校预算内生均公用经费从平均2000元提高到4000元以上;中央财政投入资金12.1亿元,实施特殊教育改善办学条件项目和特殊教育学校建设二期项目。广东省推动实施残疾学生15年免费教育,山西省将特教教师岗位津贴提高到基本工资的50%,陕西省建立200

所特殊儿童随班就读康复资源中心,积极探索学前特殊教育模式。

(三)随迁子女就读地高考人数增加

2013年,全国12个省份试行随迁子女就读地参加高考,实际仅有约4500名考生参加就读地高考。2014年则有28个省份试行随迁子女在当地参加高考,共有5.6万名随迁学生在居住地参加高考,人数上增长为前一年的12倍。但这一人数仅相当于需要在就读地高考考生总数的5%,一些地方仍以户籍及其他资格认定的方式阻止,就读地高考的政策受到质疑。

(四)重点大城市治理义务教育"择校热"取得初步成效

1月14日,教育部印发《关于进一步做好小学升入初中免试就近入学工作的实施意见》,要求各地合理划定招生范围,有序确定入学对象,规范办理入学手续,全面实行阳光招生。1月28日,教育部办公厅印发《关于进一步做好重点大城市义务教育免试就近入学工作的通知》,要求2014年各重点大城市应制订和完善进一步规范义务教育免试就近入学方案,明确要求一市一案,3月底以前制订具体的时间表、任务书和路线图。2014年,北京市政府和市教委采取了取消共建生,降低特长生招生比例,严控"坑班"等措施,建立了基于学籍信息系统的小学和初中入学系统,对每一个学生的入学途径和方式进行全程记录。全国19个大城市公办小学和公办初中就近入学比例较往年有所提高,大城市义务教育阶段"择校热"降温。

(五)教育腐败治理得到大力推进

2014年6月3日,教育部党组印发《关于落实党风廉政建设主体责任的实施意见》,6月5日,教育部党组约谈部分司局负责人并签订《落实党风廉政建设责任约谈承诺书》。7月2日,约谈26所直属高校党委书记并签订《落实党风廉政建设责任约谈承诺书》。7月25日,教育部公布《高等学校信息公开事项清单》,要求高校主动公开基本信息、招生考试信息、财务资产及收费信息、人事师资信息、教学质量信息、学生管理服务、学风建设信息、学位学科信息、对外交流与合作信息和其他信息10个大类50条具体项目,并建立即时公开制度,在清单信息制作完成或获取后20个工作日内公开。10月17日,教育部印发《关于深入推进高等学校惩治和预防腐败体系建设的意见》。11月18日,印发《关于成立教育部党风廉政建设和反腐败工作领导小组的通知》和《教育部党风廉政建设和反腐败工作领导小组办公室工作规则的通知》,成立领导小组和廉政办。12月,教育部党组制定《关于落实党风廉政建设监督责任的实施意见》,明确主体责任和监督责任。依据中纪委网站和媒体公开信息,2014年至少有17个省市区的39位高校领导被查处,中小学校领导被查处没有统计。

(六)现代大学制度建设小步前行

1月29日,教育部发布《高等学校学术委员会规程》,促进学术权力与行政权力的相对分离、相互配合,为构建以学术为中心的评价机制提供了制度保障。7月16日,教育部发布《普通高等学校理事会规程(试行)》,明确了国家举办高等学校设立理事会(董事会)的宗旨、作用、地位、职责、组成及运行规则。7月25日,教育部发布《高等学校信息公开事项清单》,要求教育部直属高校确保信息真实及时,建立即时公开制度,完善年度报告制度,构建统一公开平台,加强公开监督检查,制定落实细化方案,明确清单各事项的公开时间、责任机构和责任人。地方高校和有关部门所属高校根据各省级教育部门和主管部门(单位)教育司(局)的要求做好清单落实工作。至2014年底,38所"985工程"高校章程全部通过核准并发布,总计有47所部属高校的章程获得核准。北大、清华和上海交大《综合改革方案》获正式批准,进入实施阶段。

(七)义务教育学校校长教师交流轮岗面扩大

2014年8月13日,教育部、财政部、人力资源和社会保障部也颁布了《关于推进县(区)域内义务教育学校校长教师交流轮岗的意见》(教师〔2014〕4号,简称《意见》),建立校长教师交流轮岗制度。各级政府开始正式推动该项工作。在此前后,浙江省、陕西省、福建省、河北省、江西省、贵州省等,也分别颁布了各自的区域内义务教育学校教师校长交流工作的指导意见。

二、2014年中国教育改进不足之处

2014年,多年来积累的教育问题仍旧突出,教育质量问题再次凸显成为公众最为关注的教育问题,教育公平问题、公民教育问题、国民信仰的养成、科学素养的提升、学生体质下降、学业负担过重、一线教师待遇和素质、去功利化、义务教育的短板和漏洞等问题在2014年都有新的特征。

(一)教育腐败问题未能得到有效根治

2014年,在全国反腐倡廉环境下,教育系统也采取了一些措施,总体上仍处于"雨打地皮湿"的状态,其效果与民众期待存在较大差距,诸多公众可以切身感受到的教育腐败现象依然如故。现有教育腐败治理的基本特征是:抓了若干个案,未能实现面上的清除。官员滥用职权违规为子女批条子、打招呼谋取上学特权至今还没有被揭露出来,而这才是教育领域普遍存在且危害巨大的腐败,它公然挑战教育公平价值观,造成了阶层固化。从整体上看,尚未真正建立惩治和预防腐败体系,权力运行仍未充分公开透明。在科研经费、考试招生、学术评定、科研课题、后勤服务、乱收费、基建和各种重大项目等腐败的重点领域缺乏专业的评估和监督,仍然是行政领导在缺乏专业依据基础上做决策;一些腐败行为变换了方式继续发展。教育系统的腐败亟待下决心斩草除根,解决行政管理权力过度集中,监督机制不完善,教育单位内部民主制度不健全,师生的基本权利缺乏正常表达和维护渠道等问题。教育腐败的核心是选人用人和财政经费的使用,亟须建立透明财政预决算和执行机制,施行行政与学术角色严格分离,加快依法治校,建立现代学校制度,从根本上消除过度行政化,规范校长的遴选、任命和履职监督,将学术权交由真正通过规范专业程序组建的学术委员会,实现学校信息的透明化,实行真正意义上的学生自治,改变行政权力裹挟学术,不受监督的现状。

（二）教育质量亟待改善

教育质量长期以来是教育的短板，在越来越开放的教育环境下，教育质量问题越来越突出，教育质量的主体是教师和学生，严重制约因素是现行学校管理和评价体制，使得师生的自主性、积极性、创造性得不到有效发挥。

依据2010年人口普查数据，2014年高中毕业年龄组的人口为1589万人，本科招生363万人，本科录取毛入学率约为22.8%；专科及高职录取335万人，毛入学率约为21%；两项相加总毛入学率为43.9%。若再考虑到留学人数，毛入学率远超过了《规划纲要》确定的2010年高等教育毛入学率40%的指标。参考教育部公布的2013年高等教育毛入学率为34.5%，这样的快速增长是以没有质量保障为代价的。

在偏远农村的大片地区学校管理的责任链断裂，大量留守儿童不得不转入当地私人办的学校；大量学校不能开足、开齐课程，教学与学生成长实际需求差距较大，初中段学生流失率高；县城大班额严重影响正常教学；包括城市在内的整个教育过分追求单一的考试分数，忽视学生成长发展实际需要。

2014年，国务院学位委员会、教育部印发《关于加强学位与研究生教育质量保证和监督体系建设的意见》等文件，开展学位授权点专项评估工作，召开全国研究生教育质量工作会议；在基础教育方面，国务院教育督导委员会印发《深化教育督导改革转变教育管理方式的意见》，实行挂牌督导，开展专项督导检查，积极回应社会关切。上述举措尚不足以实现教育质量的真正改观。

（三）义务教育的漏洞和短板问题突出

义务教育在实现全面普及的整体印象下存在大量漏洞和短板，义务教育在城乡、区域、校际、群体之间仍不均衡，从城乡看农村教育仍是短板；从区域看，中西部地区教育发展相对滞后，2014年普通小学、初中生均公共财政预算公用经费支出，最高省份是最低省份的10倍；从学校看，不同学校间不止水平相差较大，学校之间在办学条件、师资配备、教育质量、管理水平等方面的差距显著,更为关键的是所享有的权利差距较大;从群体看,进城务工人员随迁子女义务教育还没有全部纳入输入地的财政保障和教育发展规划,随迁子女平等接受义务教育还存在不少困难,残疾儿童义务教育入学率低于普通儿童,辍学率高于普通儿童。

尽管7月18日教育部等三部委印发《全面改善贫困地区义务教育薄弱学校基本办学条件底线要求》,明确了学生1人1桌1椅(凳)、寄宿学生每人1个床位等20项底线要求,作为项目优先保障、必须完成的建设内容,一些县(市、区)仍未能实现教育经费"三个增长",各地的办学标准差别较大,部分学校办学条件仍存在薄弱环节,义务教育学校办学国家标准落实情况参差不齐。义务教育学生总数中约10%进入私立学校的人未享受到义务教育财政经费,其中大约6%的是家庭收入处于社会底层的农村留守儿童;小学阶段部分学生上学路程过远,安全隐患大量存在;寄宿制学生的生活问题突出,食品安全问题常常发生;校际之间师资差距在一些地方继续扩大。教师学科配置不齐以及老化问题严重,乡镇以下中小学教师流失严重,主要原因有:一是乡村教师待遇低,社会地位低,权利得不到保障,教师个人发展空间不大,留不住人;二是农村教师在城里买房子的多,尤其是乡镇教师大多在县城买房,上下班迟到、早退现象较普遍,乡村学校责任空虚现象严重;三是新聘教师补充数不足,新招聘中小学教师计划常因报名人数不足被迫减少。教育部等部门联合发出《关于推进县(区)域内义务教育学校校长教师交流轮岗的意见》要求用3到5年实现县(区)域内校长教师交流的制度化、常态化,以达到师资资源的均衡配置,各地实施情况参差不齐。急需建立全国范围内义务教育公共服务均等化机制。

(四)教师工资拖欠现象露头

2014年,黑龙江依兰、肇东,河南固始、安徽含山、云南等多地发生教师讨薪事件,虽然教师一方与当地官方就是否欠薪和欠薪多少问题说法不一,但依据调查,中国80%的教师在农村,其中不少还是肩负着历史重担前行的农村特岗教师、代课老师;一些地方,师资短缺、教师工资水平偏低、随意克扣拖欠的事实确实存在。与城市学校教师的条件优越、收入可观不同,普通乡村中小学教师的工作与生活条件可谓艰苦、清贫,有许多困惑和无奈,若再遭遇欠薪,生活则难以维系。相对于教师工作的专业性、教师工作量、所付出的劳动价值或与其他行业相比较,与其他国家教师收入相比较,中国中小学教师的总体收入是偏低的,生活待遇和社会地位普遍较低。大多数教师以奉献精神做了大量不为人知的工作,难以以有限的薪金加以衡量。这种情况决定着中国教师通常难以启齿讨薪,不到迫不得已他们也不会提出这类诉求;同时对欠薪的承受能力相对较弱,一遇通货膨胀、物价上涨等外部因素,就会成为矛盾触发点。由于教师工资调整机会少,每次调整都是相对小幅度的微调,跟不上社会其他行业工资上涨的步子,所以历次在经济紧缩时教师显得相对稳定,教师工资显出一定的优势;在经济快速增长的时候,教师工资就显得相对较低。

(五)依法治教亟待深化细化和落实

依法治教提出多年以来,尚停留于抽象概念,存在的主要问题有:一是一些地方政府教育经费未能实现相关法律规定的增长,却未能依法惩戒;多数地方教育经费管理和使用不规范、不透明,看得见的教育财政管理、分配体制尚未建立,很多地方对教育财政经费用来干什么不甚明确,依然条块分割,因钱设事,从而导致教育经费使用的绩效不明显。二是在教育治理模式上依然仅关注公立学校,主要采用行政手段,频频发文,尽管相关部门印发《关于认真学习贯彻党的十八届四中全会精神的通知》,强调要以全面推进依法治教为根本任务,切实以法治思维和法治方式深入推进教育领域综合改革,由于执法主体和责权关系尚不明晰,行政治校向依法治教的转变尚未真正起步。三是教育内部违法案例频频出现,对明显违背《宪法》《教育法》和《义务教育法》的现象没有依法惩处,任其恶性发展。

三、2015年中国教育改进期望

2015年教育改进有着较多的不确定性。由于现在已经提出的改进方向过于笼统、抽象,较多的是概念,缺少切实可行而又行之有效的措施。民间社会对教育改进的期望主要集中在:减少管控,扩大自由选择空间;增强专业性,提高教育质量;消除腐败,确保公平,在管理和评价上有切实的改进。

公众期待2015年教育改革在以下方面有突破性的进展。

(一) 确保考试招生制度改革平稳前行而不后退

现有高考招生改革方案由于在对学生的专业评价上没有社会公认的客观依据,综合素质评价和学业水平测试在信度和等值性上存在较大的模糊区间,所以改革进程出现反复的可能性比较大。再加上考试招生的管理体制和依据总分录取的计划模式没有大的变动,在2015年各省需要颁布各自的高考招生改革方案的时候,可能会出现相对于现有的全国方案步步后退的现象。建立一个以学生为本的自主、专业、公平、公正、透明的高校自主招生制度,依法监督行政部门放权,依然路途遥远且坎坷。

(二) 确保教师欠薪问题不扩展

2015年受地方债务、政府决策失误等多方面因素的综合影响,教师工资拖欠的压力在增长,范围在扩大,可能出现更多的地方不能保障教师工资及时足额发放的情况,引发新的矛盾和事态扩大。教师工资待遇不仅仅是钱的问题,而是一个政府信誉问题,保障义务教育阶段教师工资及时足额发放是《教师法》《义务教育法》等相关法规要求政府应尽的责任,该正常增长的就应增长,曾经给过承诺的就应该不折不扣地兑现,失信于教师引发教师停课讨薪就会在青少年学生心中留下政府缺乏信誉的深刻印象,给社会发展留下长期难以弥补的缺憾,或积累成更多更大面积的问题。各地在处理教师讨薪事件时要避免简单的维稳思维,凭主观臆想把教师当成不稳定因素,采取粗暴的压制做法,制造不必要的对立;需要切实保障教师合理诉求的正常表达渠道畅通,依法保障教师合法权益。即便是各方存在误解,也要找到误解产生的原因,通过有效沟通,倾听教师意见,消除误解。在充分调查、事实清楚的基础上依法解决相关问题,该政府承担责任的就不能推诿,依法妥善解决教师们反映强烈的突出问题,让解决问题的过程就成为建立法治政府的实践。

(三)控制教育的非理性干扰

受社会矛盾等因素的影响,教育中非理性的成分在增长,其影响已扩展到教育观念、课程教学、教育评价,催生一些教育当事人做出迎合权势和世俗的选择,如一讲传统文化教育就行跪拜礼,一讲意识形态就要清除外部文化影响,对学生进行封闭管理之类,吸引媒体和公众的眼球。教育本身的特质是理性,非理性只能使教育受到伤害;教育的一项重要职能是教会学生懂理讲理,独立思考,而非引导学生偏执。教育是一项专业和职业,一门科学和学科,需要了解内在规律和实际情况,需要进行逻辑与实证思维,任意喊口号、下断语、提举措于改进工作无益,还会带来诸多遗留问题,保持教育的理性需要全体师生和教育管理者共同努力。

(四)教育领域反腐取得新的成效

教育腐败的根源是社会腐败,教育腐败较其他行业具有隐蔽性、群体性的特点,消除教育腐败的治本之策是加快依法治校和依法行政,其关键在于:一是简政放权,列出教育行政权力清单,减少行政机构对教育微观的专业事务过度干预,加速建立对行政权力的监督机制;二是建立现代学校制度,深化、细化行政权力与学术权力分离,将学术权交由真正通过规范专业程序组建的学术委员会,完善学校内部民主治校体系;三是改变行政权力不受监督的现状,使教育系统内部权力运行更加公开透明,尤其要把住行政权力干预各级各类学校招生和学术评价的"闸门",不存在不受监督的权力运行,对教育的投入、资源分配过程公开化,建立当事人参与机制,形成公众看得见的教育公平。

(五)消除对农村教师和农村教育的歧视

城乡之间和校际之间教育资源配置不合理的现象由来已久,教育部等三部委的《关于推进县(区)域内义务教育学校校长教师交流轮岗的意见》没有摆脱单向交流的传统思路,该文件要求"教师在农村学校、薄弱学校连续任教时间可根据工作需要予以延长"。这是对农村教师不公平的对待。据此则意见由于农村学校人员一直紧缺,农村教师一入职就脱离不开,就可以剥夺农村教师参与交流轮岗的机会,这种规定带有明显歧视。众所周知,在农村学校、薄弱学校连续任教的农村教师待遇低、接受教育培训的机会少,政府应该从教师待遇、发展机会等方面解决长期以来教师逆向流动问题,使绝大多数教师都愿意去农村工作,减小农村教师向城镇流动的逆向势差,不应该让农村教师就成为一生无法流动的固定岗。教师交流轮岗的着眼点首先应该是使这些教师能够走出学校到城镇学校工作一段时间,以增强其工作能力。教育主管部门不能把校长教师交流轮岗政策作为增强城市学校师资力量的措施,不能把农村学校当作城市学校老师"镀金"和"练手"的地方,而要着眼于改善农村学校和薄弱学校,维护农村教师的基本权益,平等对待城乡教师和城乡教育事业。

(六)拓宽民众参与教育渠道

教育越来越与民生直接相关。近年来,民众通过舆论参与教育活动越来越广泛,民众对教育问题的鉴别能力正在逐渐提高,择校便是一种重要表现形式。

彻底解决择校压力问题亟须民众对教育的主动参与:一是参与教育政策制定,急需建立相应通道,让有一定专业见识的民众参与到教育改进过程之中;二是民众参与办教育,为社会提供多元、多样、贴近学生成长发展需要的教育服务,丰富教育供给。

2015年,绝大多数民众期望教育改进如同日出日落,周而复始,一切都会照常地延续下去。社会各方本着"人生百年、立于幼学"的理性,避免简单功利、大起大落、大改大兴,尽可能减小教育的不可预测性。站在人类几千年的教育史中,教育应该是历史的延续,民众真诚期望办面向未来几千年,对中华民族和人类负责任的教育。

2015年度中国教育改进报告[*]

2015年,政府没有再使用"教育家办学""去行政化"等一些前些年频繁使用的词汇,同时出现了"加强传统文化教育"等一些新的词汇,显示政府对教育改革的方向做了调整。

2015年《国家中长期教育改革和发展规划纲要(2010—2020年)》实施时间过半,5年来,在教育经费保障、学前三年毛入园率、义务教育普及率、硬件设施等方面有明显的改进,教育公平矛盾有所缓解,在教育体制为主要领域的综合改革方面整体进展缓慢。高考招生制度改革在减少加分方面有明显改进,在自主招生方面有所收缩,在综合素质评价等关键性改革试点方面由于专业性水平不够处于进退维谷境地。2015年留守儿童教育问题进一步突出,教育系统内恶性暴力事件频发,教育改进目标更为弥散。

一、2015年中国教育的年度改进状况

2015年教育改进的主要方面有:

(一)乡村教师困境得到关注

2015年6月1日,国务院办公厅印发《乡村教师支持计划(2015—2020年)》(简称《计划》),从维护农村教师的基本权益出发,从提高教师待遇、发展机会等方面解决长期以来教师逆向流动问题。《计划》提出的工

---

[*] 本报告由本书作者主笔,吸纳袁桂林、张家勇提出的意见进行修改,2016年初以中华教育改进社名义发表。有改动。

作目标为：到2017年，力争使乡村学校优质教师来源得到多渠道扩充，乡村教师资源配置得到改善，教育教学能力水平稳步提升，各方面合理待遇依法得到较好保障，职业吸引力明显增强，逐步形成"下得去、留得住、教得好"的局面。明确了提高乡村教师生活待遇，统一城乡教职工编制标准，职称（职务）评聘向乡村学校倾斜，推动城镇优秀教师向乡村学校流动，全面提升乡村教师能力素质，建立乡村教师荣誉制度等举措。国务院《计划》发布后，除北京、广东、浙江外的29个省份先后发布了各省的《计划实施办法》。

（二）教育腐败治理启动

现行教育管理体制与行政管理体系深度镶嵌，决定着行政体系的深度腐败必然侵入教育体系乃至学校内部。另一方面，教育行业又是社会各行业中抵制腐败基础最为牢固的领域，多年来，教育内部反对腐败的声音表达得最为强烈。据相关部门统计，教育领域的举报信远远多于其他行业，且这些举报信大多证据扎实，但这并不等于说教育是当今社会最腐败的领域，而是说明教育是各行业中最难以容忍腐败的领域。依据中纪委监察部网站和媒体公开信息，2015年有34所高校的53位领导被通报。2015年10月31日，中央第八巡视组进驻教育部，主要受理反映教育部党组织领导班子及其成员、下一级党组织领导班子主要负责人和重要岗位领导干部问题的来信来电来访，根据巡视检查和组织调查结果，教育部党组先后对中国传媒大学、北京邮电大学、对外经贸大学和中国音乐学院等院校领导干部违纪问题进行通报，按照程序分别给予纪律处分和组织处理。

教育领域腐败问题普遍存在且危害巨大的是利用职权为子女谋取上学特权，北京等地取消共建校在一定程度上解决了问题，但全国范围内问题解决依然不彻底。

（三）义务教育生均经费"钱随人走"

平等城乡师生权利，为流动儿童接受义务教育提供经费保障是自实行"两为主"政策以来一直未能解决的问题。为解决城乡义务教育经费保障机制中有关政策不统一、经费可携带性不强、资源配置不够均衡、责权关系不明等问题,2015年11月25日,国务院印发《关于进一步完善城乡义务教育经费保障机制的通知》,决定从2016年起建立城乡统一的义务教育经费保障机制,整合农村义务教育经费保障机制和城市义务教育奖补政策,建立统一的中央和地方分项目、按比例分担的城乡义务教育经费保障机制,打破原先农村、城市义务教育经费保障机制分别设计的模式,通过统一城乡义务教育学校生均公用经费基准定额,巩固完善农村地区义务教育学校校舍安全保障长效机制,巩固落实城乡义务教育教师工资政策等措施,最终实现"两免一补"城乡统一,生均公用教育经费"钱随人走",在义务教育阶段,民办学校上学的学生也能享受到以上两种经费补助。新政的原则安排弥补了义务教育罔顾民办学校学生的漏洞,相应的财政经费运行渠道尚待贯通,进城务工人员随迁子女、寄宿制学生、民办学校学生、村小教学点等小规模学校的学生和特殊教育学生均将从中受益。

11月9日,教育部会同财政部、人力资源和社会保障部印发《关于建立完善中等职业学校生均拨款制度的指导意见》,明确地方是建立完善中职学校生均拨款制度的责任主体,要求尚未建立制度的省份应于2016年年底前建立,已经建立拨款制度的省份要进一步完善相关政策措施,不断提高投入水平,逐步建立生均拨款标准动态调整机制。中央财政建立"以奖代补"机制,引导各地建立完善中职学校生均拨款制度。

(四)高校章程建设继续推进

作为建立现代大学制度的基础性工作,继2014年底47所部属高校的章程获得核准后,2015年6月26日全国"211工程"(含38所"985工程"高校,军事院校除外)高校章程全部核准发布,一些省属高校的章程也通过当地政府核准发布。各校章程对学校的历史沿革、发展愿景、办学宗旨、理念使命、人才培养目标等都做出各自的表述,为高等教育改革和现代大学制度建设准备了章程文本。这些文本在多数学校内部治理中并未实质性运行,因此它只是进一步推动依法治校的准备,而非高校法治的完成。

(五)义务教育薄弱学校改造有新进展

自2014年7月18日教育部等三部委印发《全面改善贫困地区义务教育薄弱学校基本办学条件底线要求》以来,截至2015年10月底,全国校舍建设已开工面积8360万平方米,占5年规划建设校舍总面积的40%;竣工面积5166万平方米,占总面积的25%;完成设施设备购置282亿元,占5年规划购置总金额的27%。12月7日,经中央全面深化改革领导小组同意,国务院教育督导委员会办公室印发《全面改善贫困地区义务教育薄弱学校基本办学条件工作专项督导办法》。重点针对学校的布局是否合理、是否达到底线要求、年度计划是否完成、质量管理、公开公示等内容进行督导,实地检查拟采用双随机抽查方式。

(六)高中阶段教育扩大普及和免费范围

2015年初,中共中央、国务院印发《关于加大改革创新力度加快农业现代化建设的若干意见》,其中要求"加快发展高中阶段教育,以未能继续升学的初中、高中毕业生为重点,推进中等职业教育和职业技能培训全覆盖,逐步实现免费中等职业教育"。2015年9月,甘肃省《关于积极推进教育扶贫工程的实施意见》提出从2015年起,全省中等职业教育实行全免学费政策;河南省也从2015年秋季学期正式对全省各类中职学校全日制正式学籍学生全部免除学费。海南等省中职教育免费政策实施范围进一步扩大到公办中职学校在校学生。10月,十八届五中全会通过《中共中央关于制定国民经济和社会发展第十三个五年规划的建议》规定,"普及高中阶段教育,逐步分类推进中等职业教育免除学杂费,率先从建档立卡的家庭经济困难学生实施普通高中免除学杂费。"中职学校在读生主要来自家庭条件较差的家庭,免费政策使这些贫困家庭的孩子受益,同时公立中职学校亟须提高办学质量,才能保障免费政策使这些学生真正受益。

(七)教育系统完善新闻信息发布制度

2015年1月20日,为进一步完善教育系统新闻信息发布和新闻发言人制度,切实加强政务、校务公开,及时回应社会关切,教育部公布了75所直属高校的新闻发言人名单及其办公电话,以及各省(区、市)教育部门新闻发言人的通讯录。教育部新闻发言人表示,将于年底推进各个省份公布地市级、区县级教育部门新闻发言人和省属高校新闻发言人名单和发布机构电话。8月31日,教育部发布了《关于进一步加强教育新闻发布工作的实施意见》,要求各地各高校设立新闻发言人,发言人根据授权发布信息、阐述立场,名单及工作机构联系方式要定期向社会公布。截至2015年年底,安徽、海南、江苏三个省份先后公布了全省教育系统新闻发言人名单和新闻发布工作机构联系方式,其他各个省份尚未对外公布本省教育系统的新闻发言人名单和联系方式。

二、2015年中国教育改进不足之处

2015年,教育公平问题得到局部解决,整体上,留守儿童的教育问题凸显。教师职业倦怠问题大面积出现,高考招生制度改革启动试点使得教育专业评价薄弱问题凸显,公众最为关注的择校问题由于教育均衡未能到位,依然存在不同形式和程度上的问题。科学素养亟待提升、学生体质下降、学业负担过重、功利化等问题也未能得到有效解决。

(一)留守儿童教育问题成为焦点

2015年6月9日,贵州省毕节市七星关区田坎乡4名留守儿童自杀身亡,吸引着更多的眼光关注6000余万留守儿童的教育状况。在大规模的人口流动和城市化进程中,出现了两个新的教育边缘化群体:进城务工农民引发的随迁"流动儿童"在前些年成为关注的焦点,留在农村家中的"留守儿童"尚未被"看见"。事实上,留守儿童问题远比流动儿童问题严重,他们的生活和教育状况比流动儿童恶劣,2014年统计显示全国义务

教育阶段在校生中农村留守儿童共2075.42万人(其中,小学就读1409.53万人,初中就读665.89万人),人数大约是流动儿童的两倍。据民间组织发布的相关调查显示,按照留守儿童的总数测算,全国约有1793万农村留守儿童一年只能见父母1~2次;约有921万孩子"一年到头见不到父母",实地调查表明,为数不少的儿童父母失联或失去父母,从而引发家庭教育和社会公共教育的一系列问题。解决他们的问题需要遵从儿童权利为中心的原则,明确政府各部门间的责任和权力边界,从宏观经济政策和社会保障两方面着手,减小地区间的经济发展差距,尽可能减少双亲同时外出务工的比例,以提高家庭监护和教育能力为基础,构建由家庭、政府相关部门、学校、社区、非营利组织多方参与、内外协调互动的留守和流动儿童教育社会支持体系。

(二)教师职业倦怠蔓延

2015年教师职业倦怠不断蔓延。实地调查表明,这次职业倦怠的一个显著特点是城镇普通学校教师明显比乡村教师严重。此前职业倦怠主要存在于乡村教师,这次大范围扩展到城镇教师,其中包括一些被社会上认为很好的学校的教师。乡村教师的职业倦怠主要源于成就感低、条件艰苦、地位和待遇低,造成这波教师职业倦怠的主要原因是当下的教育管理和评价问题长期积累,在这种管理和评价下教师的主人翁意识越来越淡薄,遇事自己做不了主,理想中的教育教学理念无法施展,自主性、积极性、创造性得不到有效发挥,成天充斥着被动的忙碌。具体而言,包括社会对教师角色的不认可,家长对教师的要求更苛刻,学校内部升学竞争压力加剧,来自行政部门的各种考核、检查、评比增多且标准不明晰,缺少兼容性和人性化安排,学生较以往更加脆弱,"说不进,讲不得"。2015年杭州等城市教师招聘出现很多岗位报名不足的情况,知名小学也招不到教师,部分城区三成岗位报名人数达不到开考条件。如果仅有少量教师职业倦怠,可能是个人修养问题,大面积的教师职业倦怠则不能不从学校管理和教学评价乃至整个社会环境上加以改进。

（三）校园暴力事件频现

2015年,校园恶性暴力事件频现,女生遭受暴力事件居多。事实显示,校园暴力事件成为中国教育不得不面对和亟须解决的问题,暴力事件在校园的客观存在会成为一种教育影响,消除这种影响需要寻找校园暴力事件背后的社会根源才可能有效解决。

（四）管办评分离进展缓慢

2010年《规划纲要》即确定了教育管办评分离的原则,实践中一直没有显著进展。2015年5月,教育部下发《关于深入推进教育管办评分离促进政府职能改变的若干意见》,促进深化教育督导体制改革、转变教育管理职能和部署构建"政府管教育、学校办教育、社会评教育"的格局形成。9月,《教育部办公厅关于组织申报教育管办评分离改革试点的通知》确定北京市东城区教育委员会等8个全国教育管办评分离改革综合试点单位,乌兰察布市教育局等4个单项试点单位。推进管办评分离,构建政府、学校、社会之间新型关系,是全面深化教育领域综合改革的重要内容,是全面推进依法治教的必然要求。但如何构建政府、学校、社会的新型关系、如何将教育管办评分离从纸上蓝图变为现实,进展依然缓慢。

（五）大学生创新创业成功率低

大学生就业是多年来困扰中国大学发展的问题。2015年4月,国务院印发《关于进一步做好新形势下就业创业工作的意见》,指出要着力培育大众创业、万众创新的新引擎,实施更加积极的就业政策,把创业和就业结合起来,以创业创新带动就业。积极推进创业带动就业,统筹推进高校毕业生等重点群体就业,加强就业创业服务和职业培训等四个方面的政策措施。5月4日,国务院办公厅印发《关于深化高等学校创新创业教育改革的实施意见》,明确了完善人才培养质量标准、创新人才培养机制等9项改革任务,提出了30余条具体举措。6月2日,教育部召开深化高等学校创新创业教育改革视频会议,要求把创新创业教育贯穿人才培养全过程，抓好修订人才培养方案，推进协同育人，强化创新创业实践，改革教学管理制度，提升教师创新创业教育教学能力，建设校园创新创业文化六项重点任务。提出实施弹性学制，放宽学生修业年限，允许调整学业进程、保留学籍休学创新创业，以进一步推动大众创业、万众创新。10月19日至20日，首届中国"互联网+"大学生创新创业大赛总决赛在长春举办。中国大学生创业的比例在毕业生总数的1%到2%之间；而在发达国家，大学生创业的比例一般占到20%至30%。鼓励大学生创业的政府文件和实际还有一段差距，2015年全国高校毕业生总数将达到749万人，截至2015年7月，全国学生创业及参与创业42.3万人，占比5.6%；清华大学2015届3335名本科生毕业生中直接创业人数为60人，比率为1.7%。根据社会市场调查，中国很多地方创业成功率只有1%，全国大学生创业成功率最高的浙江也只有4%，大学生创业受到资金、经验等很多条件的限制，最大的障碍是从幼儿园小学开始的整个教育过程中未能重视学生创业能力的培养。

（六）学生学业负担依然沉重

2015年，相关部门就学生作业负担发文限制，局部地区学生学业负担有所减轻，总体上学生负担依然较重。随机抽样调查表明，学生仍处于被动状态是负担重的根本原因：学生无法自由表达占20%，老师讲课引不起兴趣占25%，上课听不明白占25%，上课没多大兴趣占30%，无所谓占5%。对作业量，43%的同学认为适中，52.4%的同学选择了多，4.6%的同学觉得作业很少，说明学生作业量较多，每天写家庭作业的时间普遍超过2小时。再就是测试频繁，一些学校常进行不称作考试的考试，80%的学生除体育课外没有其他锻炼。在城市学校，超过半数以上的学生参加学校以外的培训班，一些学校90%的学生参加校外培训，其中60%的内容还是与考试升学相关。《中国教育报》关于孩子睡眠时间的调查显示，睡眠不足率6~12岁学生为74.2%，13~17岁为81.1%，18岁及以上为16.2%；作业是主要"睡眠杀手"。

三、2016 年中国教育改进期望

2016 年教育改进的需求依然高涨，人们期望中国教育更加干净，更加理性，更加自主，更加专业，外行的文件、行动和话语尽可能少一点，然而改进的体制和机制性障碍依然繁多，系统的改进依然困难重重。教育改进的现实路径依然是从需求面出发，逐渐推进。充分发挥民间力量在教育改进中的作用，扩大选择性，提高教育质量；消除腐败，确保公平，发展第三方教育评价，以评价推动改进。

公众期待 2016 年教育改进在以下方面有新的进展。

（一）私立学校发展需要定心丸

2015 年底，全国人大法律委员会对《中华人民共和国民办教育促进法修正案（草案）》（以下简称《草案》）暂不交付表决，对此社会上有喜有忧，有代表认为，"要促进民办教育发展，而不是'促退'甚至'促死'"。2014 年，全国共有各级各类民办学校 15.5 万所，共有在校生 4301.9 万人，事实上，多年来讨论将民办学校划分为营利和非营利的简单二分的分类管理是在中国现有体制下走了一条小道，甚至可以说是条死胡同，这条小道将中国的这类学校逼上选择非营利就要放弃产权，选择营利就会受到各方挤压的两难处境。通畅的大道是，首先在名称上正名，使用中国历史上一直使用，国际上也通用的"私立学校"（Private School）概念，放弃使用不伦不类的"民办学校"概念；接着制定《私立学校法》，确认产权，确认其非企业法人资格，依法保护其相应的权利。走不上这条大道，中国私立学校发展的障碍就不可能根除，对私立学校的歧视性政策也不可能根除，所以急需校正观念，改变修法思路，尽早为私立学校发展吃下定心丸。

（二）城乡儿童教育权利进一步趋向平等

对乡村学生平等受教育权的尊重是社会公平的体现。由于大规模农村劳动力的城乡流动而引发的留守儿童教育条件差的问题亟须进一步得到改善,中国现有乡村学生(学前教育和义务教育)4122.1万人,乡村专任教师371.6万人,与城市相比,乡村学生接受公平而有质量的教育仍有一定距离,乡村教师的权益维护仍需努力,建立城乡各有特色、权利平等、生态良性的教育发展模式应成为长久之策。在教育评价上,需要以农村贫困地区定向招生专项计划为基础,推进专业的方式整体解决评价领域对乡村学生的不公平问题,让寒门弟子也能上好学校。在经费保障上,需要以平等而不仅仅从效率的视角安排经费投入。

(三)高考招生制度改革进而不退

2015年29个省(区、市)符合条件随迁子女可在流入地参加高考,由于2014年公布的高考招生改革方案存在明显的缺陷,可操作性和稳定性太低,在对学生的专业评价上缺乏社会公认的专业、客观的依据,综合素质评价和学业水平测试在信度和等值性上存在较大的模糊区间,上海和浙江的改革试点遭遇到比预想要多得多的问题,各省在制定改革方案时左右观望,改革进程出现后退的可能性比较大。在保留各省计划指标的情况下,高考统一命题本身削弱教育的多样性,减少了评价的竞争,增高了考试的不安全性,相对于改进进程而言是一种倒退。南昌曝出有组织的替考事件表明对类似高考这样的考试同体监督的有效性局限,北大、清华等高校招生过程中的互掐显示整体秩序与规则的缺失。保证进而不退必须再次厘清考试招生的管理体制和运行机制之间的关系,从源头上完善现行高考制度,改变依据总分录取的计划模式,建立专业的第三方教育评价,赋予高校招生主体的地位。建立一个以学生为本的自主、专业、公平、公正、透明的高校自主招生制度。

(四)教育领域防止腐败体系建立

整体上看,教育领域权力运行仍未充分公开透明,在腐败的重点领域,如科研经费、考试招生、学术评定、科研课题、后勤服务、乱收费、基建和各种重大项目等方面缺乏专业的评估和监督,仍然是行政领导在缺乏专业依据基础上做决策,仍然缺乏依据专业规则的行业自律自治。消除教育腐败的治本之策是建立防止腐败的体系,解决行政管理权力过度集中,监督机制不完善,教育单位内部民主制度不健全,师生的基本权利缺乏正常表达和维护渠道等问题,加快依法治校和依法行政,外部简政放权、政校分开,内部建立现代学校制度,依章自主治校。对于确证的腐败行为,先要清除出教育行业,违纪违法的再依法惩处,切实建立"不想腐"的思想根基。

(五)参与开放的全球教育产业链建设

无论主观上是爱是恨,围绕教育的全球产业链正在兴起,境外优秀的教育资源正在通过互联网等各种方式,以学校、企业等为主体与中国合作,中国无法自外于这个体系。这个过程本身是教育改进的一种重要形式,结合自下而上的教育改进潮流,让民间和外部的教育改进力量充分发挥作用,将会使教育改进更为活跃。中国已建立中俄、中美、中英、中欧、中法和中印尼6个高级别人文交流机制,推动以教育为主要内容的人文交流成为与政治互信、经贸合作并列的外交三大支柱之一。2014年,中国当年出国留学人员45.98万人,各类留学回国人员36.48万人,中外合作办学项目持续增多,已有4所机构、98个项目在境外办学。中国教育需要进一步解放自己的办学主体,参与全球教育产业链的建设。

(六)依据民众需求改进教育

中国教育体制性的弊病是政府包揽,可以完全不顾民众的需求而独自运行,长期积累的结果就是民众对教育的呼声充耳不闻。在经济领域进行供给侧改革的同时,教育的供给侧也需要深刻反省,要以学校为单位主动了解需求方的真实需要,与需求方进行互动,建立学校与家长、校友、社区等多方协调的通道,创新教育公共服务提供方式,为社会提供多元、贴近学生成长发展需要的教育服务,丰富教育供给。在体制上,教育活力激发需要进一步开放多方参与办教育,多方参与教育治理和评价,并健全相应体制机制,加强教育法治,降低行政干预。

向更好教育改进
EDUCATION

2014年度中国教育改进报告中提到的一些问题在2015年度成为切实的改进措施,本报告的价值已经在一定程度上得到实现。2016年,由于社会经济问题的凸现,政府和民众将会在经济方面投入更多的精力,相应地对教育改进的关注度会有所降低,这一变化将降低教育改进的动力,增加教育改进的难度。同时由于这种变化,会给教育一个更为清静的环境,减少功利冲动,恰是专业的教育工作者进行理性的教育改进的机会。需要警惕各地方政府拖欠、克扣教师工资、五险一金、绩效工资、边远津贴等现象的出现和蔓延。

2016年度中国教育改进报告[*]

2016年,中国教育改进处于价值犹疑、目标歧异、措施轻缓,各层级间不协调的转换状态,《国家中长期教育改革和发展规划纲要(2010—2020年)》所确定的价值、目标、措施部分受到各种因素作用而发生变更,从倡导"教育家办学"转向加强学校党组织建设和思想政治工作,更加强调立德树人;参与国际考试和留学人数增加与加强传统文化教育的两种趋势并存,现代学校制度建设推进遇到软性阻力。教育经费得到保障、使用效率稍有提升,义务教育均衡评估引发争议,教育公平矛盾进一步缓解,教育质量提升遭遇评价不完备的困境,未有可显示的改进。教育体制为主要领域的综合改革方面整体进展依然缓慢。高考招生制度改革在各方争议中缓慢推进,中等学校考试招生意见发布,将综合素质评价纳入评价范围。2016年对留守儿童做出新的界定,其教育问题依然突出,校园欺凌及暴力事件仍时有发生,教育改进急需新的动力和价值与目标共识。

一、2016年中国教育的年度改进状况

2016年,教育改进的主要方面有:

(一)教育经费投入稳中有增,让更多学生受惠

2016年中国经济增速减缓,教育经费投入继续保持了原有的增长势头。新修订的《教育法》再次明确了教育经费"两个提高"和"三个增长"要求,教育优先发展战略深入人心。2015年,教育经费投入取得历史性突

---

[*] 本文2017年2月以中华教育改进社名义发表,张家勇、袁桂林参与撰写和修改。有改动。

破,国家财政性教育经费为29221.45亿元,占GDP比例为4.26%,是2012年实现4%目标以来连续第四年超过4%,国务院决定从2016年开始统一城乡义务教育生均公用经费基准定额,统一"两免一补"政策,实现相关经费可携带。建立完善职业学校生均拨款制度,所有省份都制定了高职生均拨款标准,22个省份制定了中职生均拨款标准。将教育经费法定增长落实情况纳入国家教育督导,和转移支付、招生计划、院校设置等工作紧密挂钩。建立健全各级教育生均拨款制度,形成保证财政教育投入稳定增长的长效机制。在提高教育经费使用效率和效益上做了一定努力,效果不够明显。

(二)教育当事人自主判断和选择性增多

由于信息传播技术的发展,更多的教育当事人获得更多样的信息来源。但中国教育当事人长期以来缺乏自主性和选择性的现实使得大量教育当事人面对多样的信息来源时,难以辨别真伪,难以判断哪种选择更有利于自己的成长发展,从而采取简单服从甚至盲从而非自主选择的方式应对。总体上,中国大多数教育当事人依然处于难辨真伪、简单从众的状态,但从择校、就学、选课、专业申报、对各种信息的态度等方面的情况变化可以看出,能够自主判断和选择的教育当事人有明显的增加;整体上,教育当事人的判断和选择能力依然偏低,但同时也在提高,越来越多的教育当事人对社会上传播的各种教育信息是不见证据不轻易相信。教育质量和品质的提高在很大程度上有赖于更多的教育当事人判断和选择能力的提高,有赖于他们对各种信息自主判断后做出符合自己实际需要的选择。

(三)依法治教基础更加厚实

2016年11月7日,全国人大审议通过《民办教育促进法(修正案)》,举办者可以自主选择设立非营利性或者营利性民办学校,根据学校章程规定的权限和程序参与学校的办学和管理。加上2015年通过的《高等教育法(修订案)》和《教育法(修订案)》,已有3部教育法完成了修订工作。

2016年,教育部完成《职业教育法修正案(草案)》和《残疾人教育条例》送审工作,正在加快《教师法(修订草案)》《学前教育法》《终身学习法》《国家教育考试条例》《学校安全条例》《健全中小学安全风险防控机制的意见》起草工作。教育部还积极配合全国妇联做好《家庭教育法》起草工作,公布《健全学校法律顾问制度的意见》。教育立法工作的各项进展为全面依法治教打下了重要基础。教育部在此基础上制订依法治校评价指标体系,将依法治校作为评价学校办学水平的重要方面。出台《深化教育行政执法体制机制改革的意见》,通过执法促进教育法律全面有效实施。发布实施《青少年法治教育大纲》,编写法治教育教材,在中小学设立法治知识课程,在青少年中弘扬法治精神。

(四)教育公平向纵深推进

2016年7月,国务院印发《关于统筹推进县域内城乡义务教育一体化改革发展的若干意见》,建立生均公用经费基准定额、"两免一补"政策、中央与地方经费分担比例三统一的城乡义务教育经费保障机制,着力消除义务教育城乡二元结构壁垒。2016年,全面"改薄"工作中央专项补助资金增至338亿元,实现规划时间过半、任务完成过半。2016年,乡村教师补助中央奖补资金增至30亿元,覆盖573个特困县,惠及100多万名乡村教师。2016年,通过从学前教育到研究生教育的家庭经济困难学生资助政策,共资助学生8400多万人次,累计资助金额1500多亿元。高中阶段教育,国家助学金资助标准每生每年从1500元提高到2000元,11个连片特困地区和西藏、四省藏区、新疆南疆四地州中职学校农村学生全部纳入助学金范围。国家助学贷款最长期限从14年延长至20年,偿还本金起始年限由毕业后2年延长至毕业后3年。教育部与10个省(区)签署协议,推动农村义务教育营养改善计划实现国家扶贫开发重点县全覆盖。2016年,继续坚持招生计划向中西部地区和人口大省倾斜,安排协作计划21万人。进一步提高农村和贫困地区学生上重点高校的规模和比例,国家、地方和高校专项计划录取9.1万人。初步建成覆盖城乡的教育信息化体系,让更多农村和边远地区的孩子享受优质教育资源。2016年6

月,国务院办公厅印发《关于加快中西部教育发展的指导意见》,首次全口径规划中西部教育发展。启动《加快中西部教育发展行动计划(2016—2020年)》《中西部高等教育振兴计划》和《中西部高校基础能力建设》二期工程,继续提高中西部地区高考录取率,做好重点大学面向农村贫困地区定向招生工作,实现民族自治县全覆盖,录取人数比去年再增加1万人。做好教育部牵头联系滇西片区扶贫工作,对接政策、项目、资金需求,助力滇西与全国一道迈入全面小康社会。2016年12月,教育部等六部委印发《教育脱贫攻坚"十三五"规划》,启动实施"职业教育东西协作行动计划",东西部联合招生达30万人。

(五)考试招生制度改革政策体系更加完备

2016年9月,教育部公布《关于进一步推进高中阶段学校考试招生制度改革的指导意见》,提出到2020年左右,初步形成基于初中学业水平考试成绩、结合综合素质评价的高中阶段学校考试招生录取模式和规范有序、监督有力的管理机制。至此,与国务院《关于深化考试招生制度改革的实施意见》配套的义务教育、高中教育、职业教育、研究生教育考试招生制度改革政策体系基本完备。全国31个省市区均制定出考试招生制度改革实施方案,各项改革措施正在积极推进。高职分类考试突出"文化素质+职业技能"的考核评价,录取比例进一步扩大。高考命题的育人功能和导向作用更加凸显,重点高校面向农村贫困地区学生定向招生计划进一步扩大规模,专业学位硕士研究生考试招生改革试点取得成效,博士研究生招生"申请—考核"和"分流淘汰"机制进一步扩大,各类违规考试招生行为进一步减少。《关于推进高等教育学分认定和转换工作的意见》公布,建立47个学习成果认证分中心,为数万人开展了学分积累与转换服务。

(六)教师享受到更多实惠

教师待遇和地位不高是制约教育发展与改进的关键性因素,2016年,政府从完善制度入手,改善教师待遇、提高教师素质、优化教师配置。

贯彻落实《乡村教师支持计划(2015—2020年)》,29个省份制定出实施办法。落实连片特困地区乡村教师生活补助,中央财政核拨奖补资金22.8亿元,惠及乡村教师94.9万人。扩大实施农村"特岗计划",除连片特困地区外,265个省贫县也纳入了实施范围,工资性补助标准提高到西部人均每年3.1万元、中部人均每年2.8万元。深化中小学教师职称制度改革,建立统一的中小学教师职务制度。发布普通高中校长、中职学校校长、幼儿园园长、特殊教育教师专业标准,将专业标准作为教师队伍建设和管理的重要依据。《严禁中小学校和在职中小学教师有偿补课的规定》对教师行为做出规范。高校"长江学者奖励计划"首次设立青年学者项目。

(七)教育信息化助力教育均衡发展

信息技术为提高质量提供了新动力、新手段,参与教育信息化的主体更加多元。教育信息化水平显著提高,全国中小学互联网接入率达85%,数字教育设备和资源覆盖全国全部6.4万个教学点。继续推进"三通两平台"建设与应用,建设偏远农村中小学信息化基础设施,实现互联网全覆盖和网络教学环境初步普及。深入开展"一师一优课、一课一名师"活动,组织建设优质数字教育资源,推进线上线下相结合的课程共享,探索信息技术支撑的教育服务供给新模式。完善国家教育资源公共服务体系,实现平台互联互通、资源共建共享,向农村地区、偏远地区、民族地区推送优质教育资源。要持续以应用驱动,提高教师信息技术应用能力,充分利用现代信息技术推动教学模式、学习方式的深度变革。

二、2016年中国教育改进不足之处

2016年教育改进绩效与面临的问题相当。如何进一步理顺中央地方教育管理关系,如何逐步缩小东中西部教育发展差距,如何有效破解课业负担重、题海战术、死记硬背、片面追求升学率等"老大难"问题,如何有效化解办学自主权不足、职业教育吸引力不够、民办教育实力不强等问

题,如何让教育变革跟上时代,让培养的人能够从容应对未来发展与挑战,如何运用法治思维和法治方式破解教育热点难点问题,如何应对考试招生制度改革实践中出现的新问题新挑战等。教育和经济社会发展对接不够,人才培养和社会需求存在一定程度的脱节。教育发展还不平衡,结构不尽合理,各级各类教育贯通衔接不够畅通,城乡、区域、校际资源配置存在差距。教育管理水平、服务意识有待提升,学校自主发展、自我约束能力还不强,师生的积极性还没有得到充分发挥。全社会理性的教育观还未真正树立,实际工作、现实生活中背离科学的人才观、质量观的情况还时有发生。

(一)行政部门对学校干预过多

2016年,一方面,对教育行政审批行为做了进一步规范,减少审批事项,推进教育行政审批网上平台建设。进一步落实和扩大省级政府教育统筹权,落实和扩大高校办学自主权。另一方面,2016年在东、中、西部不同中等学校的抽样调查显示:一年中各种行政部门发给学校的文件在400份到700份之间,不少学校一天先后收到3份行政部门的文件。若按照相关文件不折不扣地执行,就会占用大量时间和精力,严重干扰学校的正常教学工作;而一些学校由于不敢得罪相关行政部门,不得不勉力应酬,如此依然对学校的正常工作造成严重干扰。不少地方以行政手段推进中小学章程和现代学校制度建设,结果事与愿违,只是为学校加上新的行政束缚;一些地方以做好教育管办评分离的名义,在教育行政体系下设置的评估院,依据行政指令对学校进行过多过繁的评估,成为改革概念下加重学生负担,干预学校工作,降低学校教学自主性的新架构。

(二)义务教育均衡评估验收受到争议

截至2016年底,共有1824个县(市、区)通过国家县域义务教育基本均衡督导评估认定,继上海、北京等7省(市)全部通过认定,尚有近1600个县(市、区)没有通过评估。一些评估验收从过程到结果都备受争议。争议的焦点在于:一是当地居民明显感到未实现教育均衡的地区被验收认定为实现了教育均衡,因而普遍认为验收结果与事实差距太大;二是接受验收的各地政府在迎接国家义务教育均衡发展验收的过程中做足了功夫,一些地方甚至停止日常教学工作迎检,引发教师、学生、家长的不满。因此,通过验收的教育均衡省、市、县下一步仍应加大教育均衡工作推进力度。

(三)考试招生制度改革面临的问题

由于已发布的考试招生制度改革方案没有突破现行招考不分的体制,保留了招生计划行政性分配制度,地方招办继续充当学生和高校之间的中间人,考试机构专业化、社会化程度不高的问题没有得到有效解决,很难改变基础教育的应试格局。高校招生录取时不能实现与学生直接双向选择。高校和学生选择权仍显不足,出现了学生与学校的选择权的相互冲突问题。如果综合素质评价仅仅与招生录取"软挂钩",促进学校转变人才培养模式、改变唯分数论等改革设想都很难实现。各地新的考试招生方案对实行中的技术性问题考虑不周,选考科目没有与学生成长相符的标准,不同地区、不同学校学业水平考试不具备等值性与可比性。改革没有减少高考中的社会成本,反而将成本分散到更多时段和更多环节。高考改革要在城乡、区域之间实现教育机会的平等,如何划拨重点院校指标是推进区域公平的最大难点。

(四)民办教育分类管理实践遇到隐忧

2016年12月,国务院发布《关于鼓励社会力量兴办教育促进民办教育健康发展的若干意见》(国发〔2016〕81号)。再次强调实行非营利性和营利性分类管理,实施差别化扶持政策,积极引导社会力量举办非营利性民办学校。新修订的《民办教育促进法》强调民办学校与公办学校具有同等的法律地位,规定非营利性和营利性民办学校在财政、税收优惠、用地、收费等方面的差别化扶持政策,明确了国家鼓励方向。明确实施分类管理,进一步明确了非营利性与营利性学校的内涵,有利于完善财政、税收、土地、收费等方面的扶持政策,有利于进一步调动社会力量兴办教育积极性。非营利性民办学校可以获得政府更多扶持,提高办学质量,培育一批高水平的民办学校;营利性民办学校利用市场机制,创新教育产品,增加教育供给。

民办教育政策制定与执行过程始终贯穿着理论研究的理想性、政策制定的折中性和实践操作的复杂性之间的矛盾冲突。相关政策法规仅仅从行政管理立场出发,缺少学校责权视角,《国家中长期教育改革和发展规划纲要(2010—2020年)》提出分类管理的思路,最终妥协折中为试点,仍然存在很大阻力。教育部2012年启动《民办教育促进法》修订工作,历经五年人大常委会数次表决勉强通过,新法实施不设过渡期,民办教育未来发展前景还是不甚明了,还隐藏过去存在且还没有得到解决的问题。民办教育政策的制定具有浓厚的理想色彩,往往政策和现实之间具有较大落差。此外,改革常常是中央政府提出的,政策要点在地方并不能够完全兑现。虽然新修法出台,民办教育举办者与政府监管之间的博弈仍将持续,落实《关于鼓励社会力量兴办教育促进民办教育健康发展的若干意见》《民办学校分类登记实施细则》和《营利性民办学校监督管理实施细则》等文件精神,各级政府必将面临考验。

(五)基础教育学校布局问题突出

《国务院关于深入推进义务教育均衡发展的意见》提出,到2020年95%的县(市、区)实现基本均衡。基础教育学校布局是不均衡、大规模择校和城区大班额的成因。一些地方新布局是城区学校—乡镇寄宿制学校—村小、教学点。新的小学学制是2—4/3—4分段:前2年在教学点,后3年到乡镇中心学校。低龄寄宿比例偏高,部分中西部地区三年级之前开始寄宿的小学生累计比例高达55.4%。同时,超级中学呈现垄断化趋势,特征是位于省会或大城市、学校规模大、垄断当地一流生源和教师、毕业生垄断一流大学在该省(自治区、直辖市)的录取指标。超级中学学生的学业成就并未显示出明显优势,一般中学学生中农村户籍的比例是超级中学的8倍。超级中学也可能面临失控的危险,使就近入学的基本价值被颠覆、基本学制被改变、基本学校类型被改变,寄宿制成为主体。

超级中学泛滥导致教育公平的价值被严重损害,学生的发展、地位被严重忽视,奥数的卷土重来、高价学区房、提前至幼儿园的竞争等都是关联后果。实现学生在自己居住地就近接受义务教育的愿望,维护整体教育均衡和良性教育生态是学校布局急需实现的目标。

(六)高等教育人才培养质量偏低

高等教育扩招实现了跨越式发展的同时,高校人才培养质量受到越来越多的社会质疑。有专家调查发现,143所高校中有100所存在"清考"现象,学校组织"清考"把毕业生所有的挂科一次性清零。也有的省份大学生毕业的时候不让"清考",毕业工作一年之后再大补大清。高等教育质量保障已经没有底线。"清考"盛行背后的机制是每年政府要求统计发布大学就业率和毕业率。中国高校毕业率和就业率并不反映大学的办学质量。欧盟的28个国家大学生毕业率平均值是70%。美国323所大学六年平均毕业率为61%。中国大学生毕业率高的背后不合理的逻辑是毕业率高,就业率才能高。毕业率与就业率的刚性压力成为中国高等教育质量问题的遮掩。有研究表明,2011—2015年本科阶段的学生中为"第一代大学生"的基本稳定在70%左右,越好的学校"第一代大学生"的比例越低,应用型院校"第一代大学生"的比例为80.37%,"985院校"在50%左右。从学习成绩看,"第一代大学生"与"非第一代大学生"基本没有差异;在课外活动参与度上二者存在明显不同。除社会实践活动之外,"第一代大学生"在拓展性学习和研究类相关的参与较少。

三、2017年中国教育改进期望

2017年教育改进的需求总体依然在公平和质量两大方向上,需要所有教育当事人更加理性,更加自主,更加专业,对教育的鉴别和判断力进一步提高。充分发挥每位教育当事人在教育改进中的作用,扩大选择性,发展第三方教育评价,以评价推动改进。

公众期待2017年教育改进在以下方面:

（一）保持教育经费增长并提高使用效率

2017年中国经济增长的压力依然较大，各级政府的债务负担有加重的趋势，在这种情况下，保持教育经费的增长难度加大。若能深刻认识到中国经济社会发展与转型的关系，就不会因为经济发展减缓而减少教育投入，而是顺应转型的需要继续增加教育投入。在保持增加投入的同时，需要设法提高教育经费的使用效率和效益，其中最为关键的是降低教育行政运行经费，增加直接用于一线教学的经费；减少基建投资，增加教师工资及教师素养能力提升、从事研究活动的开支；减少学校外延发展的投资，增加学校内涵发展的投资。尽可能使每项教育投入都有事前评估、事中监督、事后审计。在条件许可的地方尽可能提高对贫困家庭儿童的教育资助，直至实施免除所有费用的义务教育，使教育投入进一步深度惠及更多的学生。

（二）防止教育改进价值目标的过度摇摆

教育的专业性决定着教育的改进具有较强的连续性，不能反复"翻烧饼"，《规划纲要》所确定的以人为本、育人为本，建立现代学校制度、依法治校，倡导教育家办学，都是中国教育品质提升所必须具备的基本条件，不能轻易抛弃或改变。外界社会环境的变化至多只能影响教育的策略和措施，而不能对经过长期思考，获得广泛认同的价值和目标任意改动。遵循教育规律，遵循学生成长发展规律，满足学生成长发展需求是一切改变的前提。过快的摇摆，一些行政部门在政绩冲动下过于频繁使用新的概念和术语必然造成教育的各层次间的不协调，造成一定范围内的混乱、不知所措和迷失方向。

（三）积极培育第三方教育评价市场

提高教育质量，专业、科学的教育评价是重要条件。教育评价离不开政府上级对下级、部门对部门的第二方评价，也离不开学校第一方自我评价，但更重要的是教育行政部门和学校之外的第三方教育评价。第三方教育评价是利益无涉方进行的评价,缺少第三方教育评价就使教育评价缺少客观性、整体性和公正性,整个教育评价就不能形成良性评价系统。第三方教育评价的发展需要政府给予政策等各方面支持,也需要法律法规对其价值和地位的认可,还需要有足够的用户。政府参与购买第三方教育评价也是对第三方教育评价的支持。当下多项教育改革都涉及教育评价,包括管办评分离改革、教育评价机构建设、鼓励民间投资进入教育,促进学校多元化与教育个性化等。第三方教育评价的市场需求还是比较旺盛的,如地方教育发展水平检测、学校诊断与改进、课程教学和学生发展评价、学生综合素质评价等。但是,评价市场还存在很多问题:一是政府职能定位不清,有些地方政府自己搞评价;二是评价理念和评价思路滞后;三是评价缺乏技术支撑,包括专业人员、对评价信度和效度的事先检验;四是统一规范的市场尚未形成。需要政府以购买社会服务等方式扶持培育第三方教育评价机构,加强行业自律和政府监管,特别是行业规范、产品的标准、质量认证和信息保密等方面。

(四)继续深化"放管服"改革

简政放权,大力减少行政部门对正常教学的干扰,放管结合、优化服务是释放教育活力、提高教育质量的关键。教育治理体系必须从学校和政府之间的相互作用、相互制约的二元治理结构,转型为学校、政府和社会之间相互作用和相互影响的多边协同治理结构,改善政府和学校的关系,给学校更大的办学自主权,给企业提供更大的机会和空间参与学校的建设发展,促进学校与社会建立更加密切的联系。继续简政放权,深化管办评分离改革。简化行政审批流程,规范审批行为,方便民众办事,方便学校办学。要切实解决检查评比多、随意性强、重形式轻内容的问题,能取消的取消,能合并的合并,能多部门联合的就不要重复检查。要加快完善国家教育标准体系,用标准加强引导、加强监管、加强问责。要坚持公开透明,高校本科教学评估报告、专业评估报告、教学质量年度报告、就业质量年度报告、教学质量常态监测数据都要向社会公开。进一步扩大省级政府教育统筹权,建立省级政府履行教育职责督导评价制度,促进地方政府更好履行教育职责。要强化服务意识,让学校把更多的时间精力用在办学治校上。教育部门要从学校反映最多、师生愿望最迫切的事做起,在教育教学指导、质量监测评估诊断、就业创业指导、基础设施建设等方面为学校提供优质高效服务。要从调动教师积极性、提高教育质量出发,积极稳妥推进学校人事制度、分配制度改革。加大对青年教师的关心支持,解决他们工作和生活中的实际困难,努力为他们的成长发展提供更多的机会。

(五)有效遏制校园欺凌现象

2016年校园欺凌事件多发,成为全社会共同关心的热点问题,引起国务院总理的重视。11月11日,教育部公布了教育部、中央综治办、最高人民法院、最高人民检察院、公安部、民政部、司法部、共青团中央、全国妇联等部门联合印发的《关于防治中小学生欺凌和暴力的指导意见》。各地政府先后发文,采取措施制止漠视人的尊严和生命的行为。暴力事件在校园的客观存在成为一种教育影响,消除这种影响需要寻找校园暴力事件背后的社会根源才可能有效解决。解决这一问题具有高度复杂性,必须在全社会建立尊重、平等、遇事协商而非使用暴力的生活方式,减少成人社会的暴力,消除崇尚暴力的意识和文化环境,才有可能建设阳光、安全的校园。

(六)减少"双一流"建设可能带来的负面影响

2017年将全面启动"双一流"建设列入高等教育发展的日程。推进"双一流"建设,应鼓励地方自主性、专业性和多样性实践,所以在制订实施办法时,应重视发挥专家委员会的作用,抓紧研究确定具体遴选条件和认定标准。充分利用大数据、第三方评估等开展遴选认定工作,重点依据已公开的数据、成果和质量报告。研究制订资金管理、绩效评价办法,建立信息公示网络平台。建设高校要根据自身实际,以学科为基础,强化优势特色,合理选择建设目标路径,自主确定学科口径和范围,科学编制整体建设方案、分学科建设方案。政府要强化绩效评价,根据高校办学目标实现程度,对支持力度动态调整,避免只增不减。要形成开放机制,对支持的学科适时调整,避免身份固化。尽快研究制定绩效评价指标体系和评价方案,推动"双一流"建设顺利实施、早出成效。需要更加尊重教育规律,更加强调科学评价,更加重视教育政策内外衔接。避免用政治话语替代教育话语,用华丽的辞藻掩盖贫乏的思想。教育规律来源于教育实践,在全面追赶时期,需要放眼学习全球经验,在全面超越时期,需要大力提倡地方多样化创新和自主性探索。

(七)继续提高教师整体素质

提高教育质量,关键是教师。要创新教师培养培训机制,提高教师职业准入门槛的同时提高教师工资待遇,吸引优秀人才报考师范专业,终身从事教育工作。大力开展师范教育改革,提高教师培养培训的专业化水平。完善国家师范生免费教育政策,推动地方实施师范生免费教育。要加强乡村教师团队建设。认真落实连片特困地区乡村教师生活补助政策,尽快实现连片特困县全覆盖。建立省级统筹规划、统一选拔的乡村教师补充机制,从源头上提高乡村教师质量。加强职业教育双师型教师团队建设,推进高校、大中型企业和职业院校共建教师培养培训体系。要大力推进教师考核评价制度改革,更加重视对教学水平的评价,更加重视教师科研成果的创新和实际贡献,促进教研相长、教学相长。要加强师德师风建设,明确教师以身作则、教书育人的职责,加强课堂教学管理,查处师德失范行为。

2017年,由于环境污染问题突出,教育问题的关注度排在医疗、环保之后,这种排位变化客观上会降低人们对教育改进的期望,也将降低教育改进的动力,增加教育改进的难度,教育改进更需要韧性与坚持。

向更好教育改进
EDUCATION

2017年度中国教育改进报告*

2017年,中国教育改进的价值、目标和话语在民众、学界与政府之间进一步分化,政府聚焦于教育的长远规划,加快教育现代化,成为世界教育中心,教育发展的平衡与充分;学界关注的焦点在教育的专业性、品质、效率与质量提升以及杰出人才培养;民众更为关注教育的多样性、可选择性、公平与实惠程度。高考招生制度改革平稳实施。教育系统全面加强党建工作,加强各级各类学校学生和教师党支部建设,实现党组织建设全覆盖。大中小学课程教材建设严把政治关、思想关,落实意识形态工作责任制。教育经费得到保障。人民对美好生活的向往与教育发展不平衡不充分被确认为教育发展的主要矛盾。专业教育评价重视程度不够,影响教育改进和教育质量与效率提升。

一、2017年中国教育改进状况

2017年教育改进的主要方面有:

(一)高考招生改革平稳实施

2017年,上海、浙江首届参加"新高考"的高中生完成录取工作。新高考改革给予学生和高校更多的选择。9月,北京、天津、山东、海南作为第二批试点地区,正式在高一年级启动高考综合改革,其他各省都颁布了高考改革方案,依次在2020年前进入新高考。浙江、上海的高考改革试点比较严格地在国务院印发的《关于深化考试招生制度改革的实施意见》范

---

* 本文2018年2月以中华教育改进社名义发表,张家勇、袁桂林参与写作修改。有改动。

围内进行,让多年形成的改革设想落实到实际行动。为解决上海、浙江高考改革中暴露出选科过于功利、依据兴趣不足,考试次数过多,师生压力大增等问题,11月,浙江省公布高考招生改革调整方案,完善监管措施。

在招生录取改革方面,清华大学、南京大学、东南大学等多所高校实行大类招生,浙江实行"三位一体"招生,部分高校将高考分数作为录取依据的60%,另外40%依据综合评价和学校的测评,分类招考成为高职院校招生主渠道,这些有益的招生探索为进一步的招生改革提供了参考。

(二)教育主体需求多样化

随着教育和信息、交通条件的改善,教育主体需求的多样化就逐渐显露出来。不同人心目中好教育、好学校的具体标准变得各不相同:上优质而又实惠的学校成为普适度高的选择。尽可能少支出而得高回报已成为多数人选择教育的普遍取向,在幼儿园阶段挤着上公办园;留守儿童家长舍弃乡村义务教育段公立学校,选择自费上私立学校;优质公、私立高中都会成为香饽饽,显示大多数人将优质作为第一选择,将实惠作为第二选择,在二者不可得兼时,有条件的家庭就会花钱买优质。对优质教育的需求随着经济水平的提升水涨船高。只要条件稍有改善,父母就尽可能抬高对教育的需求。乡村稍有经济条件的村民都将自己的孩子送进镇上或县城的学校就读;城镇居民中条件较好的又将自己的孩子送到更好的城市学校就读;城市居民除了竭力让孩子在当地挤进自认为优质的学校外,还在设法将孩子送到国外就读,留学低龄化现象继续扩大。越来越多的家庭教育选择意识增强,对教育投资增长迅猛,"在家上学"、新私塾等其他教育形式也呈增加态势,反映出公众教育需求的多样。

(三)教育经费增长得以确保

2017年,教育经费投入继续保持增长势头。2017年5月公布的2016年全国教育经费总投入为38866亿元,比上年增长7.57%。其中,国家财政性教育经费(主要包括公共财政预算安排的教育经费,政府性基金预算安排的教育经费,企业办学中的企业拨款,校办产业和社会服务收入用于教育的经费等)为 31373 亿元,比上年增长 7.36%。国家财政性教育经费占 GDP 比例连续 5 年保持 4% 以上,在提高教育经费使用效率和效益上做了一定努力,效果仍不够明显。

(四)教育信息化程度加深

教育信息化硬件建设进展快速。2017 年,全国中小学互联网接入率已达 90%,多媒体教室的比例增加到 83%,师生网络学习空间数量增加,中小学教师、校长,职业院校的教师接受教育信息化的培训增多。信息技术与教育教学的融合加深。截至 2017 年 12 月,中国网民规模达到 7.72 亿人,互联网普及率为 55.8%,超过全球平均水平 4.1 个百分点,优质教育资源能够为更广大的偏远地区师生共享,教育理念的创新和教学模式的深刻改变也随之发生。基于信息技术的教育新样态出现。在线教育发展迅速,微课、慕课、翻转课堂、手机课堂、混合式学习等教学和学习新样态出现。2017 年,教育+AI 发展与运用迅速,主要集中在:自适应学习、智能测评、语音处理、图像识别、机器人等方面。与之相应的教育产品涉及 K12 教育阶段作业辅导、考试测评、课堂教学等,延伸至钢琴陪练、机器人等教育领域,出现多家融资亿元以上的企业,众多教师从重复性工作中释放出来。

(五)高校和学科建设向前推进

2017 年 1 月 24 日,教育部等三部委印发《统筹推进世界一流大学和一流学科建设实施办法(暂行)》,提出设立专家委员会,确定一流大学和一流学科建设高校的认定标准。2017 年 9 月,"双一流"名单正式公布,共有 137 所高校入围。高校教师职称评审权下放:2017 年 3 月,教育部等五部门发出《关于深化高等教育领域简政放权放管结合优化服务改革的若干意见》,提出要将高校教师职称评审权直接下放至高校,教育部、人力资源和社会保障部等部门加强监管。11 月,教育部、人力资源和社会保障部联合印发了《高校教师职称评审监管暂行办法》,在保障高校教师职称评审权力清单的同时,开出一份责任清单和管理服务清单。政府下放了事前的评审权,但要在事中、事后的监管方面建立起相应规则。高校教师职称评审权直接下放至高校,尚不具备独立评审能力的可以采取联合评审、委托评审的方式,主体责任由高校承担。高校副教授、教授评审权不应下放至院(系)一级。新工科探新路:2017年2月,复旦大学主办综合性高校工程教育发展的战略研讨会,探讨高校如何在当前以新技术、新业态、新产业为特点的新经济蓬勃发展形势下,培养具备更高创新创业能力和跨界整合能力的新型工程技术人才,达成了10点"新工科"建设意见共识("复旦共识")。会后,教育部发布《教育部高等教育司关于开展"新工科"研究与实践的通知》。师范专业认证启动:在师范专业准入放开、规模扩大和质量进展缓慢的背景下,2017年10月,教育部印发《普通高等学校师范类专业认证实施办法(暂行)》,正式在全国范围内开始实施师范类专业认证,为师范教育质量提升提供依据,强化师范院校的使命意识,提高教师培养质量。高校产出了一批具有国际影响力的标志性成果,进入世界排名前列的高校数量显著增加,近100个学科进入世界前千分之一。

(六)教育市场规模持续扩大

2017年,中国教育市场总规模约为9万亿元。随着人们对教育需求的不断增加,教育行业发展迅猛,市场规模持续扩大。政府财政性教育经费、社会教育固定资产投资、城镇和农村家庭教育支出是中国教育市场的资金主要来源。互联网在线教育市场强势崛起。在线教育以网络为渠道进行教学资源的分享、传播和学习,有效地解决了当前中国教育体制下师生资源不匹配、供需不匹配、时间空间限制等问题。在线教育能够针对不同的学习需求提供个性化的教育服务,实现真正意义上的因材施教。

二、2017年中国教育改进不足之处

2017年中国教育改进面临的首要问题是目标分化,难以形成合力。新修订《民办教育促进法》实施及可行性遇到难题,亟须为民办学校发展明晰稳定的期望;农村教育发展的难题急需解决,教育体制单一分层,难

以实现平衡充分发展;教育改进亟须切实的行动。

（一）教育改进方向和目标未能聚焦

《国家中长期教育改革和发展规划纲要(2010—2020年)》曾经在比较大的范围内汇聚各方形成共识程度较高的教育改进价值、方向、目标和措施。随着环境变化,2017年中国教育改进的价值、方向、目标和话语进一步分化。其中改变比较大的是政府提出新的宏观教育长远规划,加快教育现代化,成为世界教育中心,实现教育的平衡与充分发展;民众经过多年的体验与选择,更为关注教育的多样性、可选择性、公平与实惠程度;学界关注的焦点比较长时间稳定在教育的品质、效力与质量提升以及杰出人才培养上。由于方向和目标分化,难以形成合力,阻碍和延缓了教育改进,形成新的方向和目标共识需要政府及行政人员回归"以人为本、育人为本"的基点,真正了解人民的教育需求,尊重教育规律;学界保持独立思考,不为社会情绪推波助澜,也不违背规律为不现实的口号做诠释;民众要进一步增强理性,找到真实的自我成长发展之路。

（二）民办学校需消除前景不确定焦虑

2017年9月1日,新修订的《中华人民共和国民办教育促进法》(以下简称新《民促法》)正式施行,而人们期待的该法《实施细则》却未能如期公布,使该法到了实施期无法真正落地,显示该法规定实行非营利性和营利性分类管理的办法在实施上遇到难题。主要障碍在于对民办学校的产权明定和清产核资难以施行,地方政府实行财政、用地、收费差别化扶持难以兑现。该法律制定者对实施环节的可行性考虑不充分,相关政策法规仅仅从行政管理立场出发,缺少依法治教和学校责权视角,使民办学校近年来处于发展前景不甚明了、未来期望不稳定的焦虑状态,亟待对该法中可行性过低、不切实际的条文终止实施,尽快划出民办学校发展的清晰底线,以利于民办学校发展。

（三）农村中小学是改进的难点

长期形成的城乡二元结构与城镇化大潮叠加对教育影响巨大,部分农村地区中小学发展出现危机。生源减少,教师老化,英语、音乐、体育、美术、劳技、信息等科目专任教师匮乏,教师结构性短缺突出,教学水平低,家长不放心,危机的规模、范围、影响仍处在发展过程之中。此类学校90％以上的新教师补充依靠特岗教师,勉强有个别特岗教师被派到村小也是满1年即要求调离,甚至有特岗教师因此选择离职。留任的特岗教师几乎全部集中在镇中心学校,特岗教师质量偏低。年轻教师教学任务是老教师的几倍,工资却只有老教师的一半,心里很不平衡。教育部已提出按照生师比和班师比两种方式分配农村学校教师,不少地方未能落实,依然仅按生师比分配教师,对农村小规模学校不利、不公平。按师生比1∶19的最新标准测算,各村小及教学点教师严重超编,但从教育教学工作需要看,各校又严重缺人,不得不聘请代课教师或短期聘用教师。

（四）教育平衡充分发展需改变层级性单一办学主体

教育发展的区域、城乡、校际、人群之间还存在着较大差距,区域间各级各类教育在办学理念、投入、条件、标准等方面都差异巨大,教育发展不平衡不充分的问题依然严峻。教育供给主体的单一性使得不同学校对应隶属于不同层级的行政机构,获得不同的经费和政策资源,这是产生并延续教育发展不平衡不充分的根本的体制性原因。供给主体单一还使得供给结构单一和能力不足,供给的教育产品单一、粗放,优质教育资源供给能力不足不均衡,与人民教育需求的多样、个性及实惠之间存在必然矛盾,且矛盾越来越突出。学生天性的多样性与社会用人机构对人才需求的多样性都需要改变教育供给主体的单一性、层级性和封闭性。从政府管理体制到资源配置等各方面改革来改善教育供给,才能从根本上解决教育的供需矛盾。已有的优质教育资源按供给方的层级提供给社会才导致需求方的不公平感存在,事实说明靠有层级的单一的教育供给主体不可能实现教育的平衡又充分的发展。改革供给管理体制机制,实现政府角色的转变,增加教育供给主体的多样性和平等性,减少供给主体的层级,建立扁平式多方治理模式,才能为教育平衡与充分发展创造更适合的基础。在此基础上,做好优质教育资源的公平有效配置,依据公平和因材施教的原则,向高效、多样化的目标平衡配置优质教育资源,才有利于受教育者全面发展和健康成长,有利于国民素质的提高和民族创新能力的培养,才能有效解决中国现阶段教育供需所呈现的突出问题。政府要做好多主体参与发展教育的整体规划、规则制定和各方协调工作,同时给地方和各类教育主体及当事人放权,建立矛盾的分散机制,避免矛盾积累或过度集中。

(五)教育质量、品质、效率提升需提升专业评价地位

中国教育较长时间以来质量、品质、效率不高的主要原因是专业评价地位不高、专业性不强,导致忽视质量。而评价是工作的驱动和导向,评价结果是地方政绩的显示,评价方式和专业水平直接影响着教育工作实际效果。由于目前教育管办评分离不到位,专业评价在政府和学校工作中的地位不高、专业性不强,仅仅依赖看考分的考试,缺少对学生的综合素质评价;多数地方还只有第一方和第二方评价,缺少第三方评价;受利益关联和专业水平限制,评价工作难以做到客观公正,在评价过程中又常常以量化为主,抬高数量价值相对忽视质量,所采用数据的真实性没有经过有效的检验,导致教育当中数量可观,未必可信,人民对教育质量不满意。在不少地方,从学生、家长到教师、校长、教育行政管理人员,都倾向于把数量增加当作自己业绩的显示,由于不能对教育质量做出判断,缺少相应的评价标准,评价实施不到位,也就很少关注质量。质量意识不强,又导致教育质量难以有效快速提升,民众对教育质量的需求与教育主办和管理者教育质量意识淡薄之间存在明显"剪刀差"。树立科学的教育观,遏制片面追求升学率冲动、促进学生全面发展很难实现,实际工作中背离教育规律的情况还时有发生,沉重的课业负担限制了人的视野,扼杀了学生的好奇心。

(六) 教育改进切实的行动稀少

2017年,教育实际工作中,对于教育的现状完整呈现不够,表扬性的评论较多,精力、资源、政策瞄准真实问题不够,一些要求还停留在口号和导向上,可操作性不强。"以会议落实会议、以文件落实文件"的现象在一定程度上存在,真实的教育改进雷声大,雨点小,在教育的存在问题的各个领域都亟须切实的行动。

(七) 教育热点问题需要有效处理

2017年,多地发生很长时间以来少有的教师集体讨薪事件。《教师法》所确定的"教师工资不低于当地公务员"的要求难以落实,集中表现在教师年终绩效工资难以兑现,发放不能及时、足额,也显示地方政府对教育和教师的重视程度不够。在政绩和功利双重动力推动下,幼儿教育普及率在短期内快速提高,质量问题频出,幼教师资短缺、专业水平偏低、幼儿教师职业吸引力不强等问题并存。2017年,学生压力与师生关系的问题同样较为严重。

三、2018年中国教育改进期望

2018年中国教育改进希望能够沿着人类文明前进的方向,培养身心健全的人,共创共享幸福生活。发展第三方教育评价,建立良性教育评价生态,以评价推动教育改进仍是教育改进的重要生长点。

(一) 理性定位教育目标和方向

对教育目标和方向定位缺乏理性的既有政府工作人员,又有教育当事人。政府工作人员的非理性缘于对教育基本事实和客观规律认识不够,唯书唯上过头,唯实不足;教育当事人则由于对教育局部利益和实际功利追求动机过强,对教育的过程和整体了解过少。世界经济论坛2016—2017年和2017—2018年全球竞争力报告显示,中国在138个经济体当中"市场规模"排名第1位,而综合竞争力连续两年排名第28位,"宏观经济环境"排名第17位,创新及成熟度因素排名第29位。同经济发展指标相比,中国教育与培训相关指标世界排名更为靠后。2016—2017年教育指标的排名——初等教育质量排第47位,高等教育质量排第54位,教育体系的质量排第63位,数学和科学质量排第50位,管理质量排第61位。2017—2018年卫生及初等教育世界排名第40位,高等教育及培训排名第47位,劳动力市场效率排名第38位,金融市场发展第48名,技术就绪程度排名第73名。根据2017年全球世界创新指数报告,中国排第22位,人力社会教育只有高一的水平,排第62位,中国的留学生占比较低,中国教育的国际化不是双向平衡的。

(二)聚焦教育质量提升

教育质量是人民日益增长的美好生活对教育需求的重要内涵。教育质量问题已经尖锐凸显出来,中国教育已进入从数量规模的外延发展向质量提升的内涵发展的转换节点。即便对于发展较慢的中西部及贫困地区,教育的主要问题都已经是质量问题,而非数量和规模的扩张;教育平衡、充分发展实质上是质量的平衡、充分发展;解决幼儿教育发展的短板及相关的社会热点问题也需要从质量和内涵发展着手,一流大学和一流学科建设更是质量与内涵的建设。提高质量的关键是把提高质量、效益和效率放到更高位置;完善质量评价体系,形成良性教育评价生态,大力支持发展第三方教育评价;改变长期以来重数量轻质量,过于追求数量而质量意识薄弱,追求数量的发展的积极性超过追求质量的提高,重视经费投入、规模、硬件等方面,却缺少相应的有效提高质量的具体方法和措施,抓数量有术提高质量无方等状况。由于质量发展具有长远性、效果滞后性,成效不能很快显现,如何在现有教育规模的基础上提升人才培养的品质、规格和社会适应性,降低教育的时间和经济成本,需要保持耐心和定力,需要有相应的教育研究和评价相配合。

（三）妥善解决高考改革面临的新问题

高考综合改革是一场"持久战",需要从改变政府包揽、计划招生、总分录取、单一评价标准等关键方面入手深化改革。一是完善评价需要从小学开始。选科困难是由于旧高考限制了孩子自我探索和发现的机会,综合评价需要小学、初中阶段就让孩子通过相应的活动自我发现兴趣和潜能,孩子自然能够发展个性,高中阶段也就不难做出选择。二是积极推进招考分离。"招考不分"体制仍待消解,尽早实现招考分离需要及时纳入改革内容;"唯分数论"积弊根基仍在,用一个总分排队录取几乎成为唯一依据的不专业性问题,学考科目、综合素质评价基本上游离在录取标准之外,没有发挥实质性的招生选拔作用,不能全面衡量学生全面发展情况。三是不断达成改革共识。坚持公平导向,尚需考虑不同利益群体诉求差异,改革社会成本不断上升,招生计划的合理性等亟待在过程中凝聚共识。四是建立有效的社会参与合作机制。政府需要强化服务思维,建立利益攸关方深度参与的社会合作机制,综合利用传统及现代沟通交流技术,搭建政府、学校和社会组织信息交流平台,在个人与公共、局部与整体、眼前与长远利益保持平衡,使最先进、最前沿的知识技术直接用于高考招生改进。

（四）确保教育经费并提高使用效率

受各级政府财政状况的影响,2018年中国教育经费增长的风险进一步增大,提高教育优先发展以及教育与整体社会发展关系的认识,才能为教育经费的增长提供认识基础。提高教育经费的使用效率和效益的关键障碍在于对教育自身特性的认知不够,宏观上,各级政府一定要认识到教育是民生之本,涉及每个人的权利和人生幸福,保基本、补短板、促公平,要找准突出问题治标,缩小城乡义务教育差距,扩大普惠性学前教育资源,办好特殊教育,为家庭经济困难学生提供免费高中阶段教育,更好地保障残疾人基本教育权利,让每个孩子享有公平、高效而有质量的教育。微观上,经费投入的事前评估、决策程序、绩效评估、事后监督不完善是经费使用效率难以提高的原因,应降低教育行政运行经费,增加直接用于一线教学的经费;减少基建投资,增加教师工资及教师素养能力提升、从事研究活动的开支;减少学校外延发展的投资,增加学校内涵发展的投资。

(五)降低学生和家长的教育负担

由于整体教育的效率低,学生和家长承受着教育经费、精力与时间投入过高产出却低的压力,2017年,全国基础教育阶段学生的校外教育总体参与率在47.2%,平均费用为5616元。据艾瑞咨询发布的《2017年中国中产阶级家庭教育观念白皮书》称,中产阶级家庭的子女,84.0%都接受过课外培训班,报1~2个培训班的情况居多,占比74.4%。另外,家长在子女课外学习的时间投入较长,87.7%的孩子每周课外学习时间在6个小时以上,时长在11~15个小时的占比更多。家长在子女的课外学习中也有较长的时间投入,71.0%的中产阶级家长每周在子女学习上的时间投入在6小时以上,以6~10小时居多。78.9%的中产阶级家庭子女课外教育年消费在10000元以上,超半数家庭在课外教育上年消费在20000元以上,占比52.3%。但在时间、财力上的付出并没有换来预期的效益,家长的顾虑较多,最担心当前学校在独立思考和创新思维培养方面的缺失和有针对性的指导的薄弱。

(六)公共服务的标准一致与办学主体多样结合分层满足人民多样教育需求

解决迅速生成的多样化需求与教育的评价标准单一,供给主体单一所带来的方式、结构、体制单一和能力不足之间的矛盾,就必须在政府更加充分、精准履行基本公共服务职责的前提下,找到满足多样化需求的途径。即在确保政府对每个受教育个体的基本公共服务标准一致的前提下,通过不同的办学主体去提供多样化的服务,由受教育者根据自己的实际加以选择。这样才可能避免将天性多样的人送进千校一面的学校,培养成千人一面的人,又难以适应社会不同岗位对人才多样性的需求。因此,要下大力气做好供给侧改革,学校和教育主管部门都要明确学校要为所有学生提供适合的教育,而不仅仅是为考试成绩好的部分学生服务,也不能用一个标准衡量,只为符合该标准的学生服务。通过管理、评价改革,促进学校将学生的天性和成长发展的需求作为教学的第一依据,放在更高的位置。减少行政部门对学校教学过多的干预。

(七)加长薄弱公立学校发展短板

整体看,全国教育面积最大的短板是义务教育阶段的薄弱学校,很大一部分是农村公立学校。2016年,全国共有乡村小学和教学点20万所,其中不足100人的乡村小规模学校111420所,占乡村小学和教学点的55.7%,它们基本上都是公立学校,尤其是农村地区的学校;高中阶段薄弱校最多的也是公立高中,大学阶段学校的薄弱面也在公立地方学校。基础教育阶段优质校在公立学校,数量巨大的薄弱学校也是公立学校,这本身既是不充分的体现,也是不平衡的表现。借力乡村振兴"全面改薄"势必成为补齐基础教育阶段公立学校短板的必然选择,薄弱校的改造提升是实现平衡与充分发展政府所必须攻克的难关,需要对薄弱校在管理、评价、经费投入、办学条件、教师质量、办学水平等方面采取适合当地情况的措施,促进薄弱学校自主提升。

(八)师生基本权益得到有效维护

确保教师的工资及时足额发放,确保中小学教师平均工资水平不低于或高于当地公务员平均工资水平,确保教师的教学自主权。确保学生的睡眠、体育运动和自主活动时间,确保学生的学习自主权。

以人为本,以人民为中心,瞄准人民日益增长的美好生活需要破解教育发展不平衡不充分难题。不只关注教育总量,更加关注结构;不只重视供给,更加重视教育资源合理分享与配置;不只要求学校改善,更加紧迫实施政府职能优化和转换;不用单一标准衡量教育发展,而要建立多元的良性教育生态,汲取中华优秀传统文化,以更大的开放促进教育更加快速现代化,在历史大视野下,沿着人类文明发展前进的方向不断探索,教育改进才能更为有效。

向更好教育改进
EDUCATION

高等学校招生工作建议方案*

依据党的十八届三中全会提出的"推进考试招生制度改革,探索招生和考试相对分离、学生考试多次选择、学校依法自主招生、专业机构组织实施、政府宏观管理、社会参与监督的运行机制……逐步推行普通高校基于统一高考和高中学业水平考试成绩的综合评价多元录取机制"的精神,本社在多年专业研究的基础上提出如下招生工作建议方案,供各地在改革招生工作中参考。

第一条　招生宗旨

服务不同学生选择适合其天性的高等学校,并促进其天性获得适当培养,实现其自主选择的人生使命。

第二条　招生主体

高等学校招生工作的主体是学生和学校。

第三条　基本原则

保障学校与学生在平等基础上的双向自主选择是高校招生工作的基本原则。高等学校根据自身的定位、专业优势和教学能力,评估教学规模,确定招生标准,选择适合本校培养的学生,培养成专业人才。学生依据自己的潜能和志向,选择能为其成长承担责任的高等学校,以有效实现其自主选择的人生目标。双方在相互充分了解基础上进行自主选择和确认。

第四条　政府职责

政府教育行政主管部门承担高校招生工作的监督和服务职责,为专

---

* 本方案由本书作者主笔,张勇、杜国旺、储立国、鞠双等参与讨论修改,2014年7月以中华教育改进社名义发表。

业组织的测试和高校招生工作提供必要的保障条件和服务,保障高校招生的自主性,维护高校招生工作公平公正。

第五条　高级中学职责及其信誉认定

高级中学有责任对本校学生在校期间的学业情况做客观、准确、公正、可参考的真实记录,为高校了解学生高中阶段的学业情况提供以事实为依据的客观、科学的学业评价参考。高等学校可依据某所高中提供学生学业情况的真实程度对学校进行信誉等级的划分,依据信誉等级对该高中所提供的学生学业情况进行不同程度的采信,高中需要对自己所提供信息的真实性承担法律责任。

第六条　专业组织

专业组织是指具有独立法人资格的社会组织,包括专业评估机构、学业测评机构和专业审查与监督机构等。这类组织必须有足够的专业人员,经过认定的专业测试与调查工具和规范的测试程序,专业组织以专业、客观、公正为工作准则,依据自己的业绩获得声誉和社会信任,并由此获得工作机会。

第七条　高校专业招生团队

1.高校专业招生团队依据各校招生工作量确定规模大小,确定工作时间。

2.团队成员必须直接从事教学工作,对学生成长发展的整个过程和所招录专业要求有比较深入的了解,并通过规范的程序遴选出来。

3.专业团队做出的录取决定即为代表该校做出的最后决定,并由责任人签字,非因查有实据确认为违规的行为不得更改。

4.高校招生专业团队每两年须经专业评估机构评定一次,并公布结果。

第八条　高校招生资格与学位确定

高校至少应在招生工作开始前半年通过专业评估机构的评定,依据师资和硬件条件确定招生专业及各专业的学位数。并于4月1日前在高校招生公共信息平台上发布本校《招生章程》,内容包括本校各专业的学位数、报名条件、认可哪些专业测评机构的测评成绩,明确高中学业成绩、专业测试及面试成绩权重以及相关信息。任何学校、专业不得超过《招生章程》公布的学位数录取学生。

  第九条 考生资格认定

  高校采取甄别措施,不得接受如下人员申报高校:各类高校在校学生,高中阶段未毕业的在校生,因触犯法律而被剥夺与高校录取相关权利的人,因考试作弊正在处罚期的考生,因健康原因不适合在大学就学者。

  第十条 考生报名

  1.考生报名分为向专业学业测评机构的测试报名和向自己申报志愿的高校直接提出志愿申请报名。测试报名选择目标院校认可的任何一个学业测评机构的服务点或网络客户端报名,学校志愿填报直接在高校招生公共信息平台进行。

  2.考生根据意向高校要求,报名参加相关专业学业测评机构的考试,在时间不冲突的前提下,每个考生可同时申请多家学业测评机构的考试。专业学业测评机构将考生的考试结果提供给高校招生公共信息平台,供考生自行查阅或相关高校在招生中使用。

  3.考生考试需缴报名费及考试费。收费标准由各省市自治区的物价部门确定。为减轻考生负担,政府可对学业测评机构每次进行的测试定额补助。高等学校的招生经费从学校经费中支出。

  第十一条 高校招生公共信息平台

  1.高校招生公共信息平台的主要职能是为考生、招生高校、高中学校、专业测试机构提供与招生相关的信息储存、共享、交换和提取服务。

  2.公共信息平台收录的信息包括考生学籍基本信息、各个学段(主要是高中段)的学业成绩、各类高校招生章程、学生志愿信息、专业学业测评机构测试情况及结果、高校录取与学生确认信息。与招生相关的各信息提供方应在规定的时间将相关信息及时、准确地上传到信息平台。

  3.每位考生的信息在信息平台上呈现为一份电子档案。考生电子档案内容主要包括考生报名信息(含身份证号、高中阶段综合素质评价信息)、体检信息、志愿信息、成绩信息、考生参加专业组织考试的诚信记录(主要指招生考试过程中违规的简要事实及处理结果)等内容。考生电子档案须与考生报名登记表、体检表、报考学校（专业）志愿表（卡）及考生各科考试成绩等纸介质材料的相对应部分的内容一致。

第十二条　专业组织测试与学校的评定

1.高校对所招学生进行判断的依据包括专业学业测评机构的测试结果和本校专业团队的评定两个互补的部分。

2.具有法人资格的专业学业测评机构可对报考高校的学生施行测试。在考生和高等院校需要的情况下，专业学业测评机构可以在一年中进行多次测试，选取哪次成绩为录取依据，学生可提出意见，高校也有选择某次成绩或将多次成绩综合考虑的权利。

3.符合条件的专业学业测评机构对学生进行测试的结果可以作为高校录取学生的参考，但不是唯一依据。招生院校可自主决定选用哪家学业测评机构的测试结果，自主决定测试结果在选录考生中的权重，自主决定是否参考、采信某一中学学业水平测试结果以及采用时它的权重，自主决定是否对考生进行面试或其他方式的测试，自主决定面试由高校单独自行或联合进行，各类测试成绩权重由高校决定，并将相应的规则、标准在招生简章中加以明确。各高校应尽可能全面考核，选录适合本校且本校可以担当培养责任的学生。

4.各高等院校应依据学生的学习条件对考生所取得的成绩进行当量评价，通过测算算出不同地区的分数等值线，并公开相应的程序。确保教育相对落后地区的考生的公平升学机会和权利。

5.专业学业测评机构可依据高校招生的实际情况对特定考生人群进行综合能力以外的专项测试。高校依据自己的招生实际需要确定是否需要参考学生的专项测试结果，并在招生章程中加以明确。

6.专业学业测评机构的测试既要体现高校的选择意图，又应依据全日制中学课程标准，并尽可能兼顾知识测验和能力测试。测试可以分科进行，也可进行综合测试，各高等院校使用时各取所需。专业测评机构的综合能力测试结果两年内有效。

7.各地未有专业学业测评机构前，由各地考试院暂行考试职责。各地政府及教育行政部门要积极支持合格的专业学业测评机构开展测试工作。

第十三条 双向选择与确认机制

1.高校招生完整的录取程序应包括学生填报高校志愿、学校依据志愿和考生的相关信息确定预录取（可多所学校预录同一考生），考生（可能在多所预录学校中）选取自己理想的一个预录学校和专业予以确认，然后学校依据学生的确认向考生发录取通知书。上述过程在高校招生信息平台上进行，学生一经确认就读高校，即标志着考生与高校达成双向选择的协议，具有法律效力。确认录取的考生不得无故不到校报名就读，否则在招生平台上作为诚信纪录记入该学生的诚信档案。

2.现有高职、专科和三本院校可直接依据报名学生高中阶段学校提供的学业水平测试成绩，或对学生进行与本校专业设置相关的基本技能测试的成绩确定是否预录取。确定预录取的学生经确认后即可发录取通知，不再需要经过其他专业学业测评机构的统一考试。

第十四条 各类高校招生工作组织流程

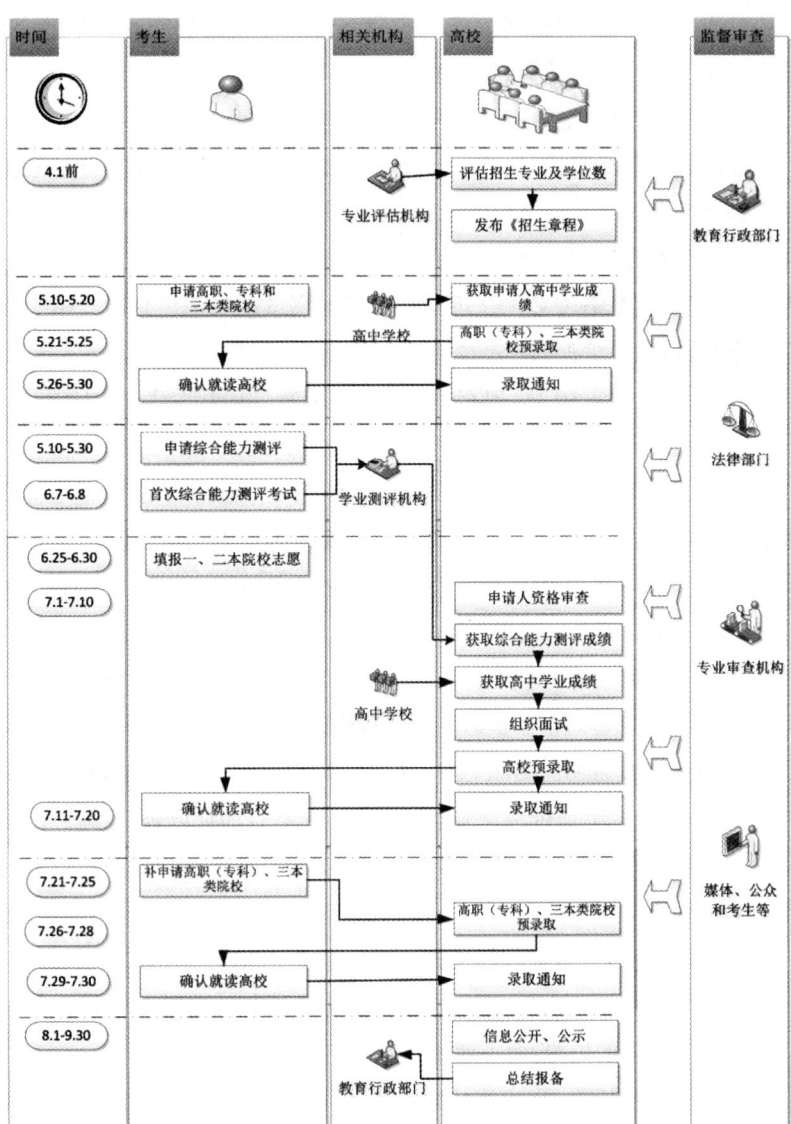

1. 5月10日到5月20日,现有高职、专科、三本类院校通过招生平台接受学生自愿申报,凡自愿进入这类学校学习而不再进入下阶段测试的学生可上网填报志愿,每个学生可同时申报不同学校的不超过30个志

愿。高中学校将学生在高中阶段的学业情况上传到高校招生公共信息平台。5月21日至25日,相关高校在网络信息平台上发布预录取信息；5月26日至30日,学生在网上确认就读高校,每个学生只能确认一个就读志愿,高校依据学生的确认发出录取通知书。

2.不愿填报高职或三本以下院校志愿的学生,或未能在双方自愿基础上被高职和三本院校录取的学生,可向获得认定的学业测评机构报名考试。各类专业组织对考生的首次综合能力测试时间为6月7日和8日。6月25日前,各专业测试机构将学生的测试结果上传到高校招生公共信息平台,供考生查询和高校使用。

3.6月25日至30日,现有一本和二本院校同时接受考生网上报名,考生可填报不同高校的30个志愿,志愿只分先后次序,不分批次。

4.7月1日至10日期间,各高校确认学生填报志愿资格,依据考生志愿、学业测评机构测试结果及高校确定需要作为依据的因素决定是否预录取。7月11日前在招生公共信息平台上发布预录取结果。7月11日至20日,考生在预录取结果中选择自己最满意的一个志愿加以确认,高校依据考生的确认给学生发录取通知书。

5.7月20日后尚未被普通高等教育院校(一、二本)录取的考生,可在7月25日前继续自愿向高职、专科或三本类院校提出报名志愿,相关院校在7月28日前确定是否预录取,学生在7月30日前加以确认,高校依据学生的确认发放录取通知书。7月30日后未确认的视为自动放弃。

第十五条　招生截止

1.7月30日后,各类院校不能再进行与招生相关的活动,以涵养整个招生生态。招生不足的高校宜总结经验,争取下年改善教学和招生工作以争取更多更好的生源,而不能违规强行越界招生。

2.各校在9月30日前将本校招生基本情况信息报当地教育行政部门备案。

第十六条　招生过程的监督

1.专业、自主、公正、透明是高校招生的理想境界,测试和招生全程必须实施有效的监督。

2.招生监督的主体包括司法部门、教育行政部门、第三方专业机构、媒体、公众、考生、家长。各监督主体可依据自己了解的信息对进行测试的学业测评机构的测试行为或招生学校的录取行为中存疑处提出质疑,再由政府授权第三方专业机构依据程序进行查实,并将核查结果公布。对查实的违规、违法行为依情节轻重和相关政策法规对责任人加以处罚,属于行政违规的行为,由行政部门处理,涉及违法的行为移交司法部门处理。

3.承担测试的学业测评机构和招生的高校必须确定各自需公示的信息和公开的环节,做到信息采集准确、公开程序规范、内容发布及时,并明确哪些相关环节进行录像录音,确保可核查。

4.各级教育行政管理部门、高校要在公示有关信息的同时,提供举报电子信箱、电话号码、受理举报的单位和通讯地址,并在接到举报后及时调查处理,并公示调查结果。

第十七条 违规处罚

1.考生、学业测评机构工作人员、高校人员在高校招生过程中的各种违规行为的处理,在《考试招生法》未颁布前依现行责权关系按照《国家教育考试违规处理办法》执行,在《考试招生法》颁布后依该法由司法部门施行处罚。

2.学校招生过程中不得以利益诱导形式获取中学教师介绍报名,一旦发生,即可认定招生工作违规,相关学校及介绍教师需承担相应法律责任。

二〇一四年七月二十日

向更好教育改进 EDUCATION

后　记

经过30年的教育调查、文献研究和实践探索，2011年，我不由自主地将自己的注意力聚焦到教育改进，并认为这是所有教育当事人愿为、便能有所作为的方式。这本集子收集的是我聚焦教育改进后所思所想所行的印迹。其中的众多文章已被各种媒体反复转载、传播。之所以出版这个集子，主要是考虑读者看一两篇文章时所能了解的只是局部，或可能有误解，集中到一起便能看到其连续性和整体性，能更为准确完整地理解。

更为重要的是，教育改进需要全社会所有与教育相关的人共同参与，这本集子可成为一种媒介，以求友声，希望吸引更多的人参与其中。

这本集子的出版，与安徽教育出版社的大力支持分不开，徐宝妹女士做了大量文字与联络工作；2016年本人眼睛经过4次手术后，视力仅为0.1，稿子整理过程中，爱人胡翠红给了不可替代的帮助，一并致以真诚的感谢。

文稿中肯定有不少错讹，望读者朋友不吝指正，我的邮箱是：chu.zhaohui@163.com，特致感谢！

储朝晖
2018年元旦